荀子
成人思想研究

李记芬 著

中国社会科学出版社

图书在版编目（CIP）数据

荀子成人思想研究 / 李记芬著 . —北京：中国社会科学出版社，2021.5
ISBN 978 - 7 - 5203 - 8339 - 4

Ⅰ.①荀… Ⅱ.①李… Ⅲ.①荀况（前 313—前 238）—人学—思想评论 Ⅳ.①B222.65

中国版本图书馆 CIP 数据核字（2021）第 073586 号

出 版 人	赵剑英	
责任编辑	朱华彬	
责任校对	张爱华	
责任印制	张雪娇	
出　　版	中国社会科学出版社	
社　　址	北京鼓楼西大街甲 158 号	
邮　　编	100720	
网　　址	http://www.csspw.cn	
发 行 部	010 - 84083685	
门 市 部	010 - 84029450	
经　　销	新华书店及其他书店	
印　　刷	北京君升印刷有限公司	
装　　订	廊坊市广阳区广增装订厂	
版　　次	2021 年 5 月第 1 版	
印　　次	2021 年 5 月第 1 次印刷	
开　　本	660×960　1/16	
印　　张	19.5	
插　　页	2	
字　　数	263 千字	
定　　价	118.00 元	

凡购买中国社会科学出版社图书，如有质量问题请与本社营销中心联系调换
电话：010 - 84083683
版权所有　侵权必究

序

　　李记芬博士的专著《荀子成人思想研究》即将出版！可喜可贺！在新加坡南洋理工大学哲学系的发展史上，李记芬可谓非同一般，拥有好几个"第一"的头衔。她是南洋理工大学建立哲学系之后录取的第一位博士生。在她入学时系里还没有开始招收本科生，因而她也是整个哲学系的第一位全职学生，而且是第一个全额奖学金得主。后来，她顺利完成学业，成为哲学系培养出来的第一位哲学博士。在攻读博士学位时，李记芬逐渐对荀子产生了浓厚的兴趣。后来以荀子为题写了一篇颇有见解的博士论文。到中国人民大学哲学院任教之后，她继续从事荀子研究。这本书凝聚了她数年潜心研究荀子的成果。

　　这本书以"成人"的思想为主线，梳理荀子哲学的主要脉络，论证在荀子的理论框架里儒家"成仁人、成圣贤"的理想如何可能。"成人"无疑是儒家哲学的一个中心议题。孔子十五志于学，三十而立，四十不惑，五十知天命，六十耳顺，七十从心所欲不逾矩，树立了儒家成人之楷模。孟子强调人应扩充其生而具有的四端之心，从大体，成大人。荀子认为人性本恶，主张应该循礼伪性而转恶为善，成仁成圣。然而这种根本性转变如何可能，则是一个既有挑战性又有重要意义的课题。李记芬从成人、成己、成物诸方面联系起来考察荀子哲学的进路和全貌，是很有见地的选择。以我的看法，李记芬这本书有以下几个特点。第一，在注重先人的学术积淀的基础上，作者充分参考了当代学界研究荀子的成果，在吸取他人成果的基础上做更进一步的研究。第二，作者有宽阔的国际视野，从中西哲学的不同角度提出并解答有关问题，有一种在世界舞台上做荀子研究的气势。也表现出作者对海外荀子研究有很好的了解。第三，作者注重具体问题的提出和研究，避免大而化之的空洞说词，力争讨论有理论意义的问题，提出有根有据的论证和推理。他所做的不仅仅是史料的梳理，更是哲学的理论分析和思想的扩展。在这些方面，李记芬表现出她特有的敏锐和专业实力，值得学界认可。

借用庄子的慧言，哲学有其无用之用，即貌似无用而有大用。哲学的社会作用是多方面的，并且互相联系的。其中一个重要作用是为人们提供对人生意义的总体把握和导向。《论语》所呈现出的孔子是这方面的楷模。细读《论语》，我们会反省和深思人生的意义，审视而确定人生的方向。哲学的另一个作用是为社会提供弘善祛恶的精神力量。孟子是这个方面的表率。拜读《孟子》，我们会被先哲的浩然正气所感动，启发奋而向上的精神。哲学还有一个作用是论辩明理的功能。在诸多中国古代思想家中，荀子在这方面超群绝伦。研读《荀子》，我们会深深感到荀子在讲道理，做论证。《荀子》一书跟《论语》《孟子》有一个很大不同。《论语》和《孟子》记录了先哲与他人的大量对话，通过对话的内容说明事理。《荀子》一书则主要是以论辩文章的形式出现的。在先秦儒学史中，对"辩"的作用和态度似乎有一个从消极到积极的转变。孔子强调君子"讷于言而敏于行"（《论语·里仁》）。孟子面对杨墨的挑战，拿起了论辩的武器。公都子问："外人皆称夫子好辩，敢问何也？"孟子回答："予岂好辩哉？予不得已也。"孟子解释说，"我亦欲正人心，息邪说，距诐行，放淫辞，以承三圣者；岂好辩哉？予不得已也。能言距杨墨者，圣人之徒也"（《孟子·滕文公下》）。孟子并非反对"讷言"而推崇论辩，只是面对杨墨诸派的攻击，他不得不通过论辩来捍卫自家学说。荀子则明确主张"君子必辩"。他说，"君子之于言也，志好之，行安之，乐言之，故君子必辩"（《荀子·非相》）。在荀子看来，"辩"不是因为"不得已"，而是"乐言之"。能"辩"是君子的必备素质。为了厘清是非曲直，荀子不惜辩驳同属孔门的孟子。今天看来，荀子的这种精神尤为可贵。在古代，能读书辨理的人属于极少数，社会中的大多数人要靠一心一意地跟随"精神领袖"，以其为人生导航，明白是非。知圣人之言，循圣人之教，是他们的理想人生的模式。如今，几乎人人都可以读文断字，可以掌握充分的信息，对事情做出自己的判断，决定自己的人生方向和行为取向。在这种情况下，能够通过"辩"厘清事物的纹理，阐明自己的立场，说服别人，就更加成为现代社会"君子"的必备素质。论辩之"辩"离不开明辨之"辨"。荀子说，"人之所以为人者何已也？曰：以其有辨也"（《荀子·非相》）。"辨"首先是辨别事物的纹理，厘清事情的是非。就哲学研究而言，"辨"与"辩"之间有直接的联系。我们通过论辩而辨明事理，同时，辨明事理又使论辩有意义。"辩"而不"辨"则理不明；"辨"而不"辩"则道不行。严格说来，荀子的"辩"包括直接意义上的"正人心，息邪说，距诐行，放淫辞"，但又不仅仅限于这些作用。荀子的"辩"也包括从正面说明事理，从事哲理的建构。比如荀子在"礼论篇"对"礼"的起源的论证，就充分显示了他有根有据地说明事理的功夫，显示了哲人过人的逻辑思维能力。"善辩"是批判性思维的表现。"善辩"就是要辨明道理，掌握论辩的能力，发展相应的素质，反对无理取闹。如果大家都发展了"善辩"的本领，强加于人的蛮横无理就没有市场。这种意义上的"善辩"是现代文明社会所必需的特征。或者说，"善辩"是现代社会生活方式应有的一部分。近年来，荀子研究在海内外越来越受到重视，十分可喜。荀学的兴起并非偶然。荀子不仅仅为我们提供了可贵的哲学思想,他提倡论辩的精神和以论辩为主要方式从事哲学的进路,也为我们今天的时代提供了有益的资源。从这个方面看,今天研究荀子学说尤其具有特殊的意义。

儒家传统是一个博大精深的思想体系,其中不同的思想家有各自的独到之处。孔子的包容并蓄、承先启后,孟子的浩然正气、爱人爱物,荀子的务实重理、开源节用,都是儒家思想的宝贵资源。深入开展对儒家思想的研究,包括进行对儒家文化圈之外仍然具有说服力和感召力的研究,对儒家哲学成为一种世界哲学具有重要的作用。希望这本书能对儒家哲学的发展和建构添砖加瓦,能引起大家的重视。也希望李记芬博士的研究更上一层楼。

李晨阳
2021 年 4 月于新加坡云南园

目 录

序 言 ……………………………………………………（1）
第一章 成人与成己成物 ………………………………（1）
  一 引论 …………………………………………………（4）
  二 荀子的成人概念 ……………………………………（10）
  三 成人与成己 …………………………………………（13）
  四 成人与成物 …………………………………………（18）
  五 对利己主义批评的回应 ……………………………（20）
  六 余论 …………………………………………………（28）
第二章 成人之全 ………………………………………（30）
  一 《论》《孟》：成人与仁德 …………………………（32）
  二 《中庸》：成人与诚德 ……………………………（39）
  三 《荀子》：成人之全 ………………………………（43）
  四 成人之学 ……………………………………………（49）
  五 结语 …………………………………………………（56）
第三章 成人重视孝亲终始两全 ………………………（60）
  一 思慕的自然性 ………………………………………（62）
  二 思慕的必要性 ………………………………………（68）
  三 思慕的层级性与有限性 ……………………………（73）
  四 生死两全 ……………………………………………（78）
  五 结论 …………………………………………………（82）

第四章　成人与和合 (84)
一　欢欣与和合 (87)
二　"乐合同" (90)
三　"群居和一之道" (96)
四　荀子和合思想的意义 (101)

第五章　成人为万物之总 (104)
一　爱物与成物 (104)
二　参天地而理万物 (110)
三　"忠信端悫而不害伤" (115)
四　"相持而长" (119)
五　结语 (127)

第六章　复礼为仁 (129)
一　孟子与正己为仁 (130)
二　以义克利 (134)
三　"制礼反本成末" (141)
四　"君子处仁以义，然后仁也" (147)
五　结语 (151)

第七章　习与性成 (154)
一　习与性成（《尚书》）的含义 (155)
二　性有迁变为恶（《尚书》） (158)
三　以礼义节性（《尚书》） (161)
四　《荀子》习俗化性说的进一步发展 (168)
五　"虑积焉、能习焉而后成谓之伪" (176)
六　余论 (182)

第八章　性朴与性资 (185)
一　性动与恶 (185)
二　性静与善 (191)
三　反本复性 (198)

四　性朴与性资 ……………………………………（202）
　　五　性生而离其朴，离其资 ……………………（207）
　　六　化性成积 ……………………………………（213）
　　七　结语 …………………………………………（218）
第九章　成人与尊严 …………………………………（220）
　　一　人之尊 ………………………………………（222）
　　二　人之严 ………………………………………（226）
　　三　"尊严而惮，可以为师" ……………………（231）
　　四　结论 …………………………………………（235）
第十章　荀子成人思想的影响
　　　　——以董仲舒的成人思想分析为例 ………（237）
　　一　成人者天 ……………………………………（240）
　　二　成己以义与成物以仁 ………………………（245）
　　三　必仁且智 ……………………………………（248）
　　四　余论 …………………………………………（253）
附录　20世纪80年代后克己复礼为仁的研究思潮 …（255）
　　一　引论 …………………………………………（256）
　　二　20世纪80年代"复礼"争辩高潮 …………（260）
　　三　20世纪90年代基于"克己"的仁礼
　　　　关系争辩高潮 ………………………………（265）
　　四　21世纪克己复礼为仁思想的全面反思 ……（270）
　　五　结论 …………………………………………（277）
参考文献 ………………………………………………（278）
后　记 …………………………………………………（288）

序　言

　　人应该成为什么样的人是中国哲学关注的核心问题。与古希腊哲学对作为个体的人的思考不同，先秦儒家哲学更关注集体性的一面。在西方哲学中，关于人的概念的争论一直不断。其中最著名的便是亚里士多德提出的功能论（human function argument）。人有理性，从而与其他种类区别开来，这是人的优越性所在。在儒家哲学中，比如荀子也认为人与动植物有别，但这是因为人有义和辨，能明分使群。亚里士多德基于个体的理性谈人的优越性，而荀子则侧重于从集体性谈人的优越性，且这种集体性的人深受礼的作用和影响。

　　但对于荀子人的概念，目前学界并没有给予足够的重视。一个重要的原因是荀子人性论的不完善：人性恶思想包含一个理论困境，即如何解释善的起源问题。而这一问题与荀子关于人的概念的思想密切相关：儒家人论思想的一个核心议题便是人性修养问题。如果荀子连人性修养何以可能这一根本问题都回答不了，那很难想象荀子人论思想如何成立。孟子和荀子都承认人能成圣，但两者对于成圣的起点这一问题的回答是很不一样的。孟子认为人性是善的，所以以善为起点、进一步扩充人的善性便可成圣、成贤。但是荀子不同意这一观点，认为人的性是恶的，主张通过学礼、习近君子以成圣贤。在生活的现实性上，荀子的观点呈现了谨慎的一面，却也面临一个困难：他无法解释人为什么修礼就可以成圣，尤其是人心中如果本没有礼。正是因为这一点，在儒学史上，荀子的人性观不像孟子人性观那样受到足够的重视，尤其是在宋明时期荀子思想还被排除在道统之外。于此也就不难理解荀子人论思想不受儒家学者重视的状况了。

荀子人论思想不被重视还有另外一个重要原因。荀子虽然认为人性不能提供善端，但他重视礼，认为修礼便能知道、成善。有学者指出，礼在荀子思想中只是一个外在性的指导工具，仅靠这一外在工具很难保证修身成善的最终可能。至少在学礼的过程中，如果没有内在因素的考量，善的达成是很难的。另外，作为理论上的指导，荀子的礼概念太过僵硬和抽象，很难指导修身。据此有的学者甚至认为荀子的人论观点很简单，没什么哲学价值，不值得进一步深入探讨。在这其中，荀子要人做的只是要像遵守规则那样去遵守道德原则就可以了，礼让做就做，礼不让做就不做。礼中的人只是一个消极的人。在这种思想影响下，就可想而知荀子礼视野中的人为什么很长时间被忽视了。

由于缺乏系统性的整理和研究，荀子的人的概念是如何建立和发展的这一问题并不是很清晰地得到了回答。所以在攻读博士学位期间，本人便关注荀子的"人"概念。博士阶段的研究侧重从中西哲学比较的角度凸显荀子人论的哲学价值，着重指出其礼义思想和德性修养理论在当今社会的意义。获取博士学位并取得教职后，我仍旧对荀子的人学思想进行研究，但着重从荀子的文本和中国哲学思想发展史的角度去进一步厘清荀子的人学具体是在怎样的思想背景下产生的，其理论意义和地位如何等。正是在这样的研究视角转换下，本人便开始专攻荀子的"成人"概念。

国内外研究荀子思想的成果已有不少，但主要限于个别局部的研究，未能系统提炼出荀子人论思想并形成整体性成果。譬如，对于荀子成人思想，以往的研究多关注人的德性修养问题，而对其中涉及的人的整体性存在这一问题欠缺深入研究，对儒家全体性的人这一思想缺乏足够的诠释。其次，以往的研究在经典诠释等方面也还存在不足，对荀子思想中礼义、先祖和家庭在人的塑造和形成中的重要地位重视还不够，对荀子"总万物""义""尊严"等概念的理解更是欠缺文本依据，以致不能全面了解这些文字背后深含的儒家成人观念等。最后，前人对于先秦儒家人论的研究或关注《论语》，或关注《孟子》，但都对《荀子》人论的研究没有做足够的重视。

本书基于全面的文献梳理，去深入挖掘荀子人论思想及其理论内涵，并借助中西哲学比较视野突出荀子人论模式和特质，从而为理解以荀子为代表的儒家关于人的地位和价值以及完整人格的思想提供理论支撑。儒家成人思想有不同的研究侧面，但所有的这些侧面都应当包含在以"成人"为核心的人的全面发展这一思想中，从而能为解决现当代人的片面性发展、防止工业化社会人的异化这些现代问题提供深具儒家特色的回答。总之，荀子人论思想有深入研究的必要性。系统发明荀子成人思想的理论框架，既能彰显其在当今社会教育学、心理学、医学等方面的重大意义，也能满足今日社会人的和谐、全面发展需要。

"成人"，就是要成为一个不但具备智仁勇艺等品格才能，又能依礼乐秩序而生活的人。《论语·宪问》说道："若臧武仲之知，公孙绰之不欲，卞庄子之勇，冉求之艺，文之以礼乐，亦可以为成人矣。"对此全人的成就，《周礼》突出六艺的基本才能需要；《礼记》注重礼义规范的学习遵守，"礼也者，犹体也。体不备，君子谓之不成人"；《孟子》强调集大成者的知无不尽与德无不全，"集大成也者，金声而玉振之也"；《荀子》则要求通晓五经和践行礼义，"能定能应，夫是之谓成人"。总之，成人，既要认识人智德双修和德艺双全的全粹之体，又要强调通五经、贯六艺，在志于学、立于礼的过程中为仁，从而最终达到"从心所欲，不踰矩"的终极境界。

以往先秦儒家研究对"成人"概念的论述不够全面。比如，儒家人论研究历来重视德性和德行发展，而对人的智识和技艺等才能的发展不够突出和重视，从而对人全粹之美的认识容易产生偏差，在学习为人的过程中容易忽视礼乐等技艺的培养。通过对《荀子》成人概念的分析便能看出，成人不仅强调人的道德修养，也注重人在技艺才能和智虑方面的发展。成人即是最终成为一个全人。

本书对荀子的"成人"思想展开集中论述。前两章主要是对成人概念进行论述。其中，第一章主要是从成人与成己成物的关系的角度进行论述。荀子对成人的思考，是与先秦儒家对于成己成物关系的思考密切相关的。关于后者，学者或持成己包含成人成物说，或持成物包含成己成人说。但基于荀子成人概念的辨析，本章指出应当是成人包含成己成物说。成人，是指成为一个全人。全人既要成己也要成物。成己指向的是"内自定"，突出的是身心全面发展。"成物"指向的是"外应物"，突出的是类意义上的整全发展。成人不是与成己相对的概念，成己与成物才是相对的概念；在成己、成物的交互发展中，成人才最终得以可能。

第二章主要从全的角度对成人概念进行阐发。不同于孟子从德的方面标举人之为人的根本特征，荀子强调成人的特征是全。从全其天功的观点看，荀子主张人之为人的根本在于人而非天。也就是说，天生，但人成；成人知天而本于人。与之相应，学不是在于性，而在于人为，也就是礼义。对荀子而言，学就是成人之学，其中凸显的是对人之为人的根本——义和群的认知，而非德性的认知。

基于以上两章对成人概念的分析，第三、四、五章则从人与先祖的关系，人与君师的关系，人与万物的关系去具体呈现荀子的成人思想。

从人与天地参的角度来论，荀子认为，人的根本特征是全；而对于人之为人的根本，荀子认为是人有义、能群。人有义能群，从而使人类区别于动植物，而最为天下贵。也就是说，对荀子而言，对人的认识，主要还是从类的意义上谈的。进一步地，从人类的角度出发，荀子十分强调人类之本——先祖的重要性。荀子重视思慕思想，凸显死与生同样重要，表现了对人道之全的认识。只有生死两全，人之生命才得以完满；只有既事生也事死，人才全备孝子之道。当从事生与事死的意义上去谈的时候，人已经不再局限于身心整全、生死两全的己之身与己之生命的意义上去谈了。事父母以终始俱善，进而以先祖为人类之本，表明荀子对于人的认识是从更为广阔的族群的角度来进行的，且后者才是己之身心整全、生死两全的根本保证。

延续上一章对荀子思慕思想的阐发，第四章指出，实质上，生死之全的追求，也是从整体人群之道的角度考虑的。"和合"，就是指人人共同协作，从而能得生时和居、死时合聚之欢。首先，从"合"上讲，"和合"主要是指与父母亲人在生时的聚合，并且这一聚合在其死后也能延续下去，即通过思慕使人得生死合聚之全。其次，从"和"上说，"和合"即调和人心以得其同。一方面，（声）乐以调和的方式使人心同好公道，从而使人能得和乐境界；另一方面，君子调和人与万物的关系，从而使人能合群居住、和睦相处。"和合"，既有对人的生的考虑，也有对死的思考；既有对个人修养的探讨，也有对整体人群之道的考量，是人生之乐的重要方面。

成人为万物之总是第五章的主题。基于孔子的孝悌之道，荀子进一步主张仁人会事父母以生死两全，从而报答父母的养育之恩；此种生死两全之道也同样适用于民之君，因为君为民之父母，民报答的是君主群居和一治理之恩。所以成人十分重视孝悌。但成人不只孝悌以爱敬父母及所在的家族，也隆君而重视人类群体，成人也有对万物负责的一面。在此方面，荀子明确提出，人可以理天地而为万物之总。承继《易传》《中庸》中圣人参天地的观点，荀子进一步提出君子可以总万物，从而丰富了儒家的人与天地关系的理论内涵。在荀子看来，君子有仁义、知通统类，从而能够总括、调理天地万物。君子总括万物的思想，涵摄的是人与自然万物相互友爱的平等关系，从而可以兼容人与自然适度平衡、和谐发展，以达到彼此共生的人类理想。在当代，荀子的这一思想仍具有重要的生态伦理价值。

第六到八章，主要从工夫论角度论述成人的方法。第六章指出，成人之学，指向的是礼；在礼中，人得以成己、成物，最终成就成人之全，也就是真正的仁。对于仁的达成，荀子的思路是复礼为仁，体现了他为实现孔子克己复礼为仁的目标而进行的理论探索。克己，主要是治理欲的问题，方法就是"以义克利"。而礼义的制定与践履，就是"复礼"的意涵，具体方法就是法后王以察先王之道。一方面，以制礼来解复礼，使得礼之中义的一面得以深化。制礼义而使人践履以克己（治理人欲），从而"克己"被进一步收归到"复礼"中。而另一方面，"处仁以义，然后仁也"观点的提出，则将孔孟的仁的内涵进一步深化：复礼才是真正完满意义上仁的达成，即复礼为仁。复礼为仁的思想转向，不仅将礼与仁的内涵进一步深化，而且还对之后的儒者影响深远，因而在当代的克己复礼为仁思想研究中不能被忽视。

第七、八章则从习礼对性之成的影响的角度进一步展开论述荀子的成人之学。关联《尚书》"习与性成"说，荀子以习释性，提出了"注错习俗，所以化性""虑积焉、能习焉而后成谓之伪"的观点。一方面，荀子将性从体与形两个角度去分析，并在性之形上来讲为善去恶的工夫，具体即如何通过"注错习俗""习近其人"和"习伪"等来使性成、性化，从而将《尚书》"习与性成"说进一步发展为"习以化性"。另一方面，荀子还提出，习也指心思虑之积习,即心伪,并将心如何积习思虑从心知几、知微层面进一步推进。荀子主张性恶说,但对性恶却是从朴与资上去说明的。人性生而离其朴、离其资,所以为恶。性恶却能善的问题在荀子那里得以可能,也是从朴与资上去说明的:使性不离其朴、不离其资。此种不离,便是复,是伪,是人为,更是注错积习的化的工夫。也就是学。使性不离其朴、不离其资而得为美,也就是在成己成物中而为成人。

人的尊严与成人问题是密切相关的,第九章对此进行初步探讨。尊严是指人的一种持续不断地自我提升的状态,因而尊严在荀子那里是一种过程性概念,而不是一种天赋或本体性概念。人的尊严的获得与否,与人是否有公天下的思想密切相关。如果一个人在仁心的长养基础上,能进一步与人博交,那么这个人就能够进一步长养自身的尊严。尊严的达成最终呈现的是人的乐的状态,这种乐不为一部分人所有,而可以为每个人所获得。尊严不仅仅局限于德性比如尊敬问题的探讨,还涉及对于人的修养工夫和人的终极价值追求的追问等方面。只有这些方面的全部展开,才是儒家尊严思想比较完满的呈现。

第十章主要探讨荀子成人思想在汉代的影响。人本之追寻发端于秦汉儒学,并形成了一套理论架构。继承孔子、荀子成人思想,董仲舒从"成人者天"的角度进一步发展,提出成人的最终根据是天。天人同构、天人相副,使得人之全与贵最终得以可能。首先,成人就是成人之德。既治己以义,也治人以仁。两者的共同达成,才是成人的最终实现。其次,成人不仅是成为有仁义等德性的人,还是成为有功业的人。因而成人既涉及德性问题的探讨,却又超越德性问题的探讨。这一方面展现了董仲舒对先秦儒学思想的承继与发展,有其思想史地位与意义,另一方面也可对现当代讨论成人思想提供有益思考。

附录部分对学界近四十多年间"克己复礼为仁"以及仁礼关

系等相关问题的讨论做一综述。综述主要是从时代思潮的研究重点方面，试图对"克己复礼为仁"的思想研究做一个整体的呈现。通过思潮发展史的研究，可以发现孔子的"克己复礼为仁"思想还可以有一种新的诠释路向，即以孟子为代表的克己为仁和以荀子为代表的复礼为仁。本书的第六章已经从文献资料和思想的分析角度，对荀子的这一解释路向做了说明；而本章则从思想发展史的角度与其呼应，以期对克己复礼为仁思想的研究做一种理论上的补足。

最后，对于本书写作过程中使用的《荀子》的中英文版本简单做一说明。

《荀子》一书作于先秦，但关于先秦版本的具体情况现在却不得而知。不同于其他先秦诸子书，《荀子》直至唐时才有杨倞的注本。清中叶以后，卢文弨、谢墉、郝懿行、王念孙、俞樾等，对《荀子》重新做校勘和诠释。光绪年间，王先谦作《荀子集解》，将以上各家等的主要观点集结在一起，并在每一条的最后给出了自己的评断和解释。王先谦的注本公平考量各家观点，并有自己恰当的评断，至今在学界还有很大的影响力，所以本书仍是以王先谦版本为主。

在王先谦的《荀子集解》之后，还出现了梁启雄《荀子简释》、章诗同《荀子简注》、熊公哲《荀子今注今译》等著作。另有日本学者如物双松、冢田虎、久保爱、朝川鼎等的研究也开始引起学界关注。王天海在王先谦版本基础上，进一步综合王先谦之后各家《荀子》注的主要观点，并在每一条的最后给出自己的观点，即是《荀子校释》。王天海的版本集众家之长，对荀子中的原文解释更为详尽，且对王先谦版本中一些未触及的问题也能给出自己的评断，因而具备很好的参考价值。所以本书的写作，以王先谦版本为主，同时参考王天海的校释。

关于荀子的英文译本很多，但在学界影响较大的主要有以下三个。第一个是 Burton Watson 的《荀子：基本著作》（*Xunzi*：*Basic Writings*），由纽约哥伦比亚大学出版社在 2003 年出版。此本书主要选译了荀子的一些主要章节，比如《劝学》《修身》《王制》《议兵》《天论》《礼论》《乐论》《解蔽》《正名》《性恶》。此版本的翻译，优点在于语言清楚且优美，但缺点在于有时对《荀子》的一些概念的理解并没有给予全面的考虑。

另外一个是 John Knoblock 的《荀子：全书翻译和研究》（*Xunzi*：*A Translation and Study of the Complete Works*）。此版本对《荀子》一书的全部章节进行了翻译，共三卷本，分别于 1988、1990、1994 年由斯坦福大学出版社出版。此译本的优点在于，依照《荀子》一书的原文，一字一句进行翻译，并力求全面呈现字、句背后的文化意涵，因而极具研究价值。但缺点在于翻译有时过于生硬，读来有时晦涩难懂，且对于荀子一些概念的翻译已经有些老旧。

《荀子》一书的最新译本是 Eric L. Hutton 于 2014 年由普林斯顿大学出版社出版的《荀子：全文》（*Xunzi*：*The Complete Text*）。此译本同样是对《荀子》全文进行了翻译，但因为是以美国大学生为主要受众群体，所以译本的呈现省略了很多对《荀子》原文字词等烦琐的解释。且更为重要的是，此书的翻译吸收了近二三十年的荀子研究成果，对一些关键概念的翻译有所更新。

综合以上荀子的英文译本情况，本书在写作中以 Eric L. Hutton 的为主，并同时参考 John Knoblock 和 Burton Watson 的译本，进行综合考量。

第一章　成人与成己成物

成人，是中国哲学思想的重要组成部分。比如，张学智站在整个中国哲学的高度指出："中国哲学自始就关注人，它的主要成就毋宁在学以成人上。"① 谢地坤也认为："所谓学以成人，恰恰表达了中国传统哲学的核心，即注重对人的道德、情感、行为方式、价值取向的教化，注重家庭和社会伦理纲常的保护，注重个人对家庭、国家和社会的奉献。"② 而即使放到世界哲学的视域来看，"学以成人"也代表了中国哲学乃至中国文化的一大特色。比如，安乐哲从"学以成人"思想出发，认为这反映了中国文化中对于人的观念的理解是与西方不同的。与西方"生即为人"所体现的单向度个体性的人不同，学以成人，"是情境关系中的'学以成人'，也就是通过在家庭和社群关系网中不断努力承担协作性、交互性身份角色，成长为独特的人"③。成中英

---

① 张学智：《中国哲学视域下的学以成人》，《光明日报》2018年8月13日第15版。
② 谢地坤：《学以成人与哲学何为》，《光明日报》2018年8月13日第15版。针对谢地坤文中提到的将"学以成人"理解为规范性问题还是描述性问题，王南湜提出自己的看法。王南湜认为，"学以成人"固然是一规范性论题，但必须首先读作一个存在性或描述性论题。如此，"才能够为规范性论题提供本体论支撑，才能使这一命题获得其本真的意义"。具体参见王南湜《从哲学何为看何为哲学——一项基于"学以成人"的思考》，《哲学动态》2019年第4期。
③ ［美］安乐哲：《"学以成人"：论儒学对世界文化秩序变革的贡献》，黄田园译，《孔学堂》2020年第2期。

认为，中国哲学讨论人的问题时，强调的是以人的自觉为中心来建立与世界的关系，这是与西学最大的不同。① 于此可以看出，从世界哲学的视角来反观儒家的文化特色，成人概念的研究是不能被忽视的。

《荀子》开篇《劝学》便提出人应该学，且最终目标是成人。成人，可以说构成了荀子思想的重要方面。杨国荣指出："荀子之论'学'，主要通过何为学、为何学、如何学等问题的讨论而具体展开，其内在之旨则是'学'以成人、'积'以成'圣'。"②成人对荀子思想的重要性也由此可见。

目前已经有一些学者注意到了成人概念研究的必要性。综合来看，现有研究主要集中于两个问题。首先，从儒家文献对成人概念的分析来看，成人开始主要是如何成就为一个人的问题。在对此成就过程的探讨中，成人概念开始与成己成物关联起来，后者也渐渐成为理解成人概念的关键所在。而在现当代对成人的重要性的思想探讨中，也是以成人与成己成物关系为依据的。对这些问题的探讨，最为代表的是杨国荣③、黄勇④、黄玉顺⑤、涂可国⑥等。其次，肯定先秦儒学对学以成人的思考包含了深刻的哲学内涵，并从德性修养的角度凸显成人是指成为一个有德性的

---

① 成中英、杨庆中：《从中西会通到本体诠释：成中英教授访谈录》，中国人民大学出版社2013年版。

② 杨国荣：《学以成人——〈荀子·劝学〉札记》，《商丘师范学院学报》2013年第29卷第7期。

③ 杨国荣：《成己与成物——意义世界的生成》，北京大学出版社2011年版。

④ 黄勇：《成人：在成己与成物之间》，《哲学分析》2011年第2卷第5期。

⑤ 黄玉顺：《未能成己 焉能成人——论儒家文明的自新与全球文明的共建》，《甘肃社会科学》2018年第3期。

⑥ 涂可国：《儒家成己成人说新解》，《甘肃社会科学》2018年第3期；涂可国：《儒学：为己之学与为人之学的辩证统一》，《东岳论丛》2018年第39卷第8期。

人。在这方面陈来[①]、杨国荣[②]、暴庆刚[③]、王楷[④]、闫思羽[⑤]、张春林[⑥]等已经进行了讨论。

但与此不同的是，也有一些学者注意到，成人不仅是指成为一个有德性的人，其背后还有更为宽广的意涵。比如朱义禄早就指出："'成人之道'，是儒家理想人格学说中的重要组成部分。自孔子开始，中经荀子、柳宗元，一直到王夫之，都对此发表了一些相当深刻的见解。它的影响虽不及'圣人'观——儒家理想人格的另一重要组成部分广泛，但它涉及人的自由全面发展的问题和理想人格培养的一般性规律，无疑是儒家理想人格学说中最有价值的理论。"[⑦] 而张春林则认为荀子的成人概念虽然是基于其人性思想得出的，但同时也强调社会规范的重要，"其成人的思路不但注重德性内修，而且也注重外在社会规范的约束限制作用"[⑧]。这些研究在注意到荀子成人思想中蕴含的德性的一面的同时，也关注其中涉及的其他方面，比如自由全面发展的人格，对社会规范的强调等。

基于以上研究，本书的第一章和第二章将会主要对成人概念进行再讨论。基于先秦儒家文献成人概念的梳理，本书认为，成人在儒家是指成为一个全人。而荀子则将这种全的特征给予了多方面的探讨。首先，成人之全，是指其过程中既有成己的要求也

---

① 陈来：《仁学本体论》，生活·读书·新知三联书店 2014 年版。
② 杨国荣：《广义视域中的"学"——为学与成人》，《江汉论坛》2015 年第 1 期。
③ 暴庆刚：《儒家之"学"的德性意蕴》，《南京社会科学》2016 年第 12 期。
④ 王楷：《天生人成——荀子工夫论的旨趣》，中国社会科学出版社 2018 年版。
⑤ 闫思羽：《浅议先秦儒学中的学以成人思想》，《汉字文化》2018 年第 23 期。
⑥ 张春林：《由人性到成人——荀子人性论思想再解析》，《道德与文明》2015 年第 5 期。
⑦ 朱义禄：《论儒家的"成人之道"》，《孔子研究》1990 年第 4 期。
⑧ 张春林：《由人性到成人——荀子人性论思想再解析》，《道德与文明》2015 年第 5 期。

有成物的要求。其次,成人之人,最终不仅是成为一个有德性的人,而是一个全人,这才是人之为人的根本。总之,荀子的成人思想既是对孔子成人思想的继承,也是对整个先秦儒家成人思想进行思考的集大成的体现,对后代儒家成人思想的影响是不容忽视的。

本章首先对成人与成己成物的关系进行探讨。荀子对成人的思考,是与先秦儒家对于成己成物关系的思考密切相关的。关于后者,学者或持成己包含成人成物说,或持成物包含成己成人说。但基于荀子成人概念的辨析,本章指出应当是成人包含成己成物说。成人,是指成为一个全人。全人既要成己也要成物。成己指向的是"内自定",突出的是身心全面发展。"成物"指向的是"外应物",突出的是类意义上的整全发展。成人不是与成己相对的概念,成己与成物才是相对的概念;是在成己、成物的交互发展中,成人才最终得以可能。

一 引论

成人,是凸显中国哲学特色的一个重要问题。第一次在中国北京召开的第24届世界哲学大会(WCP)(2018年8月)就以"学以成人"作为主题。但何为成人呢?成人之"成"既可以是动词,即"如何成就为一个人",强调的是完成的过程;也可是名词,指一个有充分成就的人,即"完人"或"全人",强调的是最终完成的结果。在注解《论语》"成人"时,朱熹便认为"成人,犹言全人。"[1] 朱熹的这一解释,之后成为儒家的主流观点,今人杨伯峻也以全人解释。[2] 人通过一切努力和工夫所最终成就、成为的

---

[1] (宋)朱熹:《四书章句集注》,中华书局1983年版,第151页。
[2] 杨伯峻:《论语译注》,中华书局1980年版,第149页。

那个人，就是完人、全人。对于成人之"人"，并不主要是从他人角度来说，而更多地是从人自身而言，强调的是经历不同阶段和不同状态之后最终成为的那个人，也就是从一个不完全的人逐渐成为一个全人。

对成人问题的思考，在文献层面来说，最早从《国语》就已经开始了。按照《国语》记载，史伯与郑桓公的谈论提到"平八索以成人"（《国语·郑语》）。"成"为动词，"成人"即是如何"成立为一个人"的意思。这里的"八索"，是对应八卦而言的。①以八卦对应人身，《国语》指出立八体、正人身，就是成立为人的方式。人身是多元素的混合，有头有腹，有足有股，有口、有耳、有手等；只有这些不同部分的相互协调、合作，人身整体的运行才得以可能。由不同而得人身之整合与整全，才是人成立为一个人的方式。

《国语》的这种思考方式，在孔子那里得以进一步推进。《论语·宪问》记载："子路问成人。子曰：'若臧武仲之知，公绰之不欲，卞庄子之勇，冉求之艺，文之以礼乐，亦可以为成人矣。'"子路问怎样才能算得上一个成人？孔子分别从智慧、无欲、勇敢、才艺、知礼、达乐等角度给出了解释。在孔子看来，成人概念突出人在社会中的不同面向的发展：人既要有智慧，也能廉洁；既要有勇、有才艺，也要懂礼乐等。只有发展了这些不同的面向的人，才是成人。也就是说，《论语》是从智廉勇艺礼乐等全面发展的角度解释"成人"概念的。

《论语》虽然从全面发展角度强调成人之全，但在这种发展中，仍然还是强调德的完备。比如之后很多注家就从德上来强调此种全。朱熹在《论语集注》中指出，此处从智廉勇艺礼乐等的

---

① "谓乾为首，坤为腹，震为足，巽为股，离为目，兑为口，坎为耳，艮为手。"徐元诰：《国语集解》，中华书局2002年版，第470页。

发展中，强调的是要"使德成于内，而文见乎外。则材全德备，浑然不见一善成名之迹；中正和乐，粹然无复偏倚驳杂之蔽，而其为人也亦成矣"①。清代的经学家黄式三在《论语后案》中也顺此思路理解成人："知廉勇艺，四人分得之，则为偏材，一人合得之，几于全德。"②不论是材全德备、还是全德，都意在突出德的全面、全备。当从德之完备意义上讲时，仁便自然成为孔子成人概念中的应有之义。按照孔子的观点，只具备四材中任一材的人，比如勇，是不能称为仁人的。但仁人，却是必定勇的（《论语·宪问》）。成人，就是成为德性全备之人，也就是仁人。

以上注家对《论语》成人概念的解释表明，成人主要是就德而言的。这一思想在儒家其他典籍中也有所体现。比如《中庸》提出人应该成就为有德的人。只不过不同于《论语》从仁之德上说，《中庸》更强调诚之德。拥有诚德的人，既成己也成物，凸显的是内外两方面的要求："诚者非自成己而已也，所以成物也。成己，仁也。成物，知也。性之德也，合外内之道也。故时措之宜也。"按孔颖达疏，至诚之人不只是成就己身，还能成就万物之性。③ 按照这一思路，人的最终成就既有对己身德性的考虑，也涉及万物之性。

尽管和《论语》凸显仁德不同，《中庸》强调的是诚的德性，但此种德性的成就中，《中庸》仍然还是关注全的特征。人既要成己，也要成物，凸显的是人在成就自身的时候要有的内外两全的过程。

从成就的过程去讲时，成己成物则是与成人密切关联的。比如，清代刘宝楠在注《论语·宪问》篇"成人"之处时，联系

---

① （宋）朱熹：《四书章句集注》，中华书局1983年版，第151页。
② （清）黄式三：《论语后案》，凤凰出版社2008年版，第399页。
③ 李学勤主编：《礼记正义》（下），北京大学出版社1999年版，第1450—1451页。

《说苑·辨物篇》中颜渊和孔子关于"成人之行"的讨论,指出成人是成德之人,而成人之行既有成己如理情性的一面,又有成物如辨万物的一面。① 这与《中庸》成己、成物的观点是非常相似的。也就说,成人与成己成物是密切关联的。

但现代学者在讨论成人与成己成物的关系时,却并不主要是从这一角度进行。在成人与成己成物的关系上,第一种看法是,成己包含成人成物说。这种观点主要是基于《中庸》提出的。"成己"是对人的内在自我方面的强调,而成人成物则是成己的进一步要求,即对包括他人在内的外在万物的认知。② 人既有对内在自我认识的一面,也有对外在世界的认识,且两者紧密相联:一方面,对内在自我的认识会进一步推动人去认识外在世界;而另一方面,也正是在外在世界向我的敞开中使人对自我的认识进一步展开和深入,或者说是在向对象意义的追问中进而有对人自身存在意义的追问。③ 这便是《中庸》所强调的"合外内之道"。在这个意义上,成己包含成人成物,且成己是人的活动的最终目的。

---

① (清)刘宝楠:《论语正义》,中华书局1990年版,第566页。
② 基于《中庸》"合外内之道",杨国荣在《成己与成物——意义世界的生成》这一书中对成物成己的关系从外部世界和人的内在自我方面进行了详尽的阐释。在杨国荣看来,成物以认识世界与变革世界为内容,而成己指向的是认识人自身与成就人自身,而这两者与成人的关系是"无论是成己,抑或成物,都同时关联着广义上的成人并涉及主体间的互动"。具体参看杨国荣《成己与成物——意义世界的生成》,北京大学出版社2011年版,第9页。
③ 在广泛意义上,成物是包含成人的。通常而论,人对外在世界的认识,既包括对外在他人也包括对外在万物的认识;对外在世界的追问既可以说是对他人意义的追问,也可以说是对万物意义的追问。而这两种外在的认识和追问都会使人对己的内在意义的认识更为丰富和立体,即最后落在对真正意义上"成己"的认识。具体参见杨国荣:《成己与成物——意义世界的生成》,北京大学出版社2011年版,第21页。黄玉顺依据《中庸》,提出诚是成己、成人、成物的前提,而成己则是成人、成物的前提。具体参看黄玉顺《未能成己 焉能成人——论儒家文明的自新与全球文明的共建》,《甘肃社会科学》2018年第3期。

另一种观点则是转而强调成物的重要性：成物是成己、成人的最终目的。按照《大学》格物致知、正心诚意、修身、齐家、治国、平天下的观点，人的修养工夫始于成己，进而成就他人，终于成物。如此，人的活动由内向外一步步推展开来。按照这种逻辑顺序，虽然成己是成人（成就他人）、成物的前提，而成物才是成己与成人（成就他人）的最终目的，即博爱。① 这种观点被看作成物包含成己成人说。

以上两种观点，或强调成己，或强调成物。但问题是，在突出成己或成物的过程中，成人的重要性容易被忽视。比如，在第一种观点中，成人在广泛意义上被包含在成物的观点中。成人与成物一样都属于己对外在世界的认识，人是万物之一。因此在这个意义上，成人、成己、成物三者之间的关系会被简化成己与成物的关系，成人概念在其中得以消解而显得不那么重要。而在第二种观点中，成人是成己过渡到成物的中间阶段，虽然这个阶段是必不可少的，但毕竟不是最终目的。而且更为重要的是，当把成人看作成己的一个目标时，其中会存在一个问题：是不是一定要自己先有所成之后才能去成就他人？成己的过程是否能脱离对成就他人的考量？尤其是，当联系孔子"己欲立而立人"的观点时，问题变得更为突出。根据他的观点，自己要有所立、有所成，也要知道别人是想要有所立、有所成的。己立是需要考量他人的立，己不是孤立的，而是与他人有密切联系的。脱离了成人的成己是不可能完成的。如此一来，把成人看作成己的完成与目标，便是有问题的。②

---

① 曹孟勤认为，对于传统儒家的成己成物观，既要看到成物是在成己之中，但同时也注意到，成己也是在成物之中的。具体参看曹孟勤《在成就自己的美德中成就自然万物——中国传统儒家成己成物观对生态伦理研究的启示》，《自然辩证法研究》2009年第25卷第7期。

② 类似地，把成物看作成人的完成与目标，也是有问题的。

正是基于对成人的重要性的考虑,有学者比如黄勇对成己包含成人成物观提出补充,认为不应该把成人和成物在广泛意义上一概而论。在成己与成物之间,成人的重要性应该被凸显出来,而且成人概念正是儒家哲学不同于西方哲学的非常有特色的地方。按照这种观点,儒家强调的修身过程,不仅有对行为者自身的要求,有对自然世界的要求,也有对自我之外的其他人的要求。且后两者的完成才是最终极意义上的成己。即"成人在成己与成物之间"①。

成人概念的突出,使得《中庸》强调的己物对立意义上的成己成物观分别变为人己对立意义上的成人成己观和人物对立意义上的成人成物观。如果说他人和外物都可以看作己的对象,因而在某种意义上成人与成物的可能性可以是一致的——如果己可以成人,也就可以进一步成物。② 然而,成人与成己的一致可能性却容易产生问题:在(他)人与己的对立中,对他人的主体德性提出要求是否可行?即成人的可能性问题。

基于德性教化的现实可行性,黄勇提出成人是可能的,但德性教化中的强制性问题仍然还需要解释。比如杨国荣说道:

> 荀子认为人性本恶,从而,人也缺乏自我完善的内在可能(从本恶之性无法引发出善的品格),在此前提之下,人的改变、人的培养便只能依赖于外在的"礼"和"法",也就是说,唯有在外在的"礼"和"法"的约束之下,人才能走向"全而粹"。这种看法容易把成人的过程主要与外部条

---

① 黄勇:《成人:在成己与成物之间》,《哲学分析》2011年第2卷第5期。
② 尽管成人与成物在可能性上的一致还需要进一步论证,比如人可以成人和人可以成物两者不是必然顺承的关系。一个处理的是人与人的关系,一个处理的是人与万物的关系。但笔者想强调的是,从人的能力上来说,儒家认为人是可以处理这两种关系的,因而从宽泛意义上可以说,成人与成物的可能在儒家是一致的。

件联系起来,从而忽视人格培养的内在根据。①

他的言下之意是,如果只是单纯从成就他人的意义上讲成人,仍然避开不了真正意义上成人(即包括人格要求完满达成意义上的成人)乃至达己的可能性问题。即,从外在约束中无法达成真正意义上的成就他人。

综合以上问题的讨论可以看出,成人与成己成物的关系仍然有待进一步讨论,这其中成人概念的重新审视是十分重要的。在对成人概念界定基础上,才能对成人与成己、成人与成物的关系及成人是否可能的问题做进一步讨论。

二 荀子的成人概念

孔子的成人概念,强调人的发展以德性为主,但同时也不忽视其他面向的发展。而对于后者,荀子给出了更多的阐发。荀子不再是单从一个人出发,去讲其德性的养成、技艺的发展等。而是转而从人所处的群体甚至更大的自然界的层面,去讲成人应该具有的特征。成人,既要养成德性,也要在德性之成的基础上对他人以至周围事物提出要求,人能进一步去治理万物。就是说,成人是成为一个全人,但这种全不再是针对个人而言,不再仅仅强调自己本身德性的全面发展,而是进一步对人在这个世界上与其他人与事物的关系如何处理提出要求。

对成人概念,荀子从"内自定"与"外应物"两个方面给出了具体论述,也就是内外两全:

---

① 杨国荣:《形上学·成人·规范、知识·价值——对"史与思"学术会议中若干问题的回应》,《哲学分析》2011年第2卷第5期。

> 君子知夫不全不粹之不足以为美也，故诵数以贯之，思索以通之，为其人以处之，除其害者以持养之，使目非是无欲见也，使耳非是无欲闻也，使口非是无欲言也，使心非是无欲虑也。致好之也，目好之五色，耳好之五声，口好之五味，心利之有天下。是故权利不能倾也，群众不能移也，天下不能荡也。生乎由是，死乎由是，夫是之谓德操。德操然后能定，能定能应，夫是之谓成人。天见其明，地见其光，君子贵其全也。(《荀子·劝学》)

"内自定"，就是人的内在德性有所成，且能固守德性而坚定不移。在德性的养成中，荀子十分强调身心的整体参与。比如，德性的养成，离不开儒家经典的学习，而这种学习是全体身心之学，不仅仅只是口耳之学。学是有心参与的学，是学有所好："入乎耳，箸乎心，布乎四体，形乎动静，端而言，蝡而动，一可以为法则。"(《荀子·劝学》)不仅是要外在地听闻、诵读儒家经典，还要将经典记在心中、不忘却，并使经典之学能由内而外地滋润人的整个身心，使人的一切行为举止都以之为依据。这便是学之为己、学之美其身的一面。同时，人的内在德性的养成不仅需要身心的整体参与，还体现在人的全部生命过程中，荀子对这种参与的历时性提出了要求。德性的习得，要求人不论生死，不论外在权利和人生际遇如何，都能坚守而无所动摇，"生乎由是，死乎由是"。使自己成为时刻或者不论何种境遇下都能操持德性的人，这便是"德操"。人的整个身心发展能一直专注或安于德性，那么德性的长远稳定发展也就得以可能。因而荀子认为成人首先是一个有内在德性的人，这种人的特征是身心整体得到全面、长远发展。

对内说，成人注重的是德性的养成与操守；而对外说，成人注重的是"能应"，也就是能接应外物。外在万物是十分纷杂、杂乱的，但人却能接应而无所迷惑，这是因为人能辨物。相比于天来说，"天能生物，不能辨物也"（《荀子·礼论》），但人却可以。山川、河流、石子、草木、禽兽、人等都是由天生的，但是将之称为"山川""河流""石子""草木""禽兽""人"等，却是人来命名的。因为名，万物相互之间得以区分开来。荀子强调，名的根据是类的原则，在统类原则的运用中，人能总理万物而使万物得以治，而非乱。分的原则同样也适用于人，"宇中万物、生人之属，待圣人然后分也"（《荀子·礼论》）。因为分，人与人之间才能彼此有所区别，从而人人得以各司其职、各司其分，人类整体的群才最终得以可能。"人何以能群？曰：分。"（《荀子·王制》）

就人自身来说，"应物"不仅是指分人使之群，也指辨事物使其治。当然，这样的"人"，首先是圣人。针对任何事的发生，圣人都能从各个方面做出分辨测度："圣人何以不欺？曰：圣人者，以己度者也。故以人度人，以情度情，以类度类，以说度功，以道观尽，古今一度也。类不悖，虽久同理，故乡乎邪曲而不迷，观乎杂物而不惑，以此度之。"（《荀子·非相》）事之分辨可以是多方面的，比如是否都属于人这一类属，是否都是人情人欲的范围，是否都是属于功名之类的事的分辨与判断。不论是"以人度人，以情度情"，还是"以类度类""以说度功"，这里强调的都是从类、理的角度来审察万物使其治。虽然万物比如人情、物种、名等纷杂不同，但事物各自所属的类、理是一样的，这样便可以以类、理来分辨而无所迷惑，也不为其他邪曲不正之学派、学说所迷惑。人能辨物，因为物都有自己的道、理：物虽然繁多，但物之理、类却有共通性、普遍性；人能以道、理观尽万物，可以对任何地方的人、物、名等做出分辨。这种分辨、测度是可以超越古今的，因为分辨的依据是类的原则；进一步地，人不仅对古代和现代出现的事做出分辨，还能对未来出现的新的事触类旁通而做出应变，因而不会轻易被欺瞒。

"成人"的应物，不仅指能辨物以总理万物，而且是指能分人辨事从而使得人类的整体治理得以可能。因而在应物意义上，成人的特征仍然是全，只是这种全，是针对天地万物、人类整体而言的，且天地万物和人类整体是无限展开的。在这种展开中，人对对象提出要求：辨物、分人、治事。显然，从分辨的意义上讲，成人不再仅仅是成就德性的问题了，也是成就人在天地间的职分、入世治理的功业的问题了。

那么，荀子的"成人"便可以用"能定""能应"来概括。能定，指向的是人的身心整体地去养成和操守德性。能应，则是人对其所面对的整体对象有所理、有所治。成人既是一个有德性的人，也是一个能成就功业而与天功相媲美的人。不论是德性还是功业，都注重全，"天见其明，地见其光，君子贵其全也"。

三 成人与成己

在先秦儒家，"成己"仅在《中庸》中出现一次，"成己，仁也"。但反过来，从"仁"上去界定"成己"，在《论语》中就已经出现，其中《泰伯篇》写道："仁以为己任，不亦重乎？死而后已，不亦远乎？"将仁作为自己一生发展的责任、目标，仁的完成与达成也就是己之成。成己，就是使自己成为一个仁人。但在《论语》中，仁是人整个甚至全部生命过程的唯一目标，而《中庸》则对"成己"做出了限定：成己是与成物相对而言的，人不仅要成己，也要成物。"诚者非自成而已也，所以成物也。"成己与成物的不同是："成己，仁也；成物，知也。"成己，是指使自己成为仁德的人；但人不能只是成己，还要进一步去"成"与己相对的外在的物，即智慧的成分需要添加进来。换言之，成己为仁是仅对人自身而言，强调内在德性的发展。如果将《大学》考虑进来,《大学》则是将"成己"概括为修身的根本问题。成己就是修身,而修身的关键在于正心。从这个意义上讲,成己不仅关涉己所成的方向或目标,也指己的身心修养。所以,成己,就是修养自己的身心以达成仁。

《论语》虽然没有直接提到"成己"二字,但对此却是有思考的。孔子在《论语·宪问》说道:"古之学者为己,今之学者为人。"按照何晏引孔安国注:"为己,履而行之。为人,徒能言之。"① 此处为己与为人的区分在于一个人对于所学,是能身体力行,还是只能停留在言说的层面。也就是说,它们在学的最终目的和结果上有所不同。顺此思路,皇侃进一步将此处的"为己"解释为"成己":"古人所学,己未善,故学先王之道,欲以自己行之,成己而已也。今之世,学非以复为补己之行缺,正是图能胜人,欲为人言己之美,非为己行不足也。"② 按照这一解释路向,为己之学强调的是己对所学(比如先王之道)是有所践履的,如此便是成己。

回到皇侃的"义疏",孔子的"为己"以"成己",主要着眼于"学"的层面,强调的是自我德性的提升。作为孔子的后学,荀子注意到,"为己"与"为人"各自强调的目的与结果不同:

> 古之学者为己,今之学者为人。君子之学也,以美其身;小人之学也,以为禽犊。(《荀子·劝学》)

在荀子看来,之所以会有为人与为己的差别,是因为学的方式不

---

① (魏)何晏注,(宋)邢昺疏:《论语注疏》(十三经注疏),北京大学出版社2000年版,第222页。

② (梁)皇侃:《论语义疏》,中华书局2013年版,第373页。

同。按熊公哲注："入耳箸心，是谓为己之学；入耳出口，是谓为人之学。"① 学是否有心的参与，是判断为己之学与为人之学的关键。如果只是听了所学，然后就径直将所学从嘴里表达、言说出来而没有体之于身，那就是小人之学。但如果有心的参与，心有所得并体之于身，那么就是君子之学。为己之学的"己"，是从身心整体的意义上谈的，而为人之学则不是从这一整体意义谈的：缺失了心的参与，进而也无法在行动中将所学进一步落实下去。

对荀子而言，为己与为人的差别并不是说在修己与修人意义上的自己与他人的区别。在先秦文献里，把己与人两者从相对立的角度论说是一个比较常见的观点。比如"舍己从人"（《尚书·大禹谟》），"君子贵人而贱己，先人而后己"（《礼记·坊记》），等等。但在这种相对立的己人关系中，"人"都是指与己身相对的"其他人"。荀子并不是从这一对立意义上来讨论为己与为人的差别的。在荀子看来，"今之学者为人"之"人"与"以为禽犊"之"禽犊"相呼应，强调的是心未有得的一面，进而才展现为取悦于别人的问题。② 取悦别人，并不是成就别人或者修养别人的问题。所以将此处的为己和为人泛泛简单理解为修己与修人、成己与成人的关系，是有问题的。荀子在此并未涉及自己修养和他人修养的对立关系意义上的修养讨论，仍然还是在己自身整体的意义上探讨己的发展，也就是修（己）身的问题。"学之为人"的"为人"，并不涉及成就他人的问题，不可将之与"成就他人"或"成人"直接等同。

学之为己，对荀子而言，更多的是强调学的过程要身心整体

---

① 王天海：《荀子校释》，上海古籍出版社2005年版，第31页。
② 尽管各注家对"禽犊"有不同的理解，或如杨倞、郝懿行理解为馈献之物，或如王先谦将之解释为禽兽，但无疑都认为此"禽犊"并非指的是"他人"的意思。王天海：《荀子校释》，上海古籍出版社2005年版，第31—32页。

参与。心有所得并体之于身，便是己之成。也就是，荀子所说的"君子之学以美其身"，"美其身"是指滋润人的整个身体，与《大学》"德润身"有所相似。身之"美"，泛言之，可以从两个角度看。一是指身体的长寿甚至不老，也就是治气养生。但对于这个层面，荀子并不是很认同（《荀子·修身》）。另一层面，也是更为重要的，是身心循礼而得其治。荀子写道：

> 扁（辨）善之度，以治气养生则后彭祖，以修身自名则配尧、舜。宜于时通，利以处穷，礼信是也。凡用血气、志意、知虑，由礼则通，不由礼则勃乱提僈；食饮、衣服、居处、动静，由礼则和节，不由礼则触陷生疾；容貌、态度、进退、趋行，由礼则雅，不由礼则夷固僻违，庸众而野。故人无礼则不生，事无礼则不成，国家无礼则不宁。(《荀子·修身》)

从生物意义上言，人身既指躯体，也指人心的精气之灵；这是人天生而有的，属于天职的范围。修身在这里就是发挥身心两者的功能，以成就人的生命。生命、躯体的存在是修身的前提，否则也就谈不上修身了。同时生命躯体的长养，需要人发挥志意思虑的功能，这就是荀子说的"天养"（《荀子·天论》）。但是，荀子也指出，生命的长养并不是放纵人的欲望发展，而是在饮食、穿着、居住之地等方面有所节制。只有遵守礼来过节制的生活，才能使身心免于疾病的困扰。荀子希望的，不是通过志意思虑来保养身体以延缓衰老，甚至长生不老；而是在使身心发展得其美、得其雅。身体总会有衰老的一天，这是天然如此的，人所不能阻止的；人所当为的是如何使身心有礼仪之美而非流于习俗欲望的发展变得粗鄙不堪。这便是荀子强调的"注错"关键：人的材性智能都是大体相同的，但如果能以礼义来注错己身，那么人

就能成为君子；反之，则是小人。(《荀子·荣辱》)

用礼来注错己身，身心好礼义，进而行为便能自然合礼中节，这在荀子那里自然是值得肯定的。只是身心好礼义的达成并不是自然而然就有的。"好"，并不是指天然而有的"好"，而是指人为之"好"。人天然所好的，并不是礼义，而是各种感官欲望；人好欲而没有节制，对于人的发展来说带来的是身心的不协调或者疾病，甚至最终使生命的维持和延续不能得到保障。基于这种考虑，荀子认为身心的发展不应该遵循天然之好，而应该有人为之好，也就是好礼好义。

礼义之好的达成，荀子认为是在学、思、行中，时刻做到"使目非是无欲见也，使耳非是无欲闻也，使口非是无欲言也，使心非是无欲虑也"(《荀子·劝学》)。这与孔子"非礼勿视，非礼勿听，非礼勿言，非礼勿动"的"四勿"思想是一致的(《论语·颜渊》)。联系到作为前提的孔子的"克己复礼"，主要是从个人身心修养上谈的，要求克制自己的欲望和遵守礼的规范，以成为一个有德行修养的人，也就是仁人。荀子也是从这个方向去理解的，但又进了一步，即不只是从身体视、听、言、动的守礼上去谈仁的达成，还强调心也要能守礼，"使心非是无欲虑也"。身体动作遵守礼的规定是为仁的第一步，如果一个人在视听言动上不能依礼而行，即使他对仁有很深的理解与喜好，也很难说他真正是一个仁人。但要真正做到仁，心对礼的坚守又是必不可少的。只有身心双方的活动都遵守礼的规定，人才能够成仁，也就是"复礼为仁"。

那么，从修养身心到身心好仁，再到人的所有行为活动自然循礼中节，便可以视为成己的内容和方法。从中可以看出，成己的观念是包含在成人思想中的，是成人的一个层面。而且，应指出的是，当从"成"的角度去谈"人"时，后者既不是从己上谈，也不是从他人上谈，而就是从一般的"人"上谈，突出的是人本身的"全"的特征。因而，成己与成人不应该对立起来，恰当的说法是，成己是成人的内涵之一。

四　成人与成物

"成物"一词在《荀子》中没有出现。但荀子在《天论》篇曾有"有物之所以成"的表达可以浓缩为"成物"的观念。他从人有辨能群的角度展开论述，由此使与己生活在一起的他人甚至万物能得到治理：

> 故人之所以为人者，非特以其二足而无毛也，以其有辨也。夫禽兽有父子而无父子之亲，有牝牡而无男女之别，故人道莫不有辨。辨莫大于分，分莫大于礼，礼莫大于圣王。（《荀子·非相》）

人之所以不同于禽兽，是因为人能对人情做出分辨。人与禽兽虽都是由父生子，但人能对父子的亲爱关系做出分辨。如父对子应该慈爱，子对父应该孝顺，而禽兽却没有这种分辨；人与禽兽都有牝牡，但人能依照礼义对男女间的亲爱关系做出分辨，即男女有别，而禽兽却没有这种分辨。基于这种分辨，人与人之间有了上下、亲疏之分，而圣王制定礼义也正是出于这个目的。因为有分有辨，所以人类的"群居和一"才得以可能，人的长远稳定发展也才能实现。正是从这个角度，荀子认为人之所以为人的根本，在于人有辨。

人不仅能辨人使人得以群，还能对与人类不同的物类做出分别，使物得以理、得以成。荀子写道：

> 大天而思之，孰与物畜而制之？从天而颂之，孰与制天

命而用之？望时而待之，孰与应时而使之？因物而多之，孰与骋能而化之？思物而物之，孰与理物而勿失之也？愿于物之所以生，孰与有物之所以成？故错人而思天，则失万物之情。(《荀子·天论》)

与其期待通过慕天、颂天等来获得丰富的物产，还不如使物蓄积，进而人对之做出制裁、任材而用；与其希望通过天的自然生长来收获粮食作物等，还不如顺应春夏秋冬的气候变化并发挥人的智能等，来使农作物的生长既不错失农时还能生长得更为茂盛以获得大丰收；与其通过深究天的方式来获取万物，还不如发挥人的分辨能力来总理万物，最终使万物各得其长、各得其成。人在天面前是能够有所作为的，而不是屈从于天。在荀子看来，恰当的方法应该是发挥人分辨的能力，将包括人类在内的万物的生长发展全体综合起来考虑，这便是"有物之所以成"或"成物"。

成就万物，在根本上仍是人之为人的最后实现。比如人与草木禽兽有很多相同之处——有气、有生、有知等。停留于这个角度，人与自然万物没太大区别。人不仅有这些，还有草木禽兽没有的"义"。因为人有义，所以有分而能群。(《荀子·王制》)这里的"群"既包括群人，也包括群物，重在人如何发挥义的作用，在"分"中实现与他人、万物和谐群居。就此而言，荀子注重的是人类的群居和一，也就是社会组织的问题，而非首先使他人获得内在德性。分而群，是成就他人的组织落实，由此人也才能最终走向成人。这是荀子对孔子成人思想从现实可能性上的推进。

在成人意涵中，荀子并非仅仅限于己之德性修养的问题去探讨，还进一步对于人类和天地万物的组织管理提出要求。而在"理"万物的意涵上，荀子认为因为人有分与辨的能力，所以不论是成就他人还是成就万物，都是有其可行性的。这种治理的可行性，不是从己之德性的规定性中推出来的。

人即便是一个身心得以修养的有德性的人，也不能必然保证他同时是一个可以总理万物的人。一方面，成为身心修养的仁人不代表可以成为有智的人；另一方面，人有智慧不代表身心修养已经达到了仁的状态。但成人概念恰恰是对两者都有要求。比如，在《君道》篇中，荀子写道："故知而不仁不可，仁而不知不可，既知且仁，是人主之宝也，而王霸之佐也。"当然，这样的"人"的极致状态就是圣人："血气和平，志意广大，行义塞于天地之间，仁知之极也。夫是之谓圣人。"（《荀子·君道》）

那么，成人，不仅要能做到内自定以成己之德，还要能做到外应物以成物。人不仅能使己之身心得到全面、稳定、长远的发展，还能使人类和物类得以群居和谐相处，从而人与万物共同获得长远发展。这便是人在天地间的价值。"故天地生君子，君子理天地。君子者，天地之参也，万物之总也，民之父母也。"（《荀子·王制》）正是在与天地相参的意义上，荀子凸显了成人的地位与价值："能定能应，夫是之谓成人。天见其明，地见其光，君子贵其全也。"（《荀子·劝学》）

从《国语》《论语》到《荀子》，都对"成人"概念进行了探讨。"成人"不是特定意义的"成就某个人"或"他人"，而是普遍性地成为一个"人"，成为一个全面整体的人，并由此延伸出成己与成物的问题。只有在身心整全、成己与成物完全意义上而言，人才能实现其"贵"，才可以与天地参。

五　对利己主义批评的回应

从以上对荀子成人概念的辨析出发，可以得出成人与成己、成物的关系既不是"成己包含成人成物"，也不是"成物包含成己成人"。相反，荀子恰恰认为"成人包含成己成物"。基于荀子的这一成人概念，本节试图对黄勇讨论成人概念时提出的美德伦理问题进行回应。

在讨论这一问题时，有两点需要做说明。首先，黄勇讨论成人时，是从狭义的意义上去理解的。他所讨论的成人，是专门从"一个人帮助他人（与他物相对而言）之自我的实现"的意义上而言的。① 这一概念是与本书所强调的儒家对"成人"概念的理解是不一样的。基于先秦儒家文献分析可以看出，成人在儒家主要是成就为一个全人的问题，里面涉及的是成人的过程和人之为人的根本问题，而如何帮助他人或成就他人之自我的实现并不是首要的问题。

其次，虽然先秦儒家的成人概念并不是主要从成就他人的意义上而言的，但却也是包含成就他人思想的。这点在本章第四部分笔者已经探讨过。如此一来，也仍然不妨碍我们去思考黄勇提出的美德伦理学所面临的批评问题。

在2011年撰写的《成人：在成己与成物之间》一文中，黄勇强调了儒家的成人概念的特性。以"成人"概念为例，黄勇认为儒家可以为西方美德伦理学在当代的发展作贡献。比如，成人思想的提出，可以回应美德伦理学所面临的自我中心倾向的批评。对此批评，他总结道：

> 这个批评真正说的是，一个具有美德的人对自己的关心与对别人的关心并不对称——在关心自己的时候，他所关心的是自己的美德，而在关心他人时，他所关心的是他人的外在利益，如健康、财富和名誉等。同时，具有美德的人又认为，一个人的内在美德比其外在利益更重要，因为一个人的真正完成是看其是否具备了美德，而不是看其生活是否舒

---

① 黄勇：《成人：在成己与成物之间》，《哲学分析》2011年10月第2卷第5期。

适、身体是否健康、名声是否远扬等。①

黄勇在这里想着重强调的是以下两个方面。首先，一个真正具有美德的人，关心的是自己的美德，而非其他外在的名声、财富等。其次，美德伦理学面临的是两种不对称。一方面，一个真正具有美德的人，应不应该关心他人的美德（而非外在利益）是否获得这一问题？如果关心的是他人的外在利益，那么一个真正具有美德的人就在对自我关心的内容上与对他人关心的内容上，产生了不对称的问题。另一方面，即使一个具有美德的人对他人的美德是有关心的了，能否就说，这个人不是自爱的了？这一不对称，指的不是关心他人的内容，而是关心他人的先后顺序。虽然对自我和他人的美德都关心，但以自我的美德关心为先、为主和以他人的美德关心为次、为辅，就产生了不对称问题。②

也就是说，问题的关键并不是一个具有美德的人对别人美德是否关心。黄勇想强调的是，一个关心自己美德的人，即使在同时也关心他人的美德的情况下，也不能说这个人不是一个自我中心者。

黄勇认为当代的一些亚里士多德主义者的回应并没有很好地解决这一问题。比如，即使可以像克劳特那样从"道德竞争"的角度进行回应，似乎也很难回答。因为"我们不能因为一个人努力去追求美德的自爱行动具有使他人也努力追求其美德的效果就说：这个人的行动就不是自爱的行动，而是爱他人的行动"③。

---

① 黄勇：《成人：在成己与成物之间》，《哲学分析》2011年第2卷第5期。
② 一个只关心他人的美德而不关心自己的美德的人，在美德伦理学这里似乎是不成立的。因为后者对于一个真正具有美德的人的定义就是以关心自己的美德为前提的。类似地，以他人的美德关心为先、为主，似乎也不符合美德伦理学对一个真正有美德的人的定义。因为关心他人的美德不代表自己对自己的美德已经有所关心，即不一定就是一个真正有美德的人。
③ 黄勇：《成人：在成己与成物之间》，《哲学分析》2011年第2卷第5期。

基于儒家的成人概念，黄勇认为，儒家传统可以替西方美德伦理学对自我中心的批评给予有效的回应。他的思路是：首先，成就他人的美德，是一个实现自己美德的人必须要做的。以《大学》为例，如果没有成就他人美德，比如没有"新民"，那么就不能说这个人是一个已明明德的人，一个具有美德的人。其次，一个人想成为有德之人，这个人就应当帮助别人也成为有德之人。比如《论语》就强调"己欲立而立人，己欲达而达人"。最后，如果一个人已经成为一个有德的人，那么这个人必定也会让别人成为有德的人，即为善。①

总之，在这一思路中，黄勇想表达的是，一个有德的人是关心他人的德的。比如，黄勇在2014年撰写的《如何在西方哲学语境中做中国哲学：以儒学研究为例》一文中对这一问题做了进一步回应。② 以朱熹对《大学》"明明德"的理解为例，一个有德的人是关心他人并且关心他人的内在美德的。如果不关心他人的德，这个人就是吝德的人，不是真正有德的人；相反，如果关心他人的德，自己才是真正有德的人，甚至是使自己更加有德的人。

但问题是，黄勇的回应似乎还是没有从根本上驳倒自我中心的批评。从儒家的角度看，成就一个人自己的美德，固然也会涉及成就与其相对的他人的美德，即"先知"会并且是必定会觉"后知"。但从某种意义上来说，先知是先成为先知，才可以去觉后知的。也就是说，先知尽管会关心他人的美德是否获得，但他或她是要首先关心自己的美德是否获得的。如此一来，关心的不对称问题仍然存在。

对这个问题，黄勇在2013年所出版的（英文著作）*Confucius*：

---

① 具体参见黄勇《成人：在成己与成物之间》，《哲学分析》2011年第2卷第5期。

② 黄勇：《如何在西方哲学语境中做中国哲学：以儒学研究为例》，陈乔见译，《杭州师范大学学报》（社会科学版）2014年第4期。

A Guide for the Perplexed 一书中有具体分析。① 他指出，正如托马斯·霍卡对亚里士多德的美德伦理的批评一样，有德者即使是出自他人的缘故而去关心他人的内在品行，最终他的行动的源泉还是他关心自己的品行。也就是说，有德者关心他人仍旧还是利己的，以自我为中心的。② 在这种理解下，关心的不对称问题又可表现为，最终目的上的不对称：有德者最终关心的是自己美德的获得；尽管他或她会去关心他人的美德，但这种关心并不是最终目的。在这种理解下，关心他人美德，甚至会成为关心自己美德的工具或必须途径。

综上分析，不论是站在利己的立场还是站在利他的立场上，似乎都很难驳倒这一自我中心尤其是利己主义的批评。③ 进而黄勇采取的立场是，在利己还是利他的问题上，大可不必认为是二选一的问题。有德者既可以是利己的，也可以是利他的，两者并不矛盾，而且有德者同时是完全"利己"的和完全"利他"的。他说道：

> 有德者完全地出自他的真我的缘故而行动，因此是完全地利己主义的；然而，这仅仅是因为有德者把他或他的真我定义为关心他人利益的人，因此是完全地利他主义的。说有德者首要地或根本地是"利己主义者"并不正确，就好像他

---

① 此本英文书中关于自我中心批评的一章后来被翻译并收入黄勇的中文著作《当代美德伦理——古代儒家的贡献》中。英文书具体参见 Yong Huang, *Confucius: A Guide for the Perplexed*, Bloomsbury, 2013, pp. 65 – 90. 中文具体参见黄勇《当代美德伦理——古代儒家的贡献》，东方出版中心2019年版，第109—136页。

② 黄勇：《当代美德伦理——古代儒家的贡献》，东方出版中心2019年版，第123页。

③ 即使是从有德者最终是关心他人的角度去回应对美德伦理学的批评，也仍然是有问题的，比如可能面临自我消除的问题。具体参看黄勇《当代美德伦理——古代儒家的贡献》，东方出版中心2019年版，第124—125页。

> 关心他人利益仅仅是服务于他或他之真我的利益之手段；正如说有德者首要地或根本地是"利他主义的"也并不正确，就好像他关心自己或他之真我仅仅是服务于他人的一种方式。毋宁说，利他主义与利己主义在此完全重合。①

在这里，黄勇认为儒家的有德者不仅是关心他人的美德，而且对他人的美德的关心与对自己的美德的关心是同时的，并不是存在一个先后问题。如此一来，即使是从终极目的上来说，也就不存在美德关心的不对称问题了。利他与利己，不仅不是两件事，而且本就是一件事，是完全重合的。

然而，如果"利己"和"利他"如黄勇所言是完全重合的，那么就需要做进一步解释：这一观点在儒家思想中有什么样的具体呈现？如果没有很好的例证说明，那么这一回应会让人有未必是儒家思想的质疑。进一步，也会有损其所主张的儒家文化贡献的一面。对利他与利己完全重合的思想，黄勇并没有从先秦儒家自身出发给出一个具体而详细的例证。比如，先秦儒家的哪一概念或哪种观点，恰巧能表达利己与利他在根本上就是一回事？

更需要指出的是，如果还是从成己与成就他人的角度来回应的话，利己与利他如何完全重合的问题仍然还是不能很好地回答。尽管没有成就他人的成己，在儒家来看不是真正的成己。而没有成己的成就他人，也是不可能的。但这种回答，并没有否认在成己和成就他人上，依然还是存在一个工夫的入手处问题的。比如，孔子认为"为仁由己"，孟子认为大人贵在"反求诸己""从其大体"，而《中庸》则认为诚者从"自成己"而进一步成物。而这思路在《大学》"修身为本"的思路下变得更为清晰：

---

① 黄勇：《当代美德伦理——古代儒家的贡献》，东方出版中心2019年版，第126页。

身修而后家齐，家齐而后国治、天下平。

不论是成己还是成就他人（包括成物），都不能作为利己与利他完全重合的代表。因为成己与成就他人的概念，本就是以己和他人的彼此对立为前提的。在这一前提下，选择了成己，也就自然选择了不是先去成就他人。如果先去成就他人之德，反而是有问题的了。这一观点在先秦之后的儒者董仲舒那里得以更为清晰的展现。在《春秋繁露·仁义法》中，他指出，

> 凡以暗于人我之分，而不省仁义之所在也。是故《春秋》为仁义法，仁之法在爱人，不在爱我；义之法在正我，不在正人。我不自正，虽能正人，弗予为义。人不被其爱，虽厚自爱，不予为仁。①

对于有仁德的人来说，首先关心的是他人，即爱与己相对的他人，而不是自己。没有爱人的自爱，是不能称之为仁的。从这个意义上来说，利己与利他并不是完全重合的，而是二选一："仁之法在爱人。"同样，对于有义德的人，首先关心的是自己，即自己有没有正。如果自己没有正，而却去正别人了，那么这种人也不能真正称为有义德的人。董仲舒甚至认为，如果只是正我而没有正人，那这个人也可以被称为有义德的人。比如"潞子之于诸侯，无所能正，《春秋》予之有义，其身正也。故曰：义在正我，不在正人，此其法也。"② 在此，利己与利他也不是完全重合的，而是二选一："义之法在正我。"

从人我之分的角度上看，无论是关心己之成还是关心他人之

---

① 钟肇鹏主编：《春秋繁露校释》（校补本），河北人民出版社 2005 年版，第 562 页。
② 钟肇鹏主编：《春秋繁露校释》（校补本），河北人民出版社 2005 年版，第 570 页。

成，两者总是有相互对立而难以同时并进的可能。

然而，跳出人我之分，而转到从"成人"概念看时，利己与利他的合一则是有可能的。成人就是成就为一个全人，这其中既要考虑成己，也要考虑成就他人甚至成就万物。从成己的方面看，成人是利己的；而从成就他人、成就万物的角度看，成人又是利他的。拿走了成己，就没有成物；反之亦然。

成人，不是与成己相对的概念。也就是说，成人不是基于人己之分的意义上而谈的。荀子认为，成人，是可以与天地相参的人。所以，成人是相对于天而言的。天人有分，天有天功，"万物各得其和以生，各得其养以成"；而成人贵其全，要做的就是"全其天功"。（《荀子·天论》）

站在天人相分的角度看，天不会也不能对己或他人的行为有要求。荀子指出："天行有常，不为尧存，不为桀亡。"（《荀子·天论》）人世的祸福只能与人自身有关。"本荒而用侈，则天不能使之富；养略而动罕，则天不能使之全；倍道而妄行，则天不能使之吉。"（《荀子·天论》）不论是己还是他人的利益，都不是天所关心的。而只能是人自身去关心。从这个意义而言，与天相参而并立的成人，是可以甚至是必须要去关心人自身（包括自己和他人）的利益的。不如此做，则不成其为人。

而且更为重要的是，对自己的关心与对他人的关心是互相依赖、互相关联的。成人对于自己的关心，是依赖于对他人的关心的：人如果不能群，便不能胜物，如此一来自己的任何利益都是无法保证的。同样，成人对于他人的关心，也是依赖于对自己的关心的：人如果没有养己之身心的欲求，也就谈不上为什么要群人甚至去总万物了。只有两者的同时完成，才是真正的成人。

成人的"人"，既不是指己，也不是指他人，而是一个完全的人。成人既关心成己，也关心成就他人与成物，且成己与成就他人本就是一体而为一回事的：成己而使己有所养，从根本上说就是如何与他人相处的问题；而成就他人而使其各得其义，实质上也就是如何成己之德而得其养的问题。成己与成就他人本就是互相定义的。①

综上，从荀子的成人概念来看，儒家确实可以替美德伦理学对自我中心的利己主义的批评有所回应。成人不是以自己为中心的，而是以人为中心的。后者既包括己，也包括他人，甚至宇宙万物。成人，也不是利己主义的。成人既要求利己，也要求利他人和万物，且只有两者的同时完成才是真正的成人。

六　余论

综合以上分析，可以看出，成人不是从己上谈，而是从人上谈的。成人是成为一个全面、整体的人，而成己、成物分别是成人的两个方面：成己是从身心完整的意义上谈成人的；成物则是从类的整体的意义上谈成人的。成人既是一个身心完整的人，也是一个类意义上整体的人；既包含成己，也包含成物。

荀子之后，对于接续先秦儒学的宋明理学来说，对"成人"的关注更多是在"成德"的方面。但即便"成德"，也不是仅在内在心性上下功夫。荀子从切实性、可靠性的角度突出了习礼、体礼以成德，仍然具有影响。朱子便主张小学工夫对修身成人十分重要，认为"古人小学教之以事，便自养得他心，不知不觉自好了。到得渐长，渐更历通达事物，将无所不能"②。只有在洒扫应对等事上慢慢体会、琢磨，"养得他心"，才能有个"圣贤胚模"。

---

①　如果非要给成己与成就他人的关系一个图像表示，那么两者的关系就如阴阳相互间的关系。阴阳共同构成道之大全。道中既有阴，也有阳。但阳与阴是互相定义的：阳由阴界定，而阴也是由阳界定的。阴阳之消息也是由彼此共同完成的。

②　(宋)黎靖德编，王星贤点校：《朱子语类》(一)，中华书局1986年版，第125页。

当然，朱子整体上更为强调内在德性的一面，强调成为醇儒。而陈亮对此却提出了不同意见，他认为："学者学为成人，而儒者亦一门户中之大者耳。秘书不教以成人之道，而教以醇儒自律，岂揣其分量则止于此乎。"① 陈亮主张的是要超越德性看问题，强调"成人"是成就仁智勇三者达于一身的英雄豪杰："夫人之所以与天地并立而为三者，仁智勇之达德具于一身而无遗也。"② 这表明成人思想更注重个人对社会的发展负有责任的一面，由此也可感受到荀子要求"成人"是成就全面整体的人的深远影响，值得进一步挖掘。

本章对荀子的成人概念，从其与成己成物的关系的角度出发进行了阐述。成人概念的研究，虽然是现代学者讨论比较多的事情，但梳理先秦文献就会发现，成人概念其实很早就在儒家典籍中出现。对于成人与成己成物的关系，先秦儒家典籍文献并没有直接论及，将成人与成己成物联系起来并直接论述，是后来的事情。要对现当代关于成人与成己成物关系的问题进行深入探讨，就必须首先回到先秦儒家文献中去看成人概念到底应该如何理解。

成人在荀子那里，虽然包含有成己成物的思想，但主要还是从成为一个全人的角度上来谈。也就是说，成人，根本上还是对人之为人的根本问题的讨论。当对这个问题去进行深入剖析的时候，我们也会发现，先秦荀子的成人思想的确包含有丰富的关于人的全面发展的哲学思想。下一章将转到对此问题的深入探讨。

---

① （宋）陈亮：《陈亮集》（增订本），中华书局1987年版，第341页。
② （宋）陈亮：《陈亮集》（增订本），中华书局1987年版，第340页。

第二章　成人之全

上一章已经从成人与成己成物关系的角度，对荀子的成人概念进行了分析。成人不是与成己相对的成就他人的意思，而是包含成己、成物（包括成就他人和成就万物）意涵在内的全人。全特征的突出，是与荀子对人之为人的根本的认识密切相关的。

在《劝学》篇，荀子提出"学以为己"，认为学的目的是为了己，尤其是己身的德性修养，体现的是人对自身德性的重视，"德操能定，然后能应"。从此"德操"出发，很多学者指出，成人主要就是指成为一个有德性的人。比如，朱义禄早就指出，荀子的成人不论是从知、意还是内在情感上来说，都是以德性为主的。他的"成人"是围绕着礼这一核心而旋转的，他强调真善统一与美善统一，仍不免有着注重道德价值取向的偏转，乃较多地关注在人的德性力量的开发上。[1] 同样思路下，涂可国指出："儒家文献固然也在生理学、心理学和社会学意义上使用'成人'概念，但更多的是在伦理学意涵上把'成人'视为德才兼备的人，一定意义上相当于完人。"以荀子对德操的强调为例，涂可国接着说道："有德操才有定力，有定力才能应变；内有定力，外能应变，才可称为成人、全人；如同天明地光一般，君子应注重于人格的全面塑造。不难窥见，荀子理解的'成人'把道德置于首要

---

[1]　参见朱义禄《论儒家的"成人之道"》，《孔子研究》1990年第4期。

位置，且带有全面发展的特质。"① 王楷在其《天生人成——荀子工夫论的旨趣》一书中，单列一节对荀子的成人概念进行讨论，体现了对成人概念的重视。其对成人概念的分析也还是主要从道德层面展开的："以'德操'作为'成人'的内涵，显示出荀子的'成人'实质上是在'成德'的意义上而言的。"②

成人主要是成为有德性的人，那么相应地，荀子所主张的"学"也就是有德性意蕴的"学"。比如，暴庆刚认为荀子在学上高度关注礼，但学礼而成的人，主要还是从德性上讲的。他指出："而无论是礼对人的引导性还是约束性都具有鲜明的文化意义和社会意义，都是要人按照社会的普遍价值观去行，从而使人成为为'文'所'化'之人。通过学礼行礼的'积善成德'过程，人最终可以达到圣人的境界，从而成就完美的德性。所以，荀子对礼的作用的设定仍然是以完善人的德性为最终目的，与其所论述的为己之学内在相通。"③ 邓小虎认为，荀子的为己之学，基本目的就是在对仁义和礼义的学习中成就自己、成就自己的个体生命，使自己能自主履行道德规范。④

综上，学界对于荀子成人思想中德性意涵的一面，已经给予了很多关注。本章在此基础上，想进一步强调的是，荀子的成人不仅强调德性的一面，还有对于人的群体性等关注的一面。如前所述，朱义禄在论述荀子的成人思想时，已经注意到了人的知性与德性全面发展的一面。在《劝学》篇末，荀子提出，学最后使人达到的状态是"成人"，其中不仅强调德性有所定，还主张能

---

① 涂可国：《儒家成己成人说新解》，《甘肃社会科学》2018年第3期。
② 王楷：《天生人成——荀子工夫论的旨趣》，中国社会科学出版社2018年版，第37页。
③ 暴庆刚：《儒家之"学"的德性意蕴》，《南京社会科学》2016年第12期。
④ 邓小虎：《荀子的为己之学：从性恶到养心以诚》，北京大学出版社2015年版，第10—11页。

应万物。从应万物角度来衡量人之所成，也体现了荀子从群而非仅仅德的角度对人之为人的根本的考虑。基于此考虑，荀子主张的学并非是限定于个人德性成长的为己之学，而是成为全人、完人的成人之学。

一 《论》《孟》：成人与仁德

人应该成为怎样的人，一直是儒家关注的核心问题。对于理想人格的终极状态，虽然可以有很多不同的回答，但儒家历来大多是从德性上论。对成人的理解也是如此。成人是指成为全人，而此全主要是从德上论。

孔子的成人强调全的特征，具体可以从两个方面来看，即狭义的全和广义的全：

> 子路问成人。子曰："若臧武仲之知，公绰之不欲，卞庄子之勇，冉求之艺，文之以礼乐，亦可以为成人矣。"（《论语·宪问》）

成人，是多方面的强调，比如知、不欲、勇、艺、礼乐等。虽然这里只是从五个方面进行论述，但成人的成就应当不只表现在这五个方面。首先，从子路与鲁国此四人的角度而言。如果子路能同时兼得此鲁之四者的长处，那么也就可以说，子路能算得上是成人了。成人不是仅有知、不欲、勇、艺、礼乐中的任何一个，而是全部都能做到如此，才可以为成人。这一意义上的成人是仅就知、不欲、勇、艺和礼乐这五者范围内而言的，强调的是具体五者意义上的全，也就是狭义上的成人。但是，也需要指出的是，成人还有一个更为宽广的意义。成人又是不限于知、不欲、勇、艺、礼乐的，而是囊括人道的所有内容而言的，也就是广义的全人。后来注家也多从这个角度阐发，比如朱熹认为："然亦之为言，非其至者，盖就子路之所可及而语之也。若论其至，则非圣人之尽人道，不足以语此。"① 刘宝楠也认为，成人是从知天道而能行仁义礼乐的高度而言的，是人所最难达到的。"此告子路，但举鲁四人，是降等论之，故言'亦可'也。"② 朱熹和刘宝楠从人道之全或天道之全的角度指出，真正的成人，应该是指向更为宽广、广大意义上的全，即囊括人道的全部。从后者意义上而言，也就是知天道、按天道行事的人。

从天的角度来看人之所成，确实是与孔子思想相符合的。人最终成为的那个人，应该与天能够相匹敌，即达到天之大。比如，孔子在论述理想人格——尧时，认为尧是圣王，是可以与天相提并论的："大哉尧之为君也！巍巍乎！唯天为大，唯尧则之。"（《论语·泰伯》）尧为圣人，能法天而行化。③ 而在论及尧禅位于舜时，也将人事的行为根据与天之历数相关联："天之历数在尔躬，允执其中。"（《论语·尧曰》）

人之所以能与天相匹敌，最终的根据还是在德。这与孔子之前就流行的以德配天的观点一致：人依德而行，便能治理天下，像天一样成为人之主、民之君。历代注家对《泰伯》篇尧之为君"唯天为大"的注解，也多是从人之德与天相配的角度上来说的。比如，孔安国认为此是"美尧能法天而行化也"，梁皇侃则引王弼的观点，说道："圣人有则天之德，所以称'唯尧则之'者，唯尧于时全则天之道也。"④ 宋邢昺《疏》认为："言大矣哉，尧之为君也！聪明文思，其德高大。巍巍然有形之中，唯天为大，

---

① （宋）朱熹：《四书章句集注》，中华书局1983年版，第151页。
② （清）刘宝楠：《论语正义》，中华书局1990年版，第566页。
③ 对于天的作用和地位问题的相关探讨，可参看赵法生《殷周之际的宗教革命与人文精神》，《文史哲》2020年第3期。
④ （梁）皇侃：《论语义疏》，中华书局2013年版，第199页。

万物资始,四时行焉,唯尧能法此天道而行其化焉。"① 朱熹《论语集注》也从德上说,"言物之高大,莫有过于天者,而独尧之德能与之准。故其德之广远,亦如天之不可以言语形容也。"②

以德配天的"德",对孔子而言,是有具体指向的,就是仁。仁,是圣人之所以为圣的关键。在《雍也》篇,子贡问孔子,如果一个人能做到博施济众,能不能算得上仁?孔子的回答是,"何事于仁!必也圣乎!尧舜其犹病诸!"圣与仁是一体的,是相通的。③ 圣之博施济众,是对仁的进一步深化。但无论如何,尧舜为圣,根本点还是仁之德。尧舜法天而行的德,具体就是指仁德。

正是因为如此,学者多从德的角度来解释孔子的"成人"。"是成人为成德之人,最所难能。"④ 此德,也就是仁德。虽然孔子在与子路的对话中,对成人有不同方面的论述,但所有这些方面还可以从一个根本上去谈,那就是仁。人有仁德,便可顺天之道、法天而行,也就是成人。

在仁德上,孔子也强调全的特征,这与其对成人之全的强调是一致的。孔子认为治理天下的根本在于是否有德,"为政以德,譬如北辰居其所而众星共之"(《论语·为政》)。只是进一步地,孔子从仁出发,对德进行了不同角度的论述。"樊迟问仁。子曰:'居处恭,执事敬,与人忠。'"(《论语·子路》)"仁者必有勇"(《论语·宪问》)面对不同的弟子对于仁的追问,孔子给出许多不同的解释,比如或是强调恭、敬、忠,或是强调勇等。这既有

---

① (魏)何晏注,(宋)邢昺疏:《论语注疏》(十三经注疏),北京大学出版社2000年版,第118页。

② (宋)朱熹:《四书章句集注》,中华书局1983年版,第107页。

③ 比如,程树德引《四书改错》在注此处的仁与圣的关系时,指出"然则仁与圣皆推心之恕以长养万物,浅深一体"。程树德:《论语集释》,中华书局1990年版,第427页。

④ (清)刘宝楠:《论语正义》,中华书局1990年版,第566页。

孔子因材施教的一面，但更为重要的是，也表明仁的德性内涵不是具体有限制的，而是无限敞开的。也可以倒过来说，一切德性都可以看作仁的表现。

仁可以统领全部的德性，但德性有很多，那应该首先或者集中关注哪些呢？对此，孔子也有讨论，提出为仁是有先后、本末之分的。在《论语·阳货》篇，孔子提出如果能做到恭、宽、信、敏、惠五者，那么就可以治理天下而达仁了。"子张问仁于孔子。孔子曰：'能行五者，于天下为仁矣。''请问之。'曰：'恭、宽、信、敏、惠。恭则不侮，宽则得众，信则人任焉，敏则有功，惠则足以使人。'"（《论语·阳货》）孔子甚至还从本基、根本的角度上进一步指出，为仁的根本在于孝悌："君子务本，本立而道生。孝弟也者，其为仁之本与！"（《论语·学而》）尽管恭宽信敏惠已经是对诸多德性的一个集中概括了，但这其中，还可以从本末上进一步概括。比如，诸德的根本在于孝悌。

综上，对孔子而言，人应该成为与天并立的人，而要想达到这个高度，就需要有德，也就是达仁。仁是德之全，且这是可以把握的，比如以本统末。对于仁德的这种思考，体现了孔子成人思想中两个重要的方面。一方面，并不是任何一种德性都可以使人成为像天一样的人之主、民之君。只有做到仁才可以。另一方面，仁是可以达成的，即把握仁之本。

从本末上去讨论成仁，在孟子那里得以进一步深入。孟子认为仁有端，且此端是一切德性得以长养的根本。人有四端，恻隐之心、羞恶之心、辞让之心、恭敬之心，而在这之中，恻隐之心——不忍人之心是最根本的。人之为仁或人之为人的根本就落在这不忍人之心上。"人皆有不忍人之心。先王有不忍人之心，斯有不忍人之政矣；以不忍人之心，行不忍人之政，治天下可运之掌上。"（《孟子·公孙丑上》）

在孟子看来，是否长养不忍人之心，是能否成为大人的关键。孟子提出大人一说:"心之官则思,思则得之,不思则不得也。此天之所与我者,先立乎其大者,则其小者弗能夺也。此为大人而已矣。"(《孟子·告子上》)不忍人之心是人天生而有的,只要发挥心思的功能,就能使其得到长养,最终成为大人。

孟子的大人之"大",仍然还是从天的角度上论的。与孔子"天生德于予"的观点一样,孟子也认为,善端,也就是恻隐之心、羞恶之心、辞让之心、恭敬之心这四端,是天赋予人的,人天生而有的。"天生蒸民,有物有则。民之秉夷,好是懿德。"(《孟子·告子上》)"夫仁,天之尊爵也,人之安宅也。"(《孟子·公孙丑上》)。人要做的就是,好好保有、长养人天生而有的善端。具体方式,就是尽心、知性,以知天。(《孟子·尽心上》)而知天的背后,透露出来的是仁人与天并立的高度。

在孔子那里,成人就是成就仁之德,而根本在于抓住最主要的德性,比如孝悌。这种思考,还是从现实的角度出发,去考虑众多德性之间的主次、始终关系。人能首先抓住最主要的德性,便可以照顾到德性之全,也就是仁。但对于如孝悌之德等的具体德性是如何能成就德性之全的,孔子没有具体论述。

与孔子不同的是,孟子将德性的主次、始终关系放到内外、本末的角度上进一步讨论。孟子指出,成仁的根本,在于人天生而有的内在之端,这是对孔子"求仁得仁"的最好的解释和说明。人人天生都有这一善端,内在于人心。只要向内反求,便人人都可以得之。也就是说,成人就是知天,而根本在于尽心。反本,便可成末,也就是成就德性之全。这种思考,已经不再是从现实的众多德性之间的角度去考虑,而是从内在之根源的角度去论说了。

正是基于这种内在与外在、根本与末节意义上的本末关系考虑,才可以理解孟子为什么没有论及成人,而更多地是讲大人。如孔子所言,成人,重在德性之全。而孟子认为,对于此整全、完全的把握，关键就在于对根源、根本的把握。得此根本，才可以保证现实德性的完全。而此根本，最大的特征不是全，而是大。一方面，人心的善端，是人天生而有、是天赋予人的，所以为大。另一方面，此大又是与小相对而言的。人生而有此含四端的心，以其为大，也就是以其为主、为君，来治理、管治人的耳目之欲。虽然耳目之欲也是人天生而有的，但人心之思可以治耳目之官，这是心的官能，是心之所司。

对于孟子的大小之所指，赵歧作注时，认为是善性与情欲。焦循顺此思路，而做了进一步的解释："赵氏以性情言之，盖小固属耳目，大亦不离耳目。以心治耳目，则能全其善性，即为养其大体。以耳目夺心，则蔽于情欲，即为养其小体。赵氏恐人舍耳目之听视，而空夺其心思，故不以心与耳目分大小，而以善性情欲分大小。"① 这一解释确实是符合孟子对大人的看法的。比如，在讨论大体小体的同一篇章，孟子还提到，"人之于身也兼所爱，兼所爱，则兼所养也。无尺寸之肤不爱焉，则无尺寸之肤不养也"，"体有贵贱，有小大，无以小害大，无以贱害贵，养其小者为小人，养其大者为大人"（《孟子·告子上》）。孟子以心为大，但并不是说养心而不养体，而是主张养心基础上兼及养体。也就是以养心为主，以心治耳目。② 从这个意义上而言，大之为大，是兼及小之大，是治小之大。

于此可以看出，对于具体成人的路径，孟子主张的是反本基础上兼及末，养大体基础上兼及养小体。反本基础上而兼及成其末的提出，使得孔子成人之全的思想在理论上更有可能达成。这种思想

---

① （清）焦循：《孟子正义》，中华书局1987年版，第794—795页。
② 根据赵歧注，孟子意在说明人皆有所爱。而焦循在注疏时，也如此去理解。"赵氏之意，以身对心而言，心身皆人之体，爱心亦兼爱身，则养心亦兼养身，故先言人之所爱则养之，浑括身心而言。次言于身也，一尺一寸之肤养相及，明养身由养心而兼及之也。"具体参看（清）焦循《孟子正义》，中华书局1987年版，第789页。

即使是放到具体德性上来说也是成立的,比如孟子认为,"人莫大焉亡亲戚君臣上下。以其小者,信其大者,奚可哉?"(《孟子·尽心上》)以大包小,是极有可能的。但以小是不能包大的,只会以小失大。这是孟子对孔子思想进一步深化的体现。

但正是在这种思想的深化中,孟子也将孔子成人思想的重心由成人之全而转为成人之大。如果说在成人之全中,不论是狭义上来说,还是广义上来说,都还在强调全面之德的达成,那么在成人之大中,则转而开始强调德的内在性的重要。在这种转变中,外在的德性之全,全部收归在人自身尤其是内心之中。孟子说道:

> 万物皆备于我矣,反身而诚,乐莫大焉。(《孟子·尽心上》)
>
> 赵岐注:"物,事也。我,身也。普谓人为成人已往,皆备知天下万物,常有所行矣。诚者,实也。反自思其身所施行,能皆实而无虚,则乐莫大焉。"[1]

人能反求诸身,通过尽心、知性来知天下万物,也便是能知天。人能知天,也就是孔子所说的成人。所以,赵岐对此从"成人"的角度来解释,确实是合理的。只不过这里的成人,还主要是强调成人的根本在于我。知天之所赋予我的善性,并能体之于身、有所施行,这便是人之为人的最大的乐。也就是说在这种成人的根本的讨论中,成人还主要是从人与天的关系的角度而论。但从根源上谈成人之根据,也进一步会兼及成人之德的具体施行,而后者也就是仁之施行与万物的关系。但在这种讨论中,孟子的重心仍旧还是放在成人与知天两者的关系上去谈。

---

[1] (清)焦循:《孟子正义》,中华书局1987年版,第882—883页。

伴随着这种对成人之大的强调,成人或大人的修养工夫也转而强调主要是从心、性上来说。而且这种修养工夫路线,是以修养德性为主。不论是孔子还是孟子,都认为成人是与仁德密切相关的。成人就是成为一个有德之人。

二 《中庸》:成人与诚德

孔孟都主张人最终要达到的终极状态是成人或大人,是与天密切相关的:或则天而行,或知天。从"配天"的角度谈人之所成,在《中庸》那里得到了更好的展现。只不过《中庸》认为,人能配天的德,是诚。"唯天下至诚,为能尽其性。能尽其性,则能尽人之性。能尽人之性,则能尽物之性。能尽物之性,则可以赞天地之化育。可以赞天地之化育,则可以与天地参矣。"按照孔颖达疏,此是指至诚之人,"以其至极诚信,与天地合",能尽性以与天地参。[①]

诚与天地合,是从生成意义上谈的。比如《中庸》指出,至诚之人能够"建诸天地而不悖,质诸鬼神而无疑"。按照孔颖达疏,意谓"己所行之道,建达于天地,而不有悖逆,谓与天地合也","谓己所行之行,正诸鬼神不有疑惑,是识知天道也。此鬼神,是阴阳八七、九六之鬼神生成万物者"。[②] 天地有阴阳生成万物,而鬼神也是从生成说[③],这与《易》"天地之大德曰生"的观点是契合的。诚与天地合,是指人有至诚、有生之大德,也就能知天。也就是《中庸》强调的"诚者,天之道也"。

[①] 李学勤主编:《礼记正义》(下),北京大学出版社1999年版,第1448页。
[②] 李学勤主编:《礼记正义》(下),北京大学出版社1999年版,第1459页。
[③] 郑玄认为这里的鬼神仍然还是从天地意义上说的,而孔颖达则进一步将两者的关联从生成上进行解释:"鬼神以生成为功,天地亦以生成为务。"李学勤主编:《礼记正义》(下),北京大学出版社1999年版,第1459页。

人诚则与天地合，是指人有生成之德而与天相配，进而这种德行所指向的功业也能"配天"。比如《中庸》描述至诚、至圣之人的状态如"溥博渊泉"：

> "溥博"如天，"渊泉"如渊，见而民莫不敬，言而民莫不信，行而民莫不说。是以声名洋溢乎中国，施及蛮貊，舟车所至，人力所通，天之所覆，地之所载，日月所照，霜露所队，凡有血气者，莫不尊亲，故曰"配天"。唯天下至诚，为能经纶天下之大经，立天下之大本，知天地之化育。夫焉有所倚，肫肫其仁，渊源其渊，浩浩其天。苟不固聪明圣知达天德者，其孰能知之？①

人有至诚之德，便能治理天下之民而得其敬、信、说，从而声名传播乎中国乃至天地间一切地方。人有生成之天德，便有化育万物之功。尽管《中庸》是从诚德上来讲人所成的状态，但《中庸》从天地之广大的意义上，也强调此诚之德不是指有所偏倚的德。如孔颖达注疏时，指出："倚，谓偏有所倚近，言夫子之德，普被于人，何有独倚近于一人，言不特有偏颇也。"② 诚人之德，广大如天地，而其施也普遍惠及所有人、所有物。从这里可以看出，当从功业的角度讲以德治天下时，至诚与至仁背后的政治思想意涵是一致的，即都强调政要得其民而广施天下。

按照《中庸》的思路，人以诚德配天，而行诚德，也就是具体的成人过程。对此过程，《中庸》从成己与成物两个方面进行论述：

---

① 李学勤主编：《礼记正义》（下），北京大学出版社 1999 年版，第 1460—1461 页。
② 李学勤主编：《礼记正义》（下），北京大学出版社 1999 年版，第 1464 页。

> 诚者自成也，而道自道也。诚者物之终始，不诚无物。是故君子诚之为贵。诚者非自诚己而已也，所以成物也。成己，仁也。成物，知也。性之德也，合外内之道也。故时措之宜也。①

成己，就是成就己身。以天德——诚来成己，那么己就是有德之己。按孔颖达疏，"若能成就己身，则仁道兴立。"② 也就是说，己身有德之人，也就是仁人。《中庸》此处的仁，是从德的角度来讲，而具体言之，就是天德，也就是生万物之德。此德是全备的，因为从天的意义上来说，生之德是对万物而言的。而从人而言，所有人也是因为生之德而有其身且身有所成。《中庸》认为，人不仅能成就己身，还能成就万物。使万物有所成的人，也就是知人。此处的知，强调的是智力、智慧。对于仁与知的关系，《中庸》主张的是，至诚之行合两者而言，既有己身的内在成己要求，也有己身之外的成物要求。不论是成己还是成物，都是天地之大德——生的要求。

当从诚德之行的过程角度来论成人时，《中庸》强调成己与成物的同时达成，体现了与孔孟不一样的思路。如果孔子和孟子从德行之本末的角度突出，有仁便可以把握诸德，从而成为仁人、全人；那么《中庸》似乎从反本以成末的角度突出，有仁才可以进而最终把握天地之大德，从而成为合于内外两全之人，也就是至诚之人。③

---

① 李学勤主编：《礼记正义》（下），北京大学出版社1999年版，第1450页。
② 李学勤主编：《礼记正义》（下），北京大学出版社1999年版，第1451页。
③ 对于诚之行中成物的强调，与《中庸》对"诚"的"无息"特征的强调相一致。"故至诚无息，不息则久，久则征，征则悠远，悠远则博厚，博厚则高明。博厚所以载物也，高明所以覆物也，悠久所以成物也。"至诚无息，则处于不断成己成物的过程中，且向所有物无限敞开，永远处于这一过程中。

也许正是受到《中庸》的影响，清人刘宝楠在注《论语·宪问》篇"成人"之处的讨论时，不同于史上其他注家，提出从理己之情性与辨知万物的角度进行阐发。刘宝楠认为，成人就是指成德之人。而成德之行，联系《说苑·辨物篇》中颜渊和孔子的谈话，具体就是指"达乎情性之理，通乎物类之辨，知幽明之故，睹游气之源"①。于此可以看出，这与《中庸》以诚之天道来成己、成物的思想路向一致。

刘宝楠对于《论语》"成人"的注解表明，尽管《中庸》与《论语》在成人的德行上有不同的主张，但两者并不是互相对立、排斥的。主张仁德的把握，也可外在推扩出对万物的博爱；而主张成物，也以内在的成己之仁为前提和根本。也就是说，《论语》和《中庸》都不否认成人之行始于内而终于外，始于己而终于物，也就是《大学》主张的身修、家齐、国治、天下平的修养路线。

至此也可以理解，如前所述，为什么朱熹评断《论语》此处的成人之德不是至盛之德。这应该还是受到了《中庸》的影响。如果仅就成己之德的角度而论，成人确实能做到兼备所有德行。但人不仅成就己身，还应当成就万物以尽人道，也就是"诚之者，人之道也"。只有做到同时知天道、尽人道，才是真正意义上诚的达成，也就是成人。

《中庸》从诚的角度来讲成人的思路，与孟子也不同。孟子也讲诚，但他所讲的诚是以仁之端、善性为前提的，"反身而诚"，强调的是仁之诚。且更为重要的是，对孟子而言，以己心之养，便可兼及身之养。类似地，以身之成，便可兼及万物之知。"兼及"之所以成立，是因为心为身之主，而人为万物之主，本可以主末，而末不能主本。从己之成的角度上论，《中庸》认同以内

---

① （清）刘宝楠：《论语正义》，中华书局1990年版，第566页。

在之心主外在之身的成，也就是成仁。但当从物之成的角度上论的时候，《中庸》认为成物与成己是不同的，不是成仁而是成知。

这种不同可以从本末的兼及关系上进行阐述。如果说孟子的成人之大，强调的是德的内在性的一面，那么《中庸》则指出成物的特殊性。心为身之主，可以心之养兼及身之养。但当论及人与万物关系时，却未必能从这种"兼及"的关系上去说。比如，人与万物都是天所生。从天生的角度看，人未必一定生而为万物之主。所以，以人己身之成便不一定能兼及万物之知。

《中庸》将成人从成己与成物的过程上去论的时候，虽然还是从德上来说，但其重心发生了改变。如果《论语》《孟子》都强调成人就是成仁，那么《中庸》则认为，成人不仅是成仁，还是成知。成仁涉及的是内在的心性修养，而成知涉及的则是人知万物的外在修为。成人的过程既要成己、也要成物。这表明《中庸》与《论语》一样，都是强调成人之全。只是在《中庸》对成己、成物之全的阐述中，成人已经开始不再局限于德性的讨论，知的智慧成分也被加了进来。这一思路与荀子的成人思想一致。

三 《荀子》：成人之全

不论是《论语》《孟子》还是《中庸》，成人的至高、至大，从最终依据上而言，仍然还是由天来保证的。不论是仁德还是诚德，都是天德，是天赋予人的。天生于人仁或诚，而人的价值和意义则是彰显此德。承继孔孟思想，荀子也从天的层面来突出人的地位和意义。对于人应该要成为一个什么样的人，荀子说道："天见其明，地见其光，君子贵其全也。"（《荀子·劝学》）人应该成为能与天地并立的人。只有在以天地为参照的前提下，人的意义和地位才能得到更好的展现。

但同时，荀子强调，人之全，并不是天地所赋予的。荀子在《天论》篇开首就强调，天地并不会对人世的祸福产生影响：

> 天行有常，不为尧存，不为桀亡。应之以治则吉，应之以乱则凶。强本而节用，则天不能贫，养备而动时，则天不能病；修道而不贰，则天不能祸。故水旱不能使之饥渴，寒暑不能使之疾，袄怪不能使之凶。本荒而用侈，则天不能使之富；养略而动罕，则天不能使之全；倍道而妄行，则天不能使之吉。故水旱未至而饥，寒暑未薄而疾，袄怪未至而凶。受时与治世同，而殃祸与治世异，不可以怨天，其道然也。故明于天人之分，则可谓至人矣。①

在荀子看来，从天的角度来说，天有自身的运行之道，这种运行之道与人无关、不会受人的影响而有所改变。而从人的角度来说，人世的祸福也与此天道无关，而是取决于自身。人如果能将自身的事情做好了，那么即使是天也不能给人带来凶，比如使人贫、使人病、使人有祸等。但反过来，人如果没有做好自己的事情，即使是天也不能给人带来吉，比如富贵、全足等。人世的祸福，并不是天所降，而是人自己的行为所致，这就是"明于天人之分"。

既然人世的祸福取决于人自身，那么自然地，人之福也应当在人自身上下工夫，而不是去天那里找依据。荀子在《天论》篇明确指出，人不应当与天争职：

> 不为而成，不求而得，夫是之谓天职。如是者，虽深，其人不加虑焉；虽大，不加能焉；虽精，不加察焉：夫是之

---

① （清）王先谦：《荀子集解》，中华书局1988年版，第306—308页。

谓不与天争职。天有其时，地有其财，人有其治，夫是之谓能参。舍其所以参而愿其所参，则惑矣。①

天的运行之道虽然深远、精微，但人却不去对其进行深入揣测。具体而言，这里所说的人所揣测的对象，是指天意，也就是天可能对人的影响。这与上文所说的天和人世的祸福之间的关系是相呼应的。荀子反对的不是去揣测天自身，而是反对揣测天意并以此来决定人世的行为。确切说来，荀子并不认为有天意，天只是一个自然天，指向的是日月、星辰、春夏繁长秋冬收藏的自然现象（《天论》）。这一自然现象与人世治乱无关：无论是治世还是乱世，自然都一直如此。天只是自然的天，不会作用于人而对人有意降灾或降福。如此一来，人的祸福就不应该从天这个角度去求，即不加能、不加察于天。荀子明确指出，人之所以能参于天地或与天地并立，是因为人有治、人能治。人最终所要"参"的是"天地"，但人不应当寄希望于后者，或者"慕天"。人要参天地，只能是从人自身上下工夫。

人与天地相参，本身就是以人和天地的区分为前提的。人区别于天地，才能去谈人与天地并立或相参的问题。这是荀子和孔孟不一样的地方。如果说《论语》《孟子》（包括《中庸》）以天之德作为人世行为的依据，即人要做的是长养自身德性以合于天德，因为天德要求人如此做。那么荀子则将这种依据关系去掉，而将行为的依据交到了人自己身上。人不是依照天意、天德而行为。人做一切事情，包括德性的行为，都是以人自身为依据的。

荀子十分强调人在天地面前的独立性，而否认天地的权威性、神意性。如此一来，人之为人的根本就不在于天，而在于人。人能治（天地）、人能理（天地），所以人能与天地并立而

---

① （清）王先谦：《荀子集解》，中华书局1988年版，第308页。

相参。

对于人之"所以参",或者人为什么能够与天地并立,与《中庸》"君子贵于诚"的观点不同,荀子的回答是"君子贵于全"。对于此处"全"的理解,历代各注家产生了不同的看法。按照杨倞的解释,全指向的就是德之全。① 顺此思路,钟泰认为荀子在此突出的是,君子的德行之全能够配得上天地的高明与博厚;王念孙也认同杨倞的解释,认为全是指德之全。②

然而不同于以上注家的看法,王天海主张此处的全并不是指德行而言。

> 全,即上文"君子知夫不全不粹之不足以为美也"之"全"。应指全粹之学,非指德行也。杨注失之,诸说亦未尽得也。③

联系《劝学》上下文,王天海指出君子贵其全的"全"对应的是上文"不全不粹"之"全"。一正、一反之说,正好相呼应。从文法的呼应上说,这种解释路向确实是有根据的。按照这一思路,君子贵其全的"全",指的是学有所全。"全之,谓全通伦类。"④ 如此一来,君子贵其全,并不是强调德行的重要性,而是知通统类的重要性。

王天海从全通伦类的角度来解释全,确实有其合理性,比如

---

① (清)王先谦:《荀子集解》,中华书局1988年版,第20页。
② 王天海:《荀子集释》,上海古籍出版社2005年版,第45—46页。王念孙联系《荀子·儒效》篇"涂之人百姓积善而全尽谓之圣人"的观点,指出,全是指全尽,意谓德行要全面积习并全体落实到所有人身上。前者强调的是己身的德行的全面修习——积善,后者强调的是德行的全体落实。此种以德来解释全的观点,与孔子、孟子从德行来体现人之为人的根本的思路仍然是一致的。
③ 王天海:《荀子集释》,上海古籍出版社2005年版,第46页。
④ 王天海:《荀子集释》,上海古籍出版社2005年版,第43页。

荀子在《儒效》篇和《性恶》篇都主张大儒或圣人是可以知通统类的。但此解释也有未尽之处。比如，既然全是强调全通统类，而与"全之"之学相对应的是"尽之"之学，"尽"却被解释为尽心，凸显的是要尽心仁义。如此一来，全之、尽之之学，就是既要重视知之统类，也要重视心有仁义德行。那么，如何解释二者之中，荀子偏偏选择了前者并以之为贵呢？

将"全"理解为与"尽"对应的"全"，不仅在逻辑上说不通，而且也不符合荀子对成人概念的界定。荀子认为，成人是"德操然后能定，能定然后能应"（《荀子·劝学》）。那么，全指向的就是能定、能应之全。显然在"定"中，是有德行一面的强调的。也就是说，全，应该包含德的一面。按照这个思路，如果"尽"是强调"尽心仁义"的德行修习，那么"尽"的意涵就是在"全"中，而不是与全对应或对举。只是，对荀子而言，君子贵其全应该不止于对德行的强调，还应该能应物。

"全"字不应只是从"全尽之学"上理解。人应当有全之、尽之之学，但最终要达到的既能定又能应的状态，才是全的真正意涵。人的意义和价值的完满实现，才是全，才是君子所贵。

基于此，对"全"的理解，应当联系前文对于成人"能定能应"的强调。比如，杨倞主张从内外两个方面来强调，"内自定而外应物"[1]，久保爱、王天海也是从这个思路来解释的。[2] 这里，荀子凸显的是，人不仅有坚定的德之操守，还知道如何接应万事万物。对于后者，熊公哲有更为具体的解释："能应，谓能以有定应无定，以礼法所有，应礼法所无。"[3] 能应，是指能够知已有的礼法，并从中习得礼法的根本，进而对于生活中还未出现

---

[1] （清）王先谦：《荀子集解》，中华书局1988年版，第20页。
[2] 王天海：《荀子集释》，上海古籍出版社2005年版，第45页。
[3] 王天海：《荀子集释》，上海古籍出版社2005年版，第45页。

的情况，也能依照礼法的根本之道做出回应。这与荀子的"举统类而应之"的思想是相契合的(《荀子·儒效》)。

以"能定能应"来解释全，也符合前文对全尽之善学的解释："通伦类"与"一仁义"。按照杨倞的解释，"通伦类，谓虽礼法所未该，以其等伦比类而通之。谓一以贯之，触类而长也。一仁义，谓造次不离，他术不能乱也。"[①] 全，强调的是通伦类以应万物，而"尽"则是对全的坚守。如此，尽仍然是以全为根本的。

从"能定能应"的角度看，君子（或成人）"贵其全"的"全"，应当是与天地之大、广相对应的"全"之意，即全面、整全。从学上说，其一方面体现的是身心的整全之意。只有身心都参与的学，才是善学。另一方面体现的是学通伦类以应万物。如此，人才能应万物而与天地并立、相参。

从应物、成物的角度来讲，荀子确实与《中庸》有其相似之处。两者都认为成人既有成己也有成物的一面。只不过不同的是，在《中庸》看来，不管是成己还是成物，都是诚德的体现，所以人是以诚德而来配天的。且，此诚德是天德，天生于人而人可以得的。这就是天生所以人成。

荀子并不是这个思路。从与天地并立的角度看，人最贵重之处在于能做到"全"。借助于天地之高明与博厚，荀子形容的是成人之全或者是君子的功业之大。但此"全"并非天赋予人的，不是人得之于天。天有天功："万物各得其和以生，各得其养以成。"(《荀子·天论》) 人不去与天争职，而是要"全其天功"。

首先，全其天功，从个人修养的角度来说，是清心养情。比如："圣人清其天君，正其天官，备其天养，顺其天政，养其天情，以全其天功。"(《荀子·天论》)"天养"就是指人能"财非

[①] （清）王先谦：《荀子集解》，中华书局1988年版，第18页。

其类，以养其类"。按照杨倞注，即是"饮食衣服与人异类，裁而用之，可使养口腹形体"①。人能裁制万物，而使人类得其养，这便是全其天功。

其次，更为重要的是，此种"全其天功"还体现在对万物的治理上。人不仅养人，还能养万物。荀子在《天论》篇写道："如是，则知其所为，知其所不为矣，则天地官而万物役矣。其行曲治，其养曲适，其生不伤，夫是之谓知天。"② 人不仅养人类，还使万物都有所养，这便是真正的全其天功。

从全其天功的观点看，荀子认为天生，但人成。人能全其天功而使万物各得其养，这样便是万物之总："故天地生君子，君子理天地。君子者，天地之参也，万物之总也，民之父母也。"③ 不论是全人、还是万物之总，荀子都强调的是此种全不是人得自于天，而是在人类自身的行为活动中获得并达成的。即全是人之全，而非以天为依据。

四　成人之学

人不是仅仅以德来与天地并立的，而是以德和知两者之全来配天的。以全而非以德（如仁、诚等）来讲君子所贵、人在天地间的价值，这显示出对荀子而言，"成人"并非仅从成德的意涵上而言。④ 进一步地，荀子主张的学，并非仅仅以成德为目的。

荀子赞同孔子的观点，认为"古之学者为己，今之学者为

---

① （清）王先谦：《荀子集解》，中华书局1988年版，第309页。
② （清）王先谦：《荀子集解》，中华书局1988年版，第310页。
③ （清）王先谦：《荀子集解》，中华书局1988年版，第163页。
④ 王楷注意到了荀子的"成人"概念，并进而从"德操定"的方面凸显成人的德性意涵。具体参见王楷《天生人成——荀子工夫论的旨趣》，中国社会科学出版社2018年版，第37页。但本书主张，这只是荀子成人概念的一方面。成人既有"能定"的一面，又有"能应"的一面，且后者是更为重要、不能忽视的。

人"(《荀子·劝学》)。学，是为己之学，是修己的学问。① 而荀子想要强调的是，学不仅是体之于身使己修的学，而且是身心参与的学。比如在"古之学者为己，今之学者为人"之后，荀子接着论述道："君子之学也，以美其身。"(《荀子·劝学》)学，便是身心参与而使己身美。② 从身心整全上来理解"为己"之"己"，确实是有道理的。只有身心整体参与，此种学才会滋润身使其美、华。

但只有身心整体参与还是不够的，还需要礼义。只有心知、好礼义并体之于身，才能使己身得其美。③ 当从身心好礼的角度看时，学不是指向的己之身心的问题，而是如何使礼义体之于身的问题。从礼义的角度来看己身之美时，其已经不再局限于己的身心问题，而是好义并与人群居和一的己。后者才是荀子强调的重点。

孟子虽然没有直接对学展开论述，但从人的修养工夫上看，他对此问题是有涉及的。比如，在探讨性的问题时，孟子主张不应当追求耳目等感官之欲，而应当去思善端。人生而有血气心知，但人所当为、所当做的是从其大体（心知）：

---

① 邓小虎在《荀子的为己之学：从性恶到养心以诚》一书中，主张荀子所讲的学是为己之学，且"己"是从"全"的角度上而言的。在他看来，"为己"也好、"成己"也好，主要涉及人如何过好一生、如何成就整全自我的问题。邓小虎：《荀子的为己之学：从性恶到养心以诚》，北京大学出版社2015年版，第95—96，182—187页。

② 邓小虎主张荀子的学是为己之学，即人以仁义之统为基本结构来建构整全自我。在这种解释下，学是为己之学，更确切地说，是为了使己整全的学。具体参看邓小虎《荀子的为己之学：从性恶到养心以诚》，北京大学出版社2015年版，第187页。

③ 需要指出的是，邓小虎也指出身心的整全只是己之整全的一个方面，后者还包括时间维度（包括过去、当下和未来）方面的整全、性情与价值的整全。（邓小虎：《荀子的为己之学：从性恶到养心以诚》，北京大学出版社2015年版，第184页）本书并不反对从这些角度去理解己，只是强调，单从"古之学者为己"这句话看，荀子主要强调身心整体地参与到学当中去。

孟子曰：口之于味也，目之于色也，耳之于声也，鼻之于臭也，四肢之于安佚也，性也。有命焉，君子不谓性也。仁之于父子也，义之于君臣也，礼之于宾主也，知之于贤者也，圣人之于天道也，命也。有性焉，君子不谓命也。(《孟子·尽心下》)[1]

按赵岐注，人生而有感官之欲，于此，人容易倾向于去满足欲，而君子主张应当顺命而不应主动追求。[2] 人心都是生而有仁义礼智之端的，能否养而得以施行，是有命禄的，但君子对此却是主张应当有所为的："然亦才性有之，故可用也。凡人则归之命禄，任天而已，不复治性；以君子之道，则修仁行义，修礼学知，庶几圣人亹亹不倦，不但坐而听命，故曰君子不谓命也。"[3] 孟子想要强调的是，仁义礼智根于人心，即是恻隐之心、辞让之心、羞恶之心、是非之心，这是人天生而有的。不论人处于什么样的境遇，都应当努力对此善端进行长养、修习。

孟子认为，人之所为、人之学的工夫应当放在人心的善端，而不是放在口目之欲上。不仅因为口目之欲的满足与不满足很大程度上取决于外在的命，而非全能由人决定，还因为在孟子看来，此善端，才是人之为人的根本：

耳目之官不思，而蔽于物。物交物，则引之而已矣。心之官则思，思则得之，不思则不得也。此天之所与我者，先立乎其大者，则其小者弗能夺也。此为大人而已矣。(《孟子·告

---

[1] (清) 焦循：《孟子正义》，中华书局1987年版，第990页。
[2] 命对欲的满足有所限制。比如，在生活中，并不是人人的欲或者人的所有的欲都能得到满足的。(清) 焦循：《孟子正义》，中华书局1987年版，第990页。
[3] (清) 焦循：《孟子正义》，中华书局1987年版，第991页。

子上》)①

善端是天所赋予的，人法天而行，将人心生有的善端存养、修行，那么就会成为大人。相反，人如果将工夫放在耳目之欲的满足上，那么就会使心蔽于物而不思善端。人逐于外物，而将善端失放，那就是小人。

总之，在孟子看来，学的对象是性，是心之善端，且此善端才是人之为人的根本。而荀子却不如此看。荀子反对孟子"人之学者，其性善"的看法，指出人之学者，是礼义而不是性；且性不是善，是恶。

在学的对象上，荀子指出应当进行明确的界定。性伪有分，所以学的对象不能是性。荀子在《性恶》篇中就此与孟子进行了论辩：

> 孟子曰："人之学者，其性善。"
> 曰：是不然。是不及知人之性，而不察乎人之性、伪之分者也。凡性者，天之就也，不可学，不可事；礼义者，圣人之所生也，人之所学而能，所事而成者也。不可学、不可事而在人者谓之性，可学而能、可事而成之在人者谓之伪。是性、伪之分也。今人之性，目可以见，耳可以听。夫可以见之明不离目，可以听之聪不离耳，目明而耳聪，不可学明矣。②

关于此处孟子所言"今之学者，其性善"，有一点不明确的是，这里的学与性善到底是什么关系？比如，学是因为性善才得以可

---

① （清）焦循：《孟子正义》，中华书局1987年版，第792页。
② （清）王先谦：《荀子集解》，中华书局1988年版，第435—436页。

能，还是指因为学的可能表明性是善？前者强调的是性善是学的原因和根据，而后者强调学是性善的原因。杨倞倾向于解释为"孟子言人之有学，适所以成其天性之善，非矫也。与告子所论者是也"①。按这种解释，人性还需要学，才能使性最终成善。联系孟子人性有善端的观点，意即人性有善端，但并不是成善，还需要学才使得后者得以可能。如此一来，善端是学的起始和根据，没有此善端，学就不可能；但学又是成善得以实现的原因和根据。不论是善端还是成善，可以说，学都是从性上说的。学使性所产生的变化是从端点变为有所成就的，从小变大的。但这恰恰是荀子所反对的点。荀子认为，人之所学并不在性，而在于礼义。前者属于天的范围，是天的职分，后者才属于人的范围，是人为的职分。天人有不同的职分，相应地，性伪也分属不同的范围，而学不属于天的职分，不能学性。学只能是属于人为的事情，能学的是伪即礼义。

以耳为例。人生而有耳，耳生来有欲，欲指向的是外在对象——声。在孟子看来，耳生来便需要声来滋养、资助，只是最终这种滋养、资助能不能成功或多大程度上成功是不一定的。也就是说，这一结果的达成是受限制的。人都喜欢好的声音来滋养耳朵，但不是每个人都有机会坐到世界最好的大礼堂去听贝多芬的现场钢琴演奏。换言之，孟子的思路是这样的：

（1）声与耳本当是一体的，耳也是应当得声的滋养而为一的。

（2）但现实是，有的耳有可能会不能得到声的滋养，或者不能很好地得到滋养。

（3）所以，孟子认为对于耳的滋养会受限这事，应当给予接受，而不应该过度追求。

顺此思路，学指向的主要不是去滋养耳，滋养身。

---

① （清）王先谦：《荀子集解》，中华书局1988年版，第435页。

但荀子指出，从根本上说，声与耳本来就不是一体的。比如，耳生来需要滋养这一观点，本身就表明了耳与其资是分离的。因为分，所以才有资与滋的问题。耳需要滋，表明耳自身是不自足的、是不圆满的，所以是恶；人人之耳都需要滋，必然会引向争、引向乱，所以是恶。

不论是血气还是心知，在荀子看来，都是天官、天君，是属于天的活动和天的职分，不是人的职分，也就不是学所能指向的对象。比如不同于从耳欲的结果（声）上去分析性，荀子转向从耳可以欲的行为（聪）上去分析性。性就是，目之明，耳之聪。此明和聪，是天的职分，是人不能学的。

这表明，学是与如何使身心得其资、得其养的问题密切相关的。对荀子而言，不论是身之欲还是心之知，都不是人可以学、能学的，那是人天生自然如此的。学指向的是人范围以内的事情，是人为之事。具体是使身心欲或知什么，进一步是如何做到的问题。耳生来自然可以明，心生来自然可以思，这是不用学，也是人不能学的。但人可以学、可以为的是，使耳明于什么，使心思于什么，从而使耳和心等得其资、得其养。

荀子明确提出，"故学也者，礼法也"。在《修身》篇，荀子明确阐发了此一观点：

> 礼者，所以正身也；师者，所以正礼也。无礼何以正身？无师，吾安知礼之为是也？礼然而然，则是情安礼也；师云而云，则是知若师也。情安礼，知若师，则是圣人也。故非礼，是无法也；非师，是无师也。不是师法而好自用，譬之是犹以盲辨色，以聋辨声也，舍乱妄无为也。故学也者，礼法也。夫师，以身为正仪而贵自安者也。[1]

---

[1] （清）王先谦：《荀子集解》，中华书局1988年版，第33—34页。

人需要学礼以正身。如果没有礼和正礼之师，只是依据天生之自然情性而行，那么人的行为都是妄乱而不可靠的。就好像瞽者，其目之明是有所蔽、有所惑的，进而也就无法分辨颜色；也或者像聋者，其耳之聪是有所蔽、有所惑的，进而也就无法分辨声音。感官的功能有所蔽、有所惑，也就会使人的认知产生问题。对此，荀子在《解蔽》篇有更为详细的论说：

> 厌目而视者，视一以为两；掩耳而听者，听漠漠而以为咰咰：势乱其官也。故从山上望牛者若羊，而求羊者不下牵也，远蔽其大也；从山下望木者，十仞之木若箸，而求箸者不上折也，高蔽其长也。水动而景摇，人不以定美恶，水势玄也。瞽者仰视而不见星，人不以定有无，用精惑也。有人焉，以此时定物，则世之愚者也。①

外力可以扰乱人的感官认知，比如以指压目而视、掩耳以听，都会使人对外物产生错误的认知，以一为二，以无声为喧嚣声。即使没有外力的影响，人的感官也是有会所蔽的。从山上看下面的牛，其大小却跟羊一样；从山下看山上高十仞的树木，大小却跟筷子差不多。这种认知显然是有所蔽的。以水为例，水有动则其功能——照物就会受到影响；类似地，目之明有所惑、有所蔽，那么人之所视也就是有问题的，不能以之定物。

不仅人的感官容易有所蔽，更为重要的是，人心之知也会有所蔽、有所患。对此，荀子在《解蔽》篇对心术之患有详细论述。总之，不论是从天官还是从天君的角度，荀子认为都会有所蔽、有所患，因而，学就是要解其蔽、其患，也就是要有所为、有所学，具体就是要学礼、知道。只有如此，才能正确认知以定

---

① （清）王先谦：《荀子集解》，中华书局1988年版，第405页。

物，从而使身心真正得其资、得其养。

可以说，为己之学，指向的是己之身心的整全修养，其背后彰显的修养路向是养心。不论是如孟子那样养心以仁，还是如《中庸》那样养心以诚，都是以人心生而有德、天生德于人的内涵为依据的。但这不是荀子所主张的。荀子认为，天人有不同的职分，人世的祸福与天无关，而只与人自己有关。所以人养心，不应该是为了知天，而是为了知人。

更为重要的是，当谈为己之学时，往往更多的是在探讨心性修养：比如身所代表的血气、感官之欲和心所代表的心知之间的关系。也就是心如何主身的问题。但荀子的学不是仅限于这个层面。对荀子而言，人所学的不仅仅是养心以君身、主身的问题，更是养类的问题，"财非其类，以养其类"（《荀子·天论》）。当放到类的角度去看学，学主要指向的就不是己身德性的问题，而是类和群的问题。

综上，如果主张荀子的学是成己之学，则容易把荀子的理论重心着眼于心性修养——比如养心、化性的层面。荀子确实是有讨论这些的。但对荀子而言，这不是学的最终目的。学的最终目的是达到全，成为成人。学以成人，才能与天地并立。人之所以能与天地并立，成就人的价值和地位，并不是因为人有德，而是因为人能全。全，既有德性修养的一面，也有群万物、应万物的一面。

五　结语

当从与天地参的角度上讲时，荀子凸显的是人在治理天地上所最终能达到的价值或意义高度。即人作为君子可以与天地参。而具体去达成或呈现的时候，荀子不是从天地而是从万物的角度来谈的，即人作为君子，是万物之总。

对于人之为人的根本,在荀子之前,孟子多从性上去论。比如,与告子不同,孟子认为,性是指人不同于其他生物的地方。孟子指出,如果像告子那样把性看作人与动物都有的东西,比如以性为生,那么人性与物性就没什么区别了。就好像人之性和牛之性一样,两者都是有生命的而没有什么差别了。这是孟子所不能接受的地方。

在孟子看来,人之性指的是人不同于其他生物的地方。具体而言,就是人心能知仁义。孟子认为,"人之所以异于禽兽者几希,庶民去之,君子存之"[1],"君子所以异于人者,以其存心也。君子以仁存心,以礼存心"。(《孟子·离娄下》)[2] 人能使心思,自省察其心,便能知其内有仁、义、礼等四端。人使心之官思,便是从其大体而使小者不能夺,这样的人也就可以被称为大人。从这个意义上而言,孟子认为人与其他动物不同的是,人能使心思。心思便能知善。

与孟子一样,荀子也从义上去看人之不同于其他动物所在。但不同的是,荀子认为,人之为人的根本并不是人可以知(如,义),而恰恰是人有知且有义。在《王制》篇,荀子写道:

> 水火有气而无生,草木有生而无知,禽兽有知而无义,人有气、有生、有知,亦且有义,故最为天下贵也。力不若牛,走不若马,而牛马为用,何也?曰:人能群,彼不能群也。人何以能群?曰:分。分何以能行?曰:义。故义以分则和,和则一,一则多力,多力则强,强则胜物,故宫室可得而居也。[3]

---

[1] (清)焦循:《孟子正义》,中华书局1987年版,第567页。
[2] (清)焦循:《孟子正义》,中华书局1987年版,第595页。
[3] (清)王先谦:《荀子集解》,中华书局1988年版,第164页。

人与万物一样都是天所生。作为万物的一员，人有万物都有的气，有草木植物都有的生。同样，人也有动物都有的知。比如，人和动物一样都有父母自然之情，都有感官欲望。荀子认为，虽然此知使人和动物与其他草木生物等得以区别开来，但却不是人与动物的区别所在。人不仅有气、有生、有知，人还有义而能群。"君者，善群也。群道当则万物皆得其宜，六畜皆得其长，群生皆得其命。"（《荀子·王制》）① 人能群，便能胜物，也就是能裁万物使人类得其养。如果不能和谐群居在一起，那么人就不能合力而裁制万物，人就不能得万物之养。人不仅使人类得其养，还能使万物皆得其养，这便是君子之"全"的表现。

在孟子看来，义与仁一样，都是天所赋予人的德性，人心思便能得之。从这个意义上而言，人需要对天负责。但荀子并不这样认为。人有义，但此义不是天赋予人的，而是礼义，是圣人制作出来的。也就是说，义的根据不在天，而在于人为。这与荀子对于礼的起源的分析是一致的。礼的制定在荀子看来并不是以天为依据，而是以人情、人欲为依据。"故礼者，养也。"（《荀子·礼论》）② 礼是为了治人情欲、持养万物。从这个意义上而言，人不需要对天负责，而是对人自身负责，对万物负责。人能以义而群并总理万物，这才是人之为人的根本。

在荀子看来，人禽之别不在于天生于人的性。从性上来说，人和禽兽一样，都是有感官欲望、自然之情的。人禽之别，不在于性，而在于伪、在于人为。人能在不知天、有所不为的前提下，知天而有所为，从而最终人得其养、而万物得其生、群生各得其命。这便是人能群而总万物，也就是得其全而最为天下贵。

以上两章已经就荀子的成人概念进行了充分探讨。第一章基

---

① （清）王先谦：《荀子集解》，中华书局1988年版，第165页。
② （清）王先谦：《荀子集解》，中华书局1988年版，第346页。

于文献资料，对荀子的成人概念主要从其与成己成物的关系方面进行探讨，表明成人是包括成己也包括成物的。在此基础上，既对学界的成己包括成人成物说和成物包括成己成人说进行了回应，也以荀子的成人概念为例，对中西哲学比较视野下儒家哲学可能会有的利己主义的批评进行回应。荀子成人概念的辨析表明，儒家可以回应利己主义的批评。第二章则主要从全的特征方面对成人概念进行阐发。不同于孟子从德的方面标举人之为人的根本特征，荀子强调成人的特征是全。人之为人的根本在于人而非天。也就是说，天生，但人成；成人知天而本于人。人能制定礼义而群人、总万物，从而使人能与天地参。与之相应，学不在于性，而在于人为，也就是礼义。据此立场，本章指出荀子之学是为己之学，但更为恰当的说法是成人之学。后者凸显的是荀子对人之为人的根本——义和群的认知，而非是德性的认知。

总之，成人既是成己也是成物，主要特征也就是全。成人这一特征在具体的人伦关系和与万物的关系上都有所展现。接下来的两章将对此作进一步阐述，并主要从孝亲关系和人与万物的关系上进行阐发。

第三章　成人重视孝亲终始两全

前面两章已经对荀子的成人概念做了具体阐发。从人与天地参的角度来论，荀子认为，成人的根本特征是全；而在对于人之为人的根本的认识上，荀子认为不应该求天、知天，而应该转向人为。人有义能群，从而使人类区别于动植物，最为天下贵。也就是说，对荀子而言，对人的认识，主要还是从类的意义上谈。进一步地，从人类的角度出发，荀子十分强调人类之本——先祖的重要性。荀子明确提出："先祖者，类之本也。"（《荀子·礼论》）儒家对于人的研究往往重视天地自然和君主的影响，而对先祖概念在人的塑造和形成中的重要地位研究不够。本章则从先祖对于人之为人的重要性出发，来进一步具体呈现成人之全的特征。

成人在孝亲之事上，是十分重视终始之全的。荀子明确指出，"生，人之始也；死，人之终也：终始俱善，人道毕矣"，"事生，饰始也；送死，饰终也。终始具而孝子之事毕，圣人之道备矣"（《荀子·礼论》）。真正的孝子，不只在父母生时对其亲爱，而且在其死后也会对其爱敬、思慕。荀子坚持事死以思慕之情对成人的重要性，终始之全才是孝的完全之道。

荀子坚持思慕死者的重要性。当代伦理学家对于思慕的态度各有不同。有人悲观地认为遵循事死之礼可能会造成对人自身的某种疏离，而有人则认为对死者的思慕本身更多地是一种自我认同。本章则从当代关爱伦理学的角度，试图对以上两点做出回应。从自然性、必要性和层级性特点出发，提出思慕与关爱思想的比较不仅可以赋予荀子思慕思想以当代伦理意义，还可以为当今关爱伦理学的发展提供重要参考。

思慕，一般是指由于父母的离世而有的哀痛之情，比如《礼记·三年问》所言，"三年之丧，二十五月而毕，哀痛未尽，思慕未忘"。根据孔颖达的疏解，此是指人在为父母守丧二十五月后，"悲哀摧痛，犹未能尽，忧思哀慕，犹未能忘"①。即，虽然已经为父母守孝二十五月，但因父母离世而有的悲哀之情仍旧存留于内心，因而有痛楚未抒发殆尽之感；与此同时，对逝去父母的思念和敬慕则使人不能忘怀。这两层意思虽都在表达哀痛之情，但重点稍有不同：前者强调因父母离开而直接有的自然悲伤之情在人内心存留之久，而后者则更多地是在强调人面对这种悲伤情感时进一步的情感与行为上的积极回应——对逝去亲人的怀念和追慕。如此的回应仍源于与父母的自然亲近之情。

从表达自然亲近之情的角度可以得出，对亲者的思慕即是对亲者仁爱与关爱的表现。荀子认为对祖先的怀念和追慕即是表达对祖先的爱敬之情。只有在思慕的行为中将对父母的爱敬表达出来，个人才能更完满地将人与父母之间基于自然亲近关系上的情

---

① （汉）郑玄注，（唐）孔颖达疏：《礼记正义》，台北：广文书局1972年版，第425页。"思慕"一词在《荀子》全文中共出现4次，其中一次即是与《礼记》关于"思慕"的原文一致："三年之丧，二十五月而毕，哀痛未尽，思慕未忘，然而礼以是断之者，岂不以送死有已，复生有节也哉！"就经文而论，《礼记·三年问》与《荀子·礼论》的表述完全相同，尽管谁抄谁在史料学上并无定论，但二者思想一致则是没有问题的。故可以参照孔疏来解。

感深入推进，从而成为真正意义上的儒者。①

强调思慕之情在自我修养中的重要性有其时代意义。当代关爱伦理学以关爱为核心概念，强调自然关爱与个人关爱关系圈的重要性，这与荀子思慕祖先思想对自然思慕与自然亲近关系的重视一致。只是不同的是，荀子对爱敬祖先思想的强调将会突出以祖先为主的人伦关系在个人自我修养中的重要性。思慕与关爱的对比，不仅可以赋予荀子思慕思想以当代伦理意义，还可以为当代关爱伦理学的发展提供有益的历史与祖先维度上的考量。

一 思慕的自然性

思慕在荀子那里多以礼的形式呈现，因而很容易因为礼的规则性问题而使人质疑其情感自身是否真诚。而相比之下，当代关爱伦理学则否定任何形式的规则，强调自然关爱因而其中不存在不真诚问题。如此，若从伦理规则的角度来看，似乎荀子的思慕思想将会受到来自关爱伦理的真诚性质疑。

（一）思慕的真诚性争论

思慕中的不真诚问题多是建立在将礼理解为一种伦理工具观

---

① 比如在《礼论》篇，荀子说道："大象其生以送其死，使死生终始莫不称宜而好善，是礼义之法式也，儒者是矣。"正是基于对思慕的这种理解，笔者认为应将思慕用英文翻译为"appreciative mourning"，意在强调思慕的情感和行为表达，既有哀伤的情感的表达，也有对哀伤情感的提炼和升华，而且更为重要的是，思慕是人修身的一个重要环节。这是儒学与西方哲学在面对死亡时的不同态度的体现。从中西哲学比较的角度对思慕的探讨可参看 Jifen Li, Xunzi's Philosophy of Mourning as Developing Filial Appreciation, *Dao*, 16 (1), 2017, pp. 35 – 51.

念上的。例如，詹姆斯·哈罗德（James Harold）[1] 将荀子的礼理解为"改变德性品德的一种工具"[2]，进而认为其中存在"异化"的可能：

> 虽然哀悼仪式并不妨碍丧者在三年丧期后仍会有悲伤感或表达哀伤的行为（在正式丧礼后，人们还可以有其他一些表达悲伤的方式），但它确实会迫使我们采取一种可能使我们的动机与我们的悲伤情感相疏离的一种行为方式。……当遵守礼仪要求时，人们的行为便不能"在自身的动机中去体现理性"。（作者译）[3]

哈罗德虽然意识到了礼丰富性的一面，比如除了丧礼外，人们还可以采用其他的礼来表达悲伤之情，但是他所担心的是礼作为一种道德约束工具，其中蕴含的道德动机的唯一性可能无法适应现实中个体内心情感的多样性，从而使得两者产生相互疏离的可能。

与哈罗德质疑思路一致，关爱伦理学则将此种"疏离"进一步扩展为人与人的疏离。即，与所有的伦理规则一样，礼不仅有可能使人在自身中产生疏离，还进一步有可能使人与人之间变得疏远。依据当代关爱伦理学家代表人物之一内尔·诺丁斯（Nel Noddings）的观点，如果礼是一种伦理工具，那么有此工具与无

---

[1] 詹姆斯·哈罗德是位于美国马萨诸塞州（MA）南哈德利（South Hadley）曼荷莲女子学院（又称蒙特霍利约克学院，Mount Holyoke College）哲学系的一名副教授。詹姆斯专门研究美学与伦理学，同时也对医学伦理学、中国古代哲学和古希腊哲学感兴趣。

[2] James Harold, Is Xunzi's Virtue Ethics Susceptible to the Problem of Alienation? *Dao: A Journal of Comparative Philosophy*, 10 (1), 2011, pp. 71-84.

[3] James Harold, Is Xunzi's Virtue Ethics Susceptible to the Problem of Alienation? *Dao: A Journal of Comparative Philosophy*, 10 (1), 2011, p. 78.

此工具的人之间就会产生区别：前者有可能自以为是，而后者则可能遭受不公正对待。这种差别导致的人与人的疏远与主张人与人之间自然亲近情感的关爱伦理显然是相悖的。正是从这一方面，关爱伦理对任何形式的规则都采取了否定的态度。[①]

基于自然思慕与自然亲近关系的密切关系，本书认为哈罗德的担心在荀子看来或许是不当存在的。作为关系性的存在，个人的情感与个人的关系圈紧密相连。哈罗德虽然看到了自然情感的存在，但却没有看到其与自然亲近关系同生同在的一面。如果自然亲近关系（圈）发生了变化，那么自然情感也会相应有所变化。比如，父母的离开可能使得个人关系圈的重心转到与自己同样有自然亲近关系的子女身上。实际上，儒家传统上也认为个人对子女的关爱本身也是对父母关爱的一种表现。[②] 而这种转移在当今一些学者看来正是儒家思慕思想中个人对自我进行修复与重建的表现。[③]

因而，如果在丧礼之后人若还是以表达悲伤之情为生活的重心而不顾生者之事的话，那么在荀子看来或许才真的会造成对（作为关系性存在的）自我的疏离。

[①] Nel Noddings, *Caring: A Feminine Approach to Ethics & Moral Education* (Second edition), Berkeley and Los Angeles, California: University of California. 1984, 2003, pp. 5, 79-84. 内尔·诺丁斯，当代著名的教育家，哲学家，女性主义学者，是当代关爱伦理学思想最有名的代表之一，其代表性著作即是 *Caring: A Feminine Approach to Ethics & Moral Education*。

[②] 比如，"不孝有三，无后为大"（《孟子·离娄上》）。

[③] 艾米·奥伯丁（Amy Olberding）主张儒家思慕不仅是一种哀痛之情，也更是哀痛过后的一种自我修复与重建的过程。具体参看：Amy Olberding, Mourning, Memory, and Identity: A comparative Study of the Constitution of the Self in Grief, *International Philosophical Quarterly*, 37 (1), 1997, pp. 29-44. 艾米·奥伯丁是美国俄克拉荷马大学（University of Oklahoma）哲学系的一名副教授，研究领域为中国先秦哲学与伦理学，其中尤其对儒家的死亡观感兴趣。著作有：*Moral Exemplars in the Analects: The Good Person is That*.

另外，思慕之礼并不是意在疏远人与人的关系。相反，荀子认为思慕首要是表达一种与逝者或先祖的自然亲近之情，因而来自关爱伦理学的质疑也当是不存在的。与自然关爱情感一致，荀子认为思慕也是一种自然关爱：思慕是自然悲恸之情，也是一种自然爱敬之心，重在突出与父母的自然亲近关系。

（二）思慕为自然悲恸之情

与关爱伦理学观点一致，荀子认为思慕对人来说本身便是一种自然情感。首先，思慕本身是对父母自然关爱的表现。荀子认为人类有一种自然的情感冲动或欲望去关爱、关心父母。这种关爱更多地是源于与父母的亲近关系，这种亲近关系自然带给我们某种欢喜。因而在父母生时，对父母（同理，民对君主）的事奉即是对这种亲近的欢喜之情的回应。"凡礼，事生，饰欢也"（《荀子·礼论》）；"民之亲我，欢若父母"（《荀子·议兵》；《荀子·王制》）。

基于这种积极性的欢乐情感，便很容易推出这一喜爱的缺乏便是哀痛，即父母的离开自然带给我们哀恸之情。

> 祭者，志意思慕之情也。愅诡、唈僾而不能无时至焉。故人之欢欣和合之时，则夫忠臣孝子亦愅诡而有所至矣。彼其所至者甚大动也。（《荀子·礼论》）

对荀子而言，对父母的关心爱护是一种自然的喜悦之情；同样地，这种喜悦之情的缺失——父母的逝去——便自然导致悲痛之情的产生。这种悲伤源自深层次上对父母自然关爱之情的表达。当下时空里的亲近关系产生的喜悦之情在生命的终点遭受到挑战：当父母生命终止之时，自此以后再也不能近距离接触到父母——看到父母的眼睛、听到父母的声音，因而亲近关系也似乎在父母生命终止时停止向我们传达喜爱之情。取而代之的是，父母的渐渐远离则会给我们带来某种内心深处的悲伤。

但是本书想指出的是，这种悲痛之情也并不是与亲近关系基础上的欢喜之情完全对立的。相反，可以把这种悲痛之情看作欢喜之情的另一种表达方式。哀悼固然是基于疏远关系的事实，但是，事死却是在更深层次上表达另一种与逝去父母的亲近关系。由于时空脱离的限制，我们很难用语言去描述死亡后的这种亲近关系，然而从人们内心的情感反应——敬来看，却有理由让我们相信这种亲近关系在父母死后仍是存在的。

(三) 思慕为自然爱敬之情

荀子认为敬在葬礼中是非常重要的，并将此重要作用展开为礼（文）之起源，"三年之丧，称情而立文"。与之思想一致，《五行》则对敬从礼的根源上作出更进一步的深入分析。

尽管荀子批评了《五行》[①]，但本书认为他们在"情"的很多观点上还是有很多相似性的。比如，与《荀子》思想路向一致，《五行》也将礼的形成与人的内心情感——敬相联系起来，并进一步对此敬做了更为详细的情感变化分析：

> 以其外心与人交，远也。远而庄之，敬也。敬而不懈，严也。严而畏之，尊也。尊而不骄，恭也。恭而博交，礼也。[②]

[①] 很多学者对荀子的这一评判给出了不同的解读。例如，梁涛试图从五行思想系统的整体特点上去理解荀子的批评所在（梁涛：《郭店竹简与思孟学派》，中国人民大学出版社 2008 年）。蔡树才则在总结诸家看法基础之上，不仅从从思维和哲学基础上，也从荀孟所代表的不同文化和知识范型、符号体系的角度去理解荀子的批评。具体参看蔡树才《荀子对思孟"五行"说批判的再认识》，《周易研究》2010 年第 5 期。

[②] 刘钊：《郭店楚简校释》，福建人民出版社 2005 年版，第 71—72 页。

《五行》指出，在敬的基础上，严、尊、恭等情感的递进更为清晰地呈现了礼的形成过程。但更为重要的是，《五行》的作者将这种"敬"更深入地推前了一步：敬最终来自于人的"外心"。学界多认为，"外"是指现实中的身体之外，因而礼之"外心"与仁之"中心"相对。礼之"外心"在《五行》文本里是与仁之"中心"对应的。《五行》认为，仁源于人的"中心"，"以其中心与人交，悦也"。不难理解此处"交"的对象当首要与父母相关，因而"中心"当是指对父母的关爱之情，所以为"悦"。显然，这与荀子对父母的自然亲近之情的判断是一致的。

关于此"外心"的理解，学界有很多争论。基本上来说，有人坚持此"外"当是和"内"相对的，所以指向的是"内心"的外在实践。然而也有人声称尽管此"外心"是内在品德的延展和实践，但此外心仍然是内在的。比如，丁四新指出，外心仍是一种涉及某些品德的心。① 邹瑞琼则进一步指出，这种外心应该是一种内在的心，此种心指涉的是现实中与人保持距离的心。② 本书认为，联系"仁"概念中与亲者相亲近的观点，"保持距离之心"在现实人际关系中看起来像是与前者概念上的一种互补。因而，"保持距离之心"应是对"外心"的更为恰当的解读。外心，意为与现实周围的人相处要"保持距离之心"。

然而联系荀子的事死观，本书认为还有另外一种可能："以其外心与人交"的"人"与"以其中心与人交"的"人"一致，还应当首要是指向父母；只不过前者是指向逝去的父母因而为

---

① 具体参看丁四新《略论郭店楚简〈五行〉思想》，《孔子研究》2000年第3期。
② 具体参看邹瑞琼《郭店楚简〈五行〉篇心性论研究》，硕士学位论文，华中科技大学，2008年。

"远",后者则指向的是在世的父母因而为"悦"。当从与逝去父母"交"的角度理解时,那么"外心"当是在(生死)距离中表达与逝去父母和祖先的自然亲近之情。

这种解释有其理论可行性:一方面,既然《五行》认为外心是敬的根源,那么外心自然也当是对逝去父母和祖先的爱敬之情的根源。因而,对外心的理解至少也当把对祖先的思慕之心纳入考虑的范围;另一方面,以"外"为"过去"的理解,并非在当时没有其他文献呼应。事实上,荀子在《非相篇》曾将"外"与"中"做对比,"外"就是从过去的层面上来理解的。[①]

"外心"与"中心"同在人心,从根本上来说,两者都是基于与父母亲近关系事实之上而有的。一方面,"悦"与"远"是人对与父母亲近关系变动的一种回应:"悦"则欢喜,"远"则悲恸。但另一方面,对于"悦"与"远"来说,两者仍是根于同一个基本亲近关系事实,重点都是在与人(父母)"交",即是对这种亲近关系做出回应,因而哀悼之情深层次上仍是一种"悦"。

如果以上分析可行的话,那么思慕不仅是一种自然悲恸之情,而且更是一种自然爱敬之情,此爱敬之情实质上是对与父母自然亲近的一种情感上的深层次回应。

二 思慕的必要性

与思慕的真诚问题紧密相关的则是思慕的必要性问题。不同于哈罗德,当代一些学者如安乐哲(Roger Ames)和罗斯文(Henry

---

[①] 荀子在《非相》篇写道:"五帝之外无传人,非无贤人也,久故也。五帝之中无传政,非无善政也,久故也。"依杨倞注,"中,间也"。具体参看(清)王先谦《荀子集解》,中华书局1988年版,第82页。

Rosement)① 则对思慕持更积极的态度，这表现在他们的"寻找自我"论中。他们从自我修养的角度坚持思慕祖先的重要性：

> 不管我们喜不喜欢，我们都隶属于一个家庭，而且是一个有着可能不止一个历史的家庭。因而我们对家庭历史知道得越多，我们就能更多地与之保持联系，也能更好地知道我们是谁，想象我们能是谁或者能成为什么样的人。（作者译）②

安与罗试图向我们展示祖先并不是外在于我们，相反，恰恰是内在于我们并且是我们的一部分。我们不应该把对祖先的思慕之礼只理解为外在的工具从而导致其会与我们对立的可能，而是应该把它理解为对自我根源进一步追寻的方式。

安与罗很好地抓住了儒家伦理的重要特征，即注重家庭或者祖先在教育中的重要地位。然而我们若把这一观点进一步推进并进而从道德榜样的角度理解家庭或者祖先对我们的教育指导意义，也会发现一些深层次问题。比如，强调祖先的道德典范作用便意味着在自我身份的寻找中当会涉及选择性的行为。然而在笔者看来，这种选择里面隐含着一些很难说通的观点。家族里那些有声望、有道德的先辈当然值得我们尊敬，但事实上没有人可以确保所有的祖先都是善的。如果祖先是我们的根，那么至少家族

---

① 安乐哲，夏威夷大学哲学系教授、夏威夷大学和美国东西方中心亚洲发展项目主任，《东西方哲学》主编，《国际中国书评》主编。专于中西比较哲学研究，主要著作有《孔子哲学思微》等。罗思文，美国马里兰圣玛丽学院人文科学名誉杰出教授，上海复旦大学高级客座教授，现任"亚洲社会与比较哲学论丛"主编。撰有《中国之镜》等，并与安乐哲一同翻译了《论语的哲学诠释（中国古代经典）》等书。

② Roger Ames, Henry Rosement, From Kupperman's Character Ethics to Confucian Role Ethics: Putting Humpty Together Again", in Chenyang Li and Peimin Ni, eds., *Moral Cultivation and Confucian Character: Engaging Joel J. Kupperman*, Albany: Statue University of New York, 2014, p. 37.

里的所有祖先理论上应该都是我们自我的一部分，怎么能够只选择其中的一些呢？

本书同意安和罗所说，祖先与我们的紧密相连为我们的"自我"概念提供了延伸的可能性，但我同时又进一步认为这种延伸并不是首先建立在对"德性"上的祖先这一理解层面，而是应该有一个更宽广的层面。从关爱伦理学的角度上来说，对祖先的思慕不当仅是对那些德性祖先的悼念，也包括其他的祖先。这其中并不主要是祖先的德性吸引了我们，而是祖先与我们自然的相似性与亲近性。

（一）"未能事人，焉能事鬼"

思慕祖先即是事奉（家族）鬼神以表达爱敬之情。在荀子之前，孔子"敬鬼神而远之"（《论语·雍也》）的言论中便已强调"事鬼"的重要性，从而为荀子的"事死"论做了学理上的铺垫。

孔子主张敬事鬼神，但此"敬"却是以"事人"为前提的："季路问事鬼神。子曰：'未能事人，焉能事鬼？'敢问死。曰：'未知生，焉知死？'"（《论语·先进》）对此话一般的解读即是，孔子认为鬼神和死之事不当是人们首要关注的，人的主要关注对象当是在世的人以及人之生事。例如程子认为："知生之道，则知死之道；尽事人之道，则尽事鬼之道。"[①] 程子从始要性上认为"知生"则"知死"，"事生"则"事死"，事死之义已然包含在事生之义中，两者是同一个义。做到前面的"知生""事生"也就自然能做到后面的"知死""事死"。

然而此种解读很容易让人忽视"事鬼神""知死"的必要性。从孝敬之义的角度上讲，程子所说有一定的道理，事生与事死并不是分开的两个。但是从现实上来论，事生与事死毕竟是两件

[①] （宋）朱熹：《四书章句集注》，中华书局1983年版，第125页。

事，且有着不同的表现形式。从切身的角度来说，对两者的追问还是很容易将问题凸显出来：事生的勤谨并不必然涵摄事死的敬慎。

事实上，荀子早已在先秦就指出相比事生来说，事死更容易被人遗忘以至于无法"遂敬"："尔则玩，玩则厌，厌则忘，忘则不敬。"（《荀子·礼论》）① 而程子之后朱熹更进一步突出事死的必要性："非原始而知所以生，则必不能反终而知所以死。"② 虽然朱熹基于荀子的性恶说而对之多有非议，但两者对于孔子的事人与事鬼神关系的解读却是一致的，即固然事人/知生很重要，但是孔子自身并没有否认事鬼神/知死的必要性。正是基于事鬼神的必要性这一点，向世陵提出对于孔子"敬鬼神"之"敬"当理解为"近"，意在强调"知生"是在"知死"中完成的。通过个人对鬼神的内在持谨，便能在与鬼神的亲近中表达对鬼神的敬畏之情，"从而沟通人鬼生死"③。

（二）"事死如事生"

虽然孔子没有否认事鬼的必要性，但他的生死观中终究还是在强调事生的重要性。与之不同，荀子在事生的基础上更加突出了事死，即思慕祖先的必要性。这一必要性不仅源自对祖先自然亲近之情的确认，更是源自对生命永恒的某种诉求。

荀子本人非常强调事死对君子的重要性：一个人只有同时完成事生与事死才能被称为孝子④。但更为重要的是，荀子认为此

---

① （清）王先谦：《荀子集解》，中华书局1988年版，第362页。
② （宋）朱熹：《四书章句集注》，中华书局1983年版，第125页。
③ 向世陵：《知生与知死——孔子思想一议》，收入《"孔子与当代"国际学术会议论文集》，河北大学出版社2005年版。
④ "事生，饰始也；送死，饰终也。终始具而孝子之事毕，圣人之道备矣。"（《荀子·礼论》）

思慕之敬义的表达,主要不是满足个人需求或出于个人自身发展的某种考虑:

> 故三月之葬,其貌以生设饰死者也,殆非直留死者以安生也,是致隆思慕之义也。(《荀子·礼论》)

荀子认为在葬礼中扮饰死者的身体,不是为了勉强留下死者的容貌以安慰生者自己,不是为了使自己开心。相反,其是以某种方式来表达对逝者的关爱之情。换言之,此种思慕首要地是个人对逝去父母与祖先的亲近关系的自然敏感与当下确认,即对自然亲近关系的情感上的某种回应。孟子也有类似的表达,比如"哭死而哀,非为生者也"(《孟子·尽心下》)。

对于祖先亲近之情的回应更好地表现在对全一和永恒意义的生命诉求里。荀子认为,在死面前,人人都是有限的。由于这一局限,人人,包括父母,便都愿达到从生到死的全一,这种全一即意味着对永恒的追求:"使生死终始若一,一足以为人愿,是先王之道,忠臣孝子之极也。"(《荀子·礼论》)根据王天海的解释,"愿"即愿望[①]。荀子认为生死的完整、完全、全一是人人所希望的。与父母最为亲密的子女对父母的这种诉求自然有着强烈的敏感性并有对之作出回应的欲望。实际上,荀子这一"愿"的观点是与孔子"恕"——推己及人的观点一致的。将恕的观点放在孝的伦理观点里,意即如果你内心羡慕并且希望达到生死如一,那么你就应该对父母的同样心理有所了解,或者有很强的敏感性,并且在践行中对这种心理诉求有真挚、完整地回应。

这种首要指向亲者而非自身的思慕思想与关爱伦理呈现了一

[①] 王天海:《荀子校释》,上海古籍出版社2005年版,第775页。

致性。诺丁斯在对关爱的分析中指出，个人对他人的关爱并非是出于对个人利益的某种考量，而是来源于个人对他人自然的关爱冲动。这种关爱冲动是对与其同在的亲近关系的当下确认。如果我们拒绝这种冲动，便也就会拒绝与他人甚至与理想的自我的关系。[1]

通过以上分析我们可以推出，荀子的思慕敬慎应当首要是指向与自己有亲近关系的所有祖先而非拥有德性的某些祖先。荀子思慕祖先的首要目标并不是所谓的基于道德判断上的自我认同，而是出于对祖先的关爱以及对祖先与自我的亲近关系的自然肯定。这一认同之所以可能是因为：①我们认同祖先和我们自然相近相似；②由于这种相似我们便自然有欢乐/思慕之情去感应他们（的情感）；③我们这一带有自我观念的欢乐会使祖先感到高兴，因为我们与他们相似相近；④因而祖先便也会反过来喜爱我们。此即，不只是人知神而且神也知人。总之，是首先在对祖先关爱的前提下个人才进一步得到更多的身份认同，并且更强有力地维持了自身的存在性。基于此点，我们也就有理由认为当从寻找自我的角度去看待祖先时，其中首先吸引我们的是与祖先的亲近关系而非祖先的德性，尽管后者并不是全然被排斥的。

三 思慕的层级性与有限性

关爱伦理学基于对关爱关系圈的重视，认为现实中的个人不该对所有的人都给予同样的爱：个人可以发现"身处关爱关系圈

---

[1] Nel Noddings, *Caring: A Feminine Approach to Ethics & Moral Education* (Second edition), Berkeley and Los Angeles, California: University of California, 1984, 2003, pp. 50 – 51.

中的中心"并且"对其关系圈里的人的关爱力将会很大"。(作者译)① 如若将荀子的思慕之情与关爱伦理做比较,那么同样地就要考虑人是否应该对所有的祖先如事奉逝去父母那般平等地对待。事实上,正如人世有人伦一样,荀子认为在人世之外的祖先那里也有伦理等级,即鬼伦。换言之,荀子认为思慕也是有层级性的。

(一) 层级思慕

与孔孟一样,荀子也认为爱由亲始②,而具体到事死上来说则是层级思慕。实际上层级思慕可以被看作是对现实生活中的差等仁爱的一种祖先或历史维度上的折射。孔子"泛爱众而亲仁"的仁爱观里以孝为仁爱之本,对社群中其他人的关爱都是建立在这一根本之上并因为亲近关系的逐渐疏远而递减。与之思路一致,荀子认为对于祖先的思慕也因为亲近关系的不同而呈现出差别,但根本仍是对父母的思慕。

荀子重视对父母的思慕,最明显的表现即是荀子认为在思慕中个人对逝去父母的思慕应当最重:

> 创巨者其日久,痛甚者其愈迟,三年之丧,称情而立文,所以为至痛极也;齐衰、苴杖、居庐、食粥、席薪、枕块,所以为至痛饰也。三年之丧,二十五月而毕,哀痛未尽,思慕未忘,然而礼以是断之者,岂不以送死有已,复生有节也哉!
>
> 然则三年何也?曰:加隆焉,案使倍之,故再期也。

---

① Nel Noddings, *Caring: A Feminine Approach to Ethics & Moral Education* (Second edition), Berkeley and Los Angeles, California: University of California, 1984, 2003, pp. 46 – 47.

② "亲亲、故故、庸庸、劳劳,仁之杀也。"(《荀子·大略》)

> 故三年以为隆,缌、小功以为杀,期、九月以为间。上取象于天,下取象于地,中取则于人,人所以群居和一之理尽矣。故三年之丧,人道之至文者也,夫是之谓至隆。(《荀子·礼论》)

在所有人的丧礼中,荀子认为唯有对父母的丧礼可达三年之久,而其他任何人的丧礼都不当比之更重。荀子的这一分析是有道理的,毕竟理论上父母由于曾和我们一起生活过,其中的欢乐之情对我们也更重、更明显直接;所以与之相应,父母的离开所带来的悲恸之情也应当最重,这一更加强烈的情感便会为我们的礼行为提供一个更大的动力。由于其他祖先与我们在现实生活中的距离的存在,亲切感也便相对较淡,相应的思慕关爱之情也层级递减。正如诺丁斯所说,"我对那些在内圈里的人关爱更深一些,而对那些远离我个人生活的人的关爱便浅、少一些"(作者译)。[①]

(二) 有限思慕

尽管荀子认为思慕与仁爱一样都强调关爱的层级性,但两者却在关爱自身是否有限上表现出了不同之处。有限与无限的说法,不是从个人的角度上讲人是否对父母、祖先的关爱有所限制。实际上,儒家强调人终其一生都应当事养父母和祖先而不受限制。有限与无限之说,是从社群与祖先维度上来考虑的,即人是否应该对所有人、所有祖先都应当关爱。

诺丁斯明确表明关爱自身是有限的。细究下来会发现诺丁斯关爱有限的观点是有两层意涵的:一方面,她认为关爱之情是基

---

① Nel Noddings, *Caring: A Feminine Approach to Ethics & Moral Education* (Second edition), Berkeley and Los Angeles, California: University of California, 1984, 2003, p.16.

于关爱关系基础上的。由于关爱关系的亲疏不同,对所有人的关爱之情应当是不同而有所限制的①。但是另一方面她认为有限不仅表现在关爱的不同程度上,也表现在关爱对象的范围上。在她看来,人是具体的而非抽象意义上的人,因而在具体的社会关系中虽然应当有随时对别人进行关爱的态度,但这与实际上做到对所有人关爱是完全不同的两回事。事实上诺丁斯认为兼爱主义或泛爱主义的说法很容易因为事实上的不可能实现而最终只能成为口头承诺,因而她对泛爱主义思想予以了否定。②

孔孟也反对对所有人都同等爱的做法,但却并非如诺丁斯一样反对爱所有人这一观点。事实上儒家基本都认为应该爱所有人。比如,孔子"泛爱众而亲仁"(《论语·学而》),孟子则"仁者无不爱也,急亲贤之为务"(《孟子·尽心上》)。有意思的是,尽管孔孟与诺丁斯在兼爱观上是根本不同的,但两者却都出于理论现实可行性的考虑而对兼爱思想作出过不同程度的批评。例如,孟子批判墨子的一个重要原因是墨子的兼爱理论只看到了孔子"泛爱众"的一面,但却没有始于"亲仁"的意识③,即"墨氏兼爱,是无父也。"(《孟子·滕文公下》)因而孟子反对的并不是兼爱自身即爱所有人这一观点,只是强调达到这一理想目标要有为仁之方——即是从善事与自己最亲近的父母、兄长开始,这样才不会让兼爱成为一种空想。

类似地,荀子也并非反对兼爱思想。他认为君子之事始于

---

① Nel Noddings, *Caring: A Feminine Approach to Ethics & Moral Education* (Second edition), Berkeley and Los Angeles, California: University of California, 1984, 2003, p. 18.

② Nel Noddings, *Caring: A Feminine Approach to Ethics & Moral Education* (Second edition), Berkeley and Los Angeles, California: University of California, 1984, 2003, pp. 18, 29.

③ 孟子基于"无父无君"角度上对墨子"兼爱"的批评并不代表孟子自身是反对兼爱思想的。实际上普遍之爱与差等之爱是相容的。具体可参看向世陵《兼爱、博爱、一气与一理》,《中国哲学史》2012年第2期。

"亲亲"进而"无不爱也"(《荀子·非十二子》)、"泛利兼爱德施均"(《荀子·成相》)。事实上如果依照前面孟子的思路,那么类似地也可以说荀子层级思慕思想本身即可为实现思慕所有祖先提供一种可能。但是,荀子却不是这么认为的。事实上,他对思慕所有祖先这一可能在现实可行性上仍旧给予了某种程度上的质疑。

与关爱伦理思路一致,荀子出于现实的考虑指出,思慕自身还是应该有限的。荀子固然坚持维持与祖先的亲近性非常重要,但是他也指出,对现实的人来说把这种关爱向过去的延伸并不是无限的。荀子写道:

> 故有天下者事十世,有一国者事五世,有五乘之地者事三世,有三乘之地者事二世,持手而食者不得立宗庙,所以别积厚,积厚者流泽广,积薄者流泽狭也。(《荀子·礼论》)

荀子基于现世里不同人的社会角色而对其事奉的祖先的世数给予了不同的限定,即使是对君主而言,他的思慕也最多只是追溯到七世。在当代,对荀子其中的某些观点实在是很难认同,比如他认为农工食力者,或者庶士、庶人不能像其他人,如天子、诸侯、大夫等一样可以有宗庙以事奉祖先。但是,结合时代背景来看,这一主张也有其合理性因素存在。如果事死是基于与祖先亲近关系的事实之上,那么这种事死逻辑上也可以推到祖父母,祖祖父母等那里。但是这种思慕关爱的递推需要大量的时间、金钱、精力等,现实中并不是每个人都能负担得起的。因而同诺丁斯在关爱中对个人的现实情况的考虑一样[①],荀子在思慕中也涉

---

① Nel Noddings, *Caring: A Feminine Approach to Ethics & Moral Education* (Second edition), Berkeley and Los Angeles, California: University of California, 1984, 2003, p. 47.

及了现实因素的考量。只是不同的是，相比诺丁斯，荀子的考量带有更多的宗法社会等级制色彩，因为在荀子的时代，个人的精力和金钱更多地是由个人的社会等级地位决定的。

四　生死两全

荀子思慕思想的主张是与其终始俱善的人道思想密切相关的。人应该思慕，因为死与生，对人来说都是同等重要的。重视思慕，最终彰显的是生死两全的人道。这也是荀子成人思想中的应有之义：从人自身角度看，人不仅有身心整全的问题，还有生死整全的问题。

对于生死，荀子在《礼论》篇说道，

> 生，人之始也；死，人之终也；终始俱善，人道毕矣。故君子敬始而慎终。始终如一，是君子之道，礼义之文也。

生和死是人的一生中都必然会遇到的，所以是两个非常重要的节点。生，代表人的生命的开始，而死则标识人的生命的终点。从生命的整体历程来看，人不仅应当重视生，也应当重视死。生死两全，才是人道圆满、完备的表现。所以人不能不重视死，这是成人思想的应有之义。

荀子重视死，重视丧礼。然而荀子的目的，不是让人全然关注死的世界或鬼神的世界，从而轻视生。在重丧礼的主张中，荀子仍然还是有关注生的，其最终目的是既见生也见死，最终使人礼义、情性两得：

> 故人苟生之为见，若者必死；苟利之为见，若者必害；苟怠惰偷懦之为安，若者必危；苟情说之为乐，若者必灭。

> 故人一之于礼义，则两得之矣；一之于情性，则两丧之矣。故儒者将使人两得之者也，墨者将使人两丧之者也，是儒、墨之分。(《荀子·礼论》)

生与死，都是人这一生必然会遇到的。但现实情况是，人往往容易见生而不见死，好生而恶死。从这种情感出发，那么自然没有一个人愿意出生入死、守礼节之约，如此一来，人必然受其害而离死也就不远了。就比如说人如果只是以利为见，而不是用财以成礼，那么人必然受其害而有危险。所以从这个角度，荀子反对墨子节葬、人相利的主张，而提出应当以礼义为守。守礼义，那么人的生才能得到更好的保证，"孰知夫出死要节之所以养生也！"(《荀子·礼论》)

见生也见死的主张，表明荀子对生死是同样看重的。既不能只重视生，也不能只重视死。实际上，出于对生死两全的同样重视，荀子认为，任何重视一方而轻视另一方的观点都是有问题的。

> 事生，饰始也；送死，饰终也。终始具而孝子之事毕，圣人之道备矣。刻死而附生谓之墨[1]，刻生而附死谓之惑，杀生而送死谓之贼。大象其生以送其死，使死生终始莫不称宜而好善，是礼义之法式也，儒者是矣。(《荀子·礼论》)

生死是人之终始两端。如果苛刻、减损死而注重增益生，荀子认为这是不见死之情、不敬文而太凉薄了。然而，如果反过来，减损生而增益死，那就是反人情、反人性而太糊涂了，更不用提那

---

[1] 对于此处的"墨"，杨倞注认为就是指的墨子。但王念孙认为"墨"不是指的人名，而是与后文的"惑""贼"相呼应。联系上文"送死不忠厚、不经文谓之瘠"，应该是"瘠"的同义词，谓"薄"。具体参看（清）王先谦《荀子集解》，中华书局1988年版，第371—372页。

些殉葬杀人的做法了，无异于贼杀人。恰当的做法是，既关注生，也重视死，使生死都能得到一样的重视。这才是对人的一生应有的态度。

如上所述，荀子认为，对人的生命的完整的认识应该是，既看到生的一面，也要看到死的一面。生死两全，是成人之全在生命认识上的体现。这与人是身心整全的认识也是一致的。从身心整全的意义上来说，荀子并不否认养身的一面。但荀子认为，只见身而不见心，是无法保证身之美的。而治气养心，则可使身得其美，身心两得。同样地，对于生和死，只见生而不见死，是无法保证生的。只有送死饰终、出死要节，才能使生命得其全。

不论是对心的强调，还是对死的重视，都是对一己之人而言。只见己而不见人和物的人，在荀子看来，是无法保证己之全的。只有从类和群的角度，才能使人两得。这是荀子生死两全思想中的应有之义。而这也确实与荀子对先祖的认识是一致的。思慕逝去的父母或先祖，不仅是出于对生命要整全的认识，也是出于如何使生命整全的认识上而言的。这就是制定丧礼乃至礼义的根本出发点。而不论是具体的丧礼还是礼义的制定，实际都不仅仅是从己之生命出发来考虑了，而是立足于类的角度。

实际上，荀子"出死要节以养生"思想，更多地就是从类和群的角度来讨论这一问题的。在某些情况下，如果没有人愿意守礼而赴死，那么群体的生是不可能的。这是荀子与孟子不同的地方。在生死问题上，孟子也有过讨论，并以"舍生取义"而为人所标举。

> 孟子曰：鱼，我所欲也。熊掌，亦我所欲也。二者不可得兼，舍鱼而取熊掌者也。生，亦我所欲也。义，亦我所欲也。二者不可得兼，舍生而取义者也。生亦我所欲，所欲有甚于生者，故不为苟得也。死亦我所恶也，所恶有甚于死

者，故患有所不辟也。如使人之所欲莫甚于生，则凡可以得生者，何不用也！使人之所恶莫甚于死者，则凡可以辟患者，何不为也！（《孟子·告子上》）①

在孟子看来，人都是好生恶死的，但有比生更让人喜好、想要的——那就是义，也有比死更让人厌恶的——那就是不义。所以，当生与义不能两全的时候，应当取义而不取生。这是因为，孟子主张义为大体，而生是小体。义是天赋予人的，是人人都生而有的，所以不仅应当取，而且也是可以取的。

荀子也主张，在有些情况下人应当舍生而取义。但之所以应当这么做，并不是因为人天生以义为大体。荀子更多地是从人类自身出发去考虑这个问题。如前所述，"出死要节以养生"的观点表明，从整体的角度来看，择义可以更好地保全生。但如果只见生而不见死不见义，那么不仅死和义会丧失，而且生本身也是无法保证的。

另外，荀子对生和义的看法也与孟子不同。孟子以鱼和熊掌来比喻生和义，表明两者是完全不同的，存在不可得兼的情况。在荀子看来，义和生，并不是鱼与熊掌这种毫不相关的关系。在荀子看来，礼义的存在本身就是为了养生，因而两者是一体的关系。礼义可以养生，所以择义也就是择生，且是更为深刻意义上的择生。

人有生死。从个人的生命来看，往往见生不见死、重生而轻死。而放到整个人类的角度来看，则是容易见现世之群，而忽视人类、人群之根源。因为父母的存在，人生而有血缘亲情，进而组成了家庭、家族乃至群体。所以，从这一意义上看，父母不仅给与了生命，更是人作为一个族类、作为一个群体的根源。而

---

① （清）焦循：《孟子正义》，中华书局1987年版，第783页。

且，更为重要的是，对父母尤其是逝去的父母、先祖的重视，也是人类当下、现世的群的重要保证。所以，荀子认为，"先祖者，类之本也"。

五　结论

综上，荀子的思慕思想是对孔子鬼神观的进一步推进，事死与事生同等重视的思想凸显的是对父母与祖先的爱敬之情。在此思慕中，荀子强调两种自然情感：一是对逝去父母及祖先的自然关爱；二是对与祖先亲近关系的自然敏感与肯定。不同于现实中对他人倡导普遍之爱的博爱观，荀子认为，对祖先的爱敬自身是有限的，进而与关爱伦理的有限关爱思想呈现出更加契合的一面，因而即使在当今社会也当对思慕予以更多积极关注。

思慕在西方关爱伦理学中并没有引起足够多的重视，而儒家自身则能够为其提供资源，从而为关爱伦理学在当今世界各种挑战下寻找新发展模式作出一定贡献[①]。思慕思想与关爱伦理的对话，对两者自身的发展都有重要意义。一方面，从关爱伦理的角度审视思慕，不仅突显了思慕的积极性与必要性，也更深入清晰地呈现了思慕自身首要地是对他者而非自身的关爱，即自我认同当是以对祖先的自然关爱和对与祖先亲近关系的确认为前提；另一方面，从荀子思慕的角度审视关爱，也可以为关爱伦理学提供祖先与历史维度上的考量。荀子将对祖先的关爱突出，从而不只为关爱情感自身提供了生与死两方面全面的考虑，同时也将人伦

[①] 基于儒家尤其是孔子的仁爱即关心爱护别人的观点，李晨阳开创性地将仁爱与关爱对比，认为两者在根本点上有很多一致之处，从而得出关爱伦理学可以在中国儒家思想中找到新的发展样式的结论。具体参见 Chenyang Li, "The Confucian Concept of Jen and the Feminist Ethics of Care: A Comparative Study", *Hypatia*, 9 (1), 1994, pp. 70 - 89.

关系从现实之中扩展到历史中去。通过把祖先在内的更为宽广的亲近关系网纳入关爱关系圈中，荀子的思慕思想便可为关爱伦理自身提供更宽广与完满的表达。

荀子重视思慕思想，凸显死与生同样重要，表现了对人道之全的认识。只有生死两全，人之生命才得以完满；只有既事生也事死，人才全备孝子之道。当从事生与事死的意义上去谈的时候，人已经不再局限于身心整全、生死两全的己之身与己之生命的意义上去谈了。事父母以终始俱善，进而以先祖为人类之本，表明荀子对于人的认识是从更为广阔的族群的角度来看的，且后者才是己之身心整全、生死两全的根本保证。

生死对人而言，是一生都绕不开的问题，且与群之治乱的问题密切相关。荀子不仅重视类之本的问题，也对治之本给予了很多的讨论。这是下一章将要讨论的问题。

第四章　成人与和合

生死两全、终始俱善，是人道全备的表现。对此，《论语》早有论及。比如，孔子以孝悌为仁之本，指出"君子务本，本立而道生。孝弟也者，其为仁之本与！"（《论语·学而》）[1] 仁之本在于孝：如果能行孝，也就是为仁。对于此处的本，历代注家多从根本上理解。比如，皇侃认为："言孝是仁之本，若以孝为本，则仁乃生也。"[2] 朱熹《论语集注》也持类似观点："言君子凡事专用力于根本，根本既立，则其道自生。若上文所谓孝弟，乃是为仁之本，学者务此，则仁道自此而生也。"[3] 这种理解表明，孝是为仁的根本，进而需要首先给予重视。

荀子也重视对父母的孝，并将孝的行为从生死两全、终始俱善上做了进一步阐发。上一章已经从思慕概念出发，探讨了荀子对人道之生死两全的重视。人如果能事父母以终始俱善，那么就可以称得上是真正的孝子。所以，荀子在《礼论》篇指出，"礼者，谨于治生死者也。生，人之始也；死，人之终也：终始俱善，人道毕矣"，"终始具而孝子之事毕，圣人之道备矣"。[4] 事父母以生死两全，这是礼尤其是丧礼的制定中非常注重且谨慎的事情。

---

[1] 程树德：《论语集释》，中华书局1990年版，第13页。
[2] （梁）皇侃：《论语义疏》，中华书局2013年版，第6页。
[3] （宋）朱熹：《四书章句集注》，中华书局1983年版，第48页。
[4] （清）王先谦：《荀子集解》，中华书局年1988年，第358、371页。

第四章 成人与和合

但同时也值得注意的是，荀子认为，孝子之事毕，也就是人道全备的表现。在这种理解中，孝与人道或仁道并不是两事：孝之成，也就是人道的完备。这一思路，在后代儒者对《论语》孝仁关系的重新理解中得以展现。比如清人宦懋庸对孝仁关系的理解就与荀子一致。他提出孝仁本不是二事：

> 凡注家皆视仁与孝弟为二概，不知"仁"古与"人"通。《孟子》"仁者，人也"，《说文》人象形字，人旁着二谓之仁，如果中之仁，萌芽二瓣。盖人身生生不已之理也。仅言仁，故不可遽见。若言仁本是人，则即于有生之初能孝能弟上见能孝弟乃成人，即全乎其生理之仁。不孝弟则其心已麻木不仁，更何以成其为人？①

根据此观点，仁是人；为仁，也就是为人、成人。如果人生之初就能见其孝的行为、悌的行为，那么说明这人是全备生理之仁的。也就是说，见孝即是仁。如此，这人就可以称之为成人。

宦懋庸认为，人能孝，则见其生理之仁全，就可称之为成人。这是受到了理学的影响。而回到先秦的荀子来看，荀子有给出其自己的解释。荀子认为孝子之事毕，就可以是人道完备的表现，原因在于孝道是极尽人群居和一之理的：

> 故三年以为隆，缌、小功以为杀，期、九月以为间。上取象于天，下取象于地，中取则于人，人所以群居和一之理尽矣。故三年之丧，人道之至文者也。（《荀子·礼论》）②

---

① 清人毛奇龄认为，孝仁本不是本末先后的关系。之所以从本末、先后的关系上来理解孝仁关系是因为后人受到了西晋异学等的影响。转引自程树德《论语集释》，中华书局1990年版，第15—16页。

② （清）王先谦：《荀子集解》，中华书局1988年版，第373—374页。

父母死后，其子会为其守三年之丧。此种丧葬之礼的具体制定，其总原则就是"称情而立文，因以饰群别、亲疏、贵贱之节而不可益损也"（《荀子·礼论》）①。在这其中，重丧必须要待三年之后才能停止。不论是三年的规定，还是缌、小功等的区分，都是顺天地岁时而定，而且也应该为君守三年之丧。荀子的这一看法，与《孝经》的观点一致。《孝经》说道："事亲孝，故忠可移于君。事兄悌，故顺可移于长。"对于为什么可以孝移于君，荀子的回答是，这足以全尽人聚居粹厚之恩。

荀子认为，人不仅为父母守三年之丧，而且也会为君之丧守三年，因为君是民之父母：

> 彼君子者，固有为民父母之说焉。父能生之，不能养之，母能食之，不能教诲之，君者，已能食之矣，又善教诲之者也，三年毕矣哉！乳母，饮食之者也，而三月；慈母，衣被之者也，而九月；君，曲备之者也，三年毕乎哉！（《荀子·礼论》）②

对于民，君既能如父母般为之提供饮食、衣服，并且还能教，所以如果都能为父母守三年之丧，那以三年之丧来报答君主之恩一点都不为过。乳母对子有提供饮食之恩，慈母有提供衣服之恩；而君对民则兼有乳母饮食与慈母衣服之恩，所以为其守丧，也应该有三年之重丧。

综上可以看出，荀子主张为父母守丧三年，是为了全尽生死之人道。而以君为民之父母，要求也为君守丧三年时，则是为了全尽人聚居而得君主之治的人道。荀子认为，孝子之事毕则人道

---

① （清）王先谦：《荀子集解》，中华书局1988年版，第372页。
② （清）王先谦：《荀子集解》，中华书局1988年版，第374页。

尽，是因为真正的孝子，不仅会事己之父母以始终俱善，也会事己之君以始终俱善。"君师者，治之本也。"（《荀子·礼论》）如此，人不仅得生死两全，更能得群居和一。

本章将以"和合"概念为线索，来具体阐述荀子整体人群之道的全。延续上一章对荀子思慕的阐发，本章认为，实质上，生死之全的追求，也是出于整体人群之道的考虑。

荀子的"和合"就是指人人共同协作，从而能得生时和居、死时合聚之欢。首先，从"合"上讲，"和合"主要是指与父母亲人在生时的聚合，并且这一聚合在其死后也能继续延续下去，即通过思慕使人得生死合聚之全。其次，从"和"上说，"和合"即调和人心以得其同。一方面，（声）乐以调和的方式使人心同好公道，从而使人能得和乐境界；另一方面，君子调和人与万物的关系，从而使人能合群居住、和睦相处。"和合"，既有对人的生的考虑，也有对死的思考；既有对个人修养的探讨，也有对整体人群之道的考量，是人生之乐的重要方面。和合在荀子那里是一个有着全面和深层次内涵的概念，值得进一步深入挖掘。

近些年来，因张立文先生创立和合学，和合思想的研究也引起了学界的广泛关注。"和合"一词最早出现于《国语》，但就儒家层面来说，《论语》《孟子》都没有提到这一概念，《荀子》是最早使用它的儒家典籍，由此也体现出"和合"在荀子思想中的重要性。

一　欢欣与和合

"和合"一词出现于《荀子·礼论》。该篇讨论了礼的起源、功用等，其中着重突出礼与人情的关系，指出礼义文理的制定就是为了养情。人生而有很多情感，比如喜生、哀死、好利、恶恶臭、乐安逸等。在荀子看来，使这些人情得以恰当长养而不丧失，便是礼最重要的功用所在，即"礼者养也"。在所有的情感中，荀子最为看重的便是人在生死变动中产生的情感，所以《礼论》反复强调，"礼者，谨于治生死者也"。基于对喜生、哀死情感的看重，荀子对丧礼的制定和功用等进行了细致的论述。正是在对乐生、哀死之情和丧礼的考量中，荀子引入了"和合"概念的探讨。

"和合"指向的是人的一种内心情感。对此，荀子写道：

> 祭者，志意思慕之情也。愖诡、唈僾而不能无时至焉。故人之欢欣和合之时，则夫忠臣孝子亦愖诡而有所至矣。彼其所至者甚大动也，案屈然已，则其于志意之情者惆然不嗛，其于礼节者阙然不具。故先王案为之立文，尊尊亲亲之义至矣。故曰：祭者，志意思慕之情也，忠信爱敬之至矣，礼节文貌之盛矣，苟非圣人，莫之能知也。(《礼论》)[1]

此段是讲祭祀时人所有的思慕之情，此情之深会让人时时悲伤、感动。忠臣和孝子在"欢欣之时"常常有此种悲伤，尤其是想到君主或亲人已不能再有此种欢乐。"和合"与"欢欣"在此处并列出现。因为"和合"，所以人会产生欢欣之情。依王天海注释，"此言人之欢欣团聚之时，忠臣孝子感触而生哀伤之情"[2]。也就是说，欢欣之情指的是，人在团聚中而自然产生的欢乐。人在父母生时，对父母有仁爱亲近之情，因为没有别离而能生活相聚在一起，所以人是欢乐的。

这种欢乐之情与人在思慕时产生的不能与君主或亲人再次团聚而有的哀戚之情相呼应。根据《荀子》原文之意，"欢欣和合"

---

[1] （清）王先谦：《荀子集解》，中华书局1988年版，第375—376页。关于此节，王天海和王先谦版本的断句稍有区别，但在文意的理解上区别不大。具体见王天海《荀子校释》，上海古籍出版社2005年版，第801页。

[2] 王天海：《荀子校释》，上海古籍出版社2005年版，第806页。

正好与"志意思慕之情"相对,前者指人在相聚时的欢乐、欣喜,后者意为人在生死别离时产生的哀痛、思慕。思慕的产生,是人的欢欣之情的深刻体现。生人会有对死者的想念,尤其是人在日常生活聚会时会更思念与死者的相聚;在丧期之后,人会继续自己的生活,但仍然还怀有对死者的敬慕、悼念。在这种敬慕、悼念中,生者期待还能与死者有某种形式的"相聚"。这种相聚会令人产生一种更深层次的欣喜之情。

从思慕的角度理解,"和合"注重人的生与死的合一。荀子反复强调,生死两全才是人道最圆满的表现:

> 生,人之始也;死,人之终也;终始俱善,人道毕矣。故君子敬始而慎终。终始如一,是君子之道,礼义之文也。(《礼论》)
>
> 故丧礼者,无它焉,明死生之义,送以哀敬而终周藏也。故葬埋,敬藏其形也;祭祀,敬事其神也;其铭、诔、系世,敬传其名也。事生,饰始也;送死,饰终也。终始具而孝子之事毕,圣人之道备矣。(《礼论》)[1]

人不仅应当重视在父母生时如何爱亲、事亲,还应当重视在他们死后该如何敬、如何事的问题。比如,不仅仅在现实生活中能和父母、兄弟、君主等聚在一起生活,得现实相聚之欢,还能在死亡别离后与逝去的人尤其是家族祖先有联系。通过安葬、祭祀和书写铭、诔、族谱等形式,现实中的人对逝去亲人的爱敬之情得以进一步表达。在爱敬的表达中,人得以和先祖相连、合聚,进而得生死两全之欢。如此,人才可以真正被称为一个孝子。

人在表达对祖先的思慕、敬爱之情时,也会丰富和加深对自我

---

[1] (清)王先谦:《荀子集解》,中华书局1988年版,第358—359、371页。

的认知。人因为思慕先祖的生活故事、行为方式、为人之道等，从而对于自己的家族既能有历史性的、根源性的了解，也能对自己当下的生活做出更进一步的认识和反思。在这种了解和反思中，人因为与先祖的靠近而产生一种同一感和一种更深层次的自我身份认同。这份同一感和认同感，带来的是一种更深厚的人生欢乐之情。

综上而言，"和合"指与父母亲人在生时的聚合，这一聚合在死后也能继续延续下去。虽然在世的人与逝去的亲人、先祖等有实体或实质的别离，但在精神和情感上并未别离，仍然有着精神上的聚合。在这种聚合中，人与先祖能够相连，从而在根本上也能加深人对自身的认识。这样便可以更好理解荀子所说的"先祖者，类之本也"（《礼论》）。

和合在《礼论》篇中的出现并非偶然，与荀子对礼之功用的理解密切相关。不论是欢欣还是思慕，荀子认为都需要礼去规约和引导它们的进一步发展。"和合"作为人生中非常重要且必不可少的情感，是制定礼必定十分关注的。一方面，礼要通过恰当形式去表达人生活中的欢欣之情；但另一方面，在生命的大变动中，礼也注重将人的欢乐以不同的形式去进一步深化。如此，人情才得以完全、深入地长养。

二 "乐合同"

如果说，荀子在《礼论》篇提出的"和合"概念还主要是从"合"的角度来突出人在生死层面上的"聚合""同一"，那该如何理解"和合"这一概念中的"和"字的意义呢？对"和合"概念，荀子虽然仅在《礼论》篇中提到一次，但对"和"与"合"在《乐论》等篇中的分别论述，却能为理解"和合"概念提供进一步说明。

荀子将"和合"与"欢欣"放在一起讲，彰显了"和合"

之义中所有的欢乐,此种欢乐是人必不可少的一种情感。情感的生发往往又会在人的声音、行为举止中表现出来,使得和合之乐(lè)更为凸显。此种"和合"之乐与荀子对乐(yuè)的理解密切相关:

> 夫乐者,乐也,人情之所必不免也,故人不能无乐。乐则必发于声音,形于动静,而人之道,声音、动静、性术之变尽是矣。故人不能不乐,乐则不能无形,形而不为道,则不能无乱。(《乐论》)[1]

欢乐之情人人必定都有、不可缺少,且这种情感会在人的声音和行为举止上有进一步的体现。比如,人内心有欢乐之情,便会咏叹歌唱、手舞足蹈等。声乐就是对人的内心欢乐之情的一种外在抒发和表达,"且乐者,先王之所以饰喜也"(《乐论》)。对这种情感的表达,荀子认为是需要人去导引的。如果不加以导引,就容易导致乱的产生。

荀子认同人的欢乐情感,并认为这是人之为人必不可少的东西。只不过对于情感的进一步表达,荀子指出最好能通过声乐来进一步导引,"故乐(yuè)者,所以导乐(lè)也"(《乐论》)。对于具体如何导引,荀子指出:

> 先王恶其乱也,故制《雅》《颂》之声以道之,使其声足以乐而不流,使其文足以辨而不諰,使其曲直、繁省、廉肉、节奏足以感动人之善心,使夫邪汙之气无由得接焉。(《乐论》)[2]

---

[1] (清)王先谦:《荀子集解》,中华书局1988年版,第379页。
[2] (清)王先谦:《荀子集解》,中华书局1988年版,第379页。

先王制定《雅》、《颂》之乐对人进行导引，使得咏叹歌唱之声可以恰当展现人的欢乐，使得乐章清晰明白、通顺，使得声音、文辞在曲直、繁简、刚柔、节奏变化中可以感动人的善心。反之，如果不用如《雅》《颂》的正乐来引导人情，那么会致使人放纵欢乐之情、乐章窒碍不通，也不能使声音、文辞的变化来感人善心。

乐（yuè）可抒发人的情感，但同时也可通过外在的声或气对人的内在情感产生熏习或渗透作用。"凡奸声感人而逆气应之，逆气成象而乱生焉；正声感人而顺气应之，顺气成象而治生焉。唱和有应，善恶相象，故君子慎其所去就也。"（《乐论》）乐分奸声和正声：奸声如郑、卫之音，正声如《雅》《颂》之乐。如果用奸声来导引人的内心情感，那么人身就会有逆气、逆情产生，进而通过声音和行为表现出来，呈现出乱的景象；反之，则是顺气、顺情和治的景象的产生。因而，乐的选择对内在情的产生是非常重要的。

乐之所以能导引性情的发展，是因为乐可以感动人心，通过人心对性情有所作用。荀子说：

> 生之所以然者谓之性。性之和所生，精合感应，不事而自然谓之性。性之好、恶、喜、怒、哀、乐谓之情。情然而心为之择谓之虑。心虑而能为之动谓之伪。虑积焉、能习焉而后成谓之伪。（《正名》）[1]

在此，"和"与"合"分别出现，是"和合"概念在荀子性论思想中的进一步展现。荀子指出，性是人生来如此的东西，从阴阳

---

[1] （清）王先谦：《荀子集解》，中华书局1988年版，第412页。

之气自然相互"冲和"的角度来讲，人性也可称为精气之性。①精气之性通过耳目精灵等与外物"合遇"。② 在合遇中，天官与万物有自然感应，从而目能视、耳能听；而作为天君的心则能征知万物而生情："说、故、喜、怒、哀、乐、爱、恶、欲以心异。心有征知。征知则缘耳而知声可也，缘目而知形可也"。(《正名》) 心可以令耳知物之声、令眼知物之形等；心知万物，进而或应之以好、喜之情，或应之以恶、怒之情等。这与《礼记》"物至知知，好恶形焉"的思路是一致的。具体到乐上而言，如果人心感知奸声则内有邪情产生；人心感知正声则有顺情产生。人心发挥知的作用而能产生不同的情，但更为重要的是，人心还能对不同的情进行选择，即发挥思虑的作用去导引情如何发展。为了使情最终发展为治、善，心就需要对于其所交接的乐（yuè）做出恰当选择。

人心可以选择正乐，使情最终走向治、善。这就是所谓的正乐可以导引人走向"和齐"：

> 故听其《雅》、《颂》之声，而志意得广焉；执其干戚，习其俯仰屈伸，而容貌得庄焉；行其缀兆，要其节奏，而行列得正焉，进退得齐焉。故乐者，出所以征诛也，入所以揖让也。征诛揖让，其义一也。出所以征诛，则莫不听从；入所以揖让，则莫不从服。故乐者，天下之大齐也，中和之纪

---

① "性之和所生"，依杨倞注，"和，阴阳冲和气也。""言人之性，和气所生。"从"和气"的角度，其他学者如物双松、冢田虎、王天海等都将这种性理解为阴阳冲和而使人生而自然有的性。具体见王天海《荀子校释》，上海古籍出版社 2005 年版，第 885 页。

② （清）王先谦：《荀子集解》，中华书局 1988 年版，第 412 页。合，依冢田虎注即是"合遇"："言人之精气与物合遇，而所以感应乎视听，乃是所生于性之和气，而不事之而自然者，亦谓之性也。具体参看王天海《荀子校释》，上海古籍出版社 2005 年版，第 885 页。

也，人情之所必不免也。……。乐中平则民和而不流，乐肃庄则民齐而不乱。民和齐则兵劲城固，敌国不敢婴也。如是，则百姓莫不安其处，乐其乡，以至足其上矣。(《乐论》)[1]

正乐可以导引人心向公，在行为举止上齐同于公道的追求，而不是仅仅关注私欲的满足。如此，人能得到天下大同：君在外征诛讨伐，可以使民听从而归服；在内治国，民都能行揖让之礼而服从君的治理。不管是外民的归服、还是国民的服从，不管是"和而不流"、还是"齐而不乱"，都是指乐最后可以导人走向大公、大同和齐同。乐导人心和齐于道而得其同，相应地，乐引人达到的也是一种和齐之乐（lè）、齐同之乐（lè）。

齐同之乐（lè）通过"合同"的方式达成，与"别异"的方式相对而言：

> 君子以钟鼓道志，以琴瑟乐心，动以干戚，饰以羽旄，从以磬管。故其清明象天，其广大象地，其俯仰周旋有似于四时。故乐行而志清，礼修而行成，耳目聪明，血气和平，移风易俗，天下皆宁，美善相乐。故曰：乐者，乐也。君子乐得其道，小人乐得其欲。以道制欲，则乐而不乱；以欲忘道，则惑而不乐。故乐者，所以道乐也。金石丝竹，所以道德也。乐行而民乡方矣。故乐者，治人之盛者也，而墨子非之。且乐也者，和之不可变者也；礼也者，理之不可易者也。乐合同，礼别异。(《乐论》)[2]

在荀子看来，礼以"别异"的方式展现事物的清晰条理，从而依

---

[1] （清）王先谦：《荀子集解》，中华书局1988年版，第380页。
[2] （清）王先谦：《荀子集解》，中华书局1988年版，第381—382页。

理可以调节人欲的不同；但乐（yuè）则是以调和、合同的方式，"乐也者，和之不可变者也"（《乐论》）。"和"即调和，在调和人心中，乐（yuè）所展现的是世间万物的和乐（lè）之景。人如果没有乐尤其是正乐的导引，那么人的内心就会流于个人私欲的追逐而放纵不止，行为举止不能得其同而为小人；"小人乐得其欲"，会使民风民俗也不能得大公、大同之善，从而失去真正的乐。如果有乐（yuè）的导引，可使人志气清明、血气和平、欲望得其治，从而行为举止能得其正而成为君子；"君子乐得其道"，也会影响民风、民俗，使其一同行公道从而得其善，这便是声乐的合同导引功用带来的最大的欢乐，指向的是一种更广范围的和乐之境。

在这种和乐境界中，荀子十分强调"和"与"同"的关系。在《乐论》篇，荀子写道：

> 故乐在宗庙之中，君臣上下同听之，则莫不和敬；闺门之内，父子兄弟同听之，则莫不和亲；乡里族长之中，长少同听之，则莫不和顺。故乐者，审一以定和者也，比物以饰节者也，合奏以成文者也，足以率一道，足以治万变。①

乐（yuè）有和同之功用，具体而言即是君臣同听（乐）以和敬、父子兄弟同听（乐）以和亲、乡里长少同听（乐）以和顺。不论是和敬、和亲还是和顺，都是在同听（乐）中可以达成的。从这个角度而言，"和"即"和同"。这与《尚书·泰誓》中对于"同心同德"思想的强调是一致的：君臣之间如果能同心同德，上下一心，那么国家就能得到好的治理。"审一以定和"，意思是通过审查乐的正邪，就可以知道民之和同是否可以达成。进

---

① （清）王先谦：《荀子集解》，中华书局1988年版，第379—380页。

一步地,这种和同功用的达成之方,在于乐的节奏之合:即"比物以饰节"和"合奏以成文"。[①] 不管是通过协和不同的乐器以调整节奏,还是进一步协和声音节奏以成乐章,"和"在这里都主要是指"协和",即协和不同之物以得其同。

总之,荀子在《乐论》中进一步推进了"和合"意涵的探讨。"和"即调和人心以得其同;"合"即合同。(声)乐以调和、合同的方式使人好公道,最终得乐(lè)之境界。这种通过调和、合同人心而达成的乐(lè)是公道之乐,与合聚之欢相呼应。人因为与亲人生死相聚而得人生整全之乐;而公道之乐则是这种整全之乐在社会这一更广范围内的进一步展现。

三 "群居和一之道"

乐的主要功用是合同,礼则是别异。但礼别异的思想仍是以和合为最终目标。在这一和合目标中,重要的是人合群而能和睦相处。荀子十分强调明分使群思想,但其中所追求的还是群居和一之道。

"合"在荀子那里指的是亲人家庭之间的聚合,放到更广意义上的社会自然来说,也可指人的类的聚合,与自然中的其他生物比如草木禽兽的行为相对而言。正是从人类的合聚意义上而言,"合"也可指向"群"——合群。荀子认为"人生不能无群"(《王制》),正是因为群才使得人在自然中能与其他物种区

---

① 郝懿行从"分"与"合"的角度解释为"节以分析言之,奏以合聚言之";熊公哲则从"作"与"止"的角度解释为"谓奏作其乐,或节止其乐,使声音和合,成其五声之文也";从乐器协和和声音协和的角度,王天海则指出,"比物以饰节"的意思是"协和乐器以调整节奏,(依《乐记》郑玄所做注:"以成文,五声八音克谐相应和")"节奏合以成文"即是"言其节奏协和以成乐章"的意思。具体参看王天海《荀子校释》,上海古籍出版社2005年版,第812—813页。

别开来。"力不若牛,走不若马,而牛马为用,何也?曰:人能群,彼不能群也。"(《王制》)因为人能群,所以人在自然面前能够变得强大,从而能够使自然资源为我所用,维持人类的生存发展。

与"群"相对的则是"离"。如果人与人之间离居相处,那么在自然面前人就会变得很弱小:"故人生不能无群,群而无分则争,争则乱,乱则离,离则弱,弱则不能胜物,故宫室不可得而居也,不可少顷舍礼义之谓也。"(《王制》)"离"会使人不能很好地利用自然资源以满足人的生活起居等基本自然需要,即会破坏人与自然之间的相互扶养之道。

"离",不仅会破坏自然对人类的扶养,还会使人与人之间的相互扶养之道也遭到破坏。如果人与人之间离居相处,那么人与人之间便不能聚合在一起而共同协作。没有协作,就无法满足人的种种生活需要,也不能使人与人相互帮助以共同面对自然和社会的灾难等。如此一来,人类自身的发展,尤其是长远意义上的发展也就无法得到保障。正是在这个意义上荀子明确指出:"离居不相待则穷"(《富国》)。

人需要合群,但并不是指人简单地聚合、聚集在一起,其中还有特殊的意涵在里面。如果仅仅是从聚集的角度而言,动物也有群。但人的群之所以能区别于动物的群,是因为人的合群中有"分"、有"义":

> 人何以能群?曰:分。分何以能行?曰:义。故义以分则和,和则一,一则多力,多力则强,强则胜物,故宫室可得而居也。故序四时,裁万物,兼利天下,无它故焉,得之分义也。(《王制》)①

---

① (清)王先谦:《荀子集解》,中华书局1988年版,第164页。

通过制定礼义，群体中的人得到不同的角色、职能等，从而使得人与人之间有所分别。人遵守各自社会角色、职能等的要求并各司其职，进而使得人与人之间的角色和职能可以相互调和、调剂，并汇集成一股共同的、更大的社会力量。换言之，人通过礼义来使得人与人之间有了不同，但不同不是最终的目的，而是"和"、是"一"。人在群中能够各司其职、和睦相处，便可以化多人的力量为一，使彼此之间同心同德、相互扶养，最终人人都能得到共同长远发展。

荀子主张"和"与"一"的思想，也就必然重视"合群"观念。荀子认为，能做到合群的人才可称为入仕之人（《非十二子》），才可称为君子。君子不仅能使人聚集、合聚在一起，还能使人人得以长养：

> 君子以德，小人以力。力者，德之役也。百姓之力，待之而后功；百姓之群，待之而后和；百姓之财，待之而后聚；百姓之势，待之而后安；百姓之寿，待之而后长。父子不得不亲，兄弟不得不顺，男女不得不欢，少者以长，老者以养。（《富国》）①

真正意义上的合群，重视人与人之间的和睦相处，人人相互帮扶长养、共同富贵。君子能统合百姓之力，满足所有人的生活需求；能汇聚所有人的财富，从而使民获得更多的财富；能把百姓聚集在一起，使民众生活安定；能使人共同生活在一起，从而使人类得到更为长远的发展。这也是君主治理国家之道，"君者，何也？曰：能群也"（《君道》）。总之，不管是仕人、君子、还是君主，都重视合群之道，使人与人能和睦相处。

---

① （清）王先谦：《荀子集解》，中华书局1988年版，第182页。

人能合群，因为人本身就是"合"的代表。"水火有气而无生，草木有生而无知，禽兽有知而无义，人有气、有生、有知，亦且有义，故最为天下贵也。"(《王制》)人最为天下贵，是因为人既有水火有的气，又有草木有的生，还有禽兽有的知，更有它们没有的义。气、生、知、义的结合，使人处于万物之中而能成为万物之总。人分不同的伦理角色、职能等，通过相互协作，人便能总括万事万物。"君者，善群也。群道当，则万物皆得其宜，六畜皆得其长，群生皆得其命。"(《王制》)正是因为君主懂得群居长养之道，所以人人都能得其养，甚至天下万物也能得到适宜的长养，这就是人与自然的相互扶养之道。通过群，一方面能满足人的各种生活需求，另一方面也能使万物都能得到适宜的长养，从而人类与自然万物最终能和睦相处在一起。

正是从人与万物之间相互扶养的角度出发，荀子反复强调人的"群居和一之道"：

> 夫贵为天子，富有天下，是人情之所同欲也。然则从人之欲则势不能容，物不能赡也。故先王案为之制礼义以分之，使有贵贱之等，长幼之差，知愚、能不能之分，皆使人载其事而各得其宜，然后使悫禄多少厚薄之称，是夫群居和一之道也。(《荣辱》)[1]

人有各种不同的生活需求和欲望，需要自然提供资源来满足；但同时万物自身也需要长养。从使人与自然万物两者能够相容的角度出发，人应该对人欲自身做出调节，而具体方式则是通过礼义。先王制定礼义，以区别人与人之间的角色、地位、智能等，如此人便能在各自的角色、地位、能力范围内各做各的事，各得

---

[1] （清）王先谦：《荀子集解》，中华书局1988年版，第70—71页。

生活待遇而不争、不抢。如此，人合群居住在一起且能和睦相处；而这种和睦使人既能从自然获取一定的资源满足自身的生活需求，也能在调节自身的欲望需求中使得自然万物的生长各得其宜。这便是更广意义上的人与自然的和睦相处。"和一"，既是人人和睦群居住在一起，也是人与万物和睦相处。

制礼义使人能合群且和睦相处，也是"乐合同"功用的最终追求。荀子反复强调社会的治乱和礼乐密切相关。"乐者，圣人之所乐也，而可以善民心，其感人深，其移风易俗，故先王导之以礼乐而民和睦。"（《乐论》）[①] 圣人看重礼乐、正音，注重感化民心于善，通过礼乐而化民心、导民俗，才能使得民能够和睦相处。乐的功用在于合同，合同人心以得其同、得其公，从而民能够和睦安定的生活。这与制定礼义使人群居和一的最终目标是一致的。

群居和一，也是人的"欢欣和合"之情的全面展现。人人协和而居，从而使得合乐（lè）得以可行。国家治理中，君与臣有不同的职分却能协和相处，使得君臣能和敬而乐（lè）合（群）一国；家庭中，父与子、兄弟等有不同的角色却能协和相处，使得父子、兄弟等能和亲而乐（lè）合（居）一家；乡里之中，长少各有辈分不同却也能协和相处，使得长少们能和顺而乐（lè）合（聚）一乡。同理，宗族管理中，人与先祖有很远的距离却也能在思慕中协和相处，使得人与先祖能和敬而乐（lè）合（存）一类。不论是生死之合聚，还是协不同声音以合同人心、制定礼义使人能群居和一，都是从不同层次突出和合意涵中的乐（lè）。生时的群居之道，就是协和聚居以得人与自然之和睦相处；死后的相聚之道，就是通过思慕得生死合聚之全。正是这种和睦和生死之全，使得和合内涵中的欢乐之情更为圆满地体现。

---

① （清）王先谦：《荀子集解》，中华书局1988年版，第381页。

四　荀子和合思想的意义

和合在荀子既有"和",又有"合"。从"和"上说,"和合"即调和人心以得其同。具体到修身,(声)乐以调和、合同的方式使人心好公道而得和乐之境界;而进一步从治世而论,和合即是"群居和一":调和人与自然的关系,使人与人甚至与万物能合群居住,最后达到一种和谐、和睦相处的状态。从"合"的角度而言,"和合"主要是指合聚、联合。聚合不仅是指现实生活中多种不同事物聚合在一起的状态,而且更多地是指向生死两隔后的不同事物的联合、聚合。这体现了荀子在讲"合"时,不仅仅强调在场事物的相互交往,也注重强调与不在场事物的关联。死后对祖先的思慕,是对生时与父母合聚的状态的进一步拓展与抽象,是在与先祖聚合中,人的自我同一达到源初意义上的完全、整合。

总之,荀子的"和合",既有对人的生的考虑,也有对死的思考;既有对个体人身修养的探讨,也有对整体人群之道的考量,是人生大乐中很重要的一面。因而,"和合"在荀子那里是一个有着全面和深层次内涵的概念。近些年"和合"思想研究引起学界的广泛关注,对于荀子"和合"的基本意涵研究,既有助于进一步展现中国哲学中"和合"思想的丰富性,也能为推动"和合"思想在当今世界的发展提供一些新的启示。

"和合"在荀子思想中占有很重要的地位。荀子重视"和合"思想,这是与其对礼义思想的重视相辅相成的。从人心引导方式上而言,"和合"路向的凸显集中体现在乐理上。荀子重视礼义,但也重视乐理;乐理与礼义思想两者毕竟是相辅相成的。"且乐也者,和之不可变者也;礼也者,理之不可易者也。乐合同,礼别异。礼乐之统,管乎人心矣。"(《乐论》)乐重在以和同的方式感化人心，其优点是快速、深入，①且能直指欢乐之美的境界；而礼则以明理的方式明心化性，其优点则是能给出具体的方式（比如明分使群）指导人更有效地达成善。两者虽然方式、路向不同，但都是对人心的治理与引导所不可或缺的方面，相辅相成中才能达到美善相乐的境界。

如此的和乐之道，使得"和合"概念也具有德性的意涵。以乐导心，人人同心协力于道，最后德性就可以彰显。这正是《国语·周语》中所说"和同之道行，则德义可观也"。人人同心协力于道，最终获得的是一种大乐。在和合之乐中，荀子既强调修身意义上的生死两全之乐，也强调治国意义上的美善相乐，从而是一种整全、深远的人生之乐。

荀子"和合"思想的提出有其历史意义。不论是从"和"还是"合"上，我们可以看出荀子在"和合"概念中更加注重同的一面，体现了对"和合"概念的一种深入理解。在古代社会，"和合"概念有其丰富的内涵，其中既有对于"和而不同"的强调，比如《国语·郑语》史伯提出"夫和实生物，同则不继"；也有对于作为整体的"和同"的强调，这后一方面也不应该被忽视。比如就在《国语·郑语》中史伯讲"和实生物"之前，他就阐发了合"和"与"同"为一的"和同"的思想，指出在异姓婚配、财富聚集、选拔人才、治国之策上，都应追求和乐为一的"和同"景象，体现了对和同价值的肯定。②荀子继承这一"和同"思想，并且还从修身和治世的角度分别对同的价值给予肯定。荀子既强调合同人心的状态，也强调人与万物和一的大同境

---

① "夫声乐之入人也深，其化人也速，故先王谨为之文。"（《荀子·乐论》）

② 对于"和同"概念中"同"思想肯定的一面，不仅在《国语·郑语》中有体现，而且在《国语·周语》中也有体现。具体可参看向世陵《"和合"义解》，载《和合大同与人类命运共同体学术研讨会会议论文集》，河北邢台，2017年11月，第50—58页；向世陵：《"和合"义解》，《哲学动态》2019年第3期。

界，从而使得"和合"概念中"同"的地位和意义得以进一步深化。

和合思想彰显了成人在社会治理上的全的特征。既有修身意义的生死两全，也有治国意义的美善两全。生时的群居之道，就是协和聚居以得人与自然之和睦相处；死后的相聚之道，就是通过思慕得生死合聚之全。正是因为这种和睦和生死之全，使得和合内涵中的欢乐之情更为圆满地体现。礼乐兼及，从而使得整体社会治理意义上的美善之乐得以完全展现。这便是思慕思想背后彰显的人道之治，也就是为什么荀子反复强调三年之丧是"人道之至文"，"君者，治辨之主也，文理之原也，情貌之尽也，相率而致隆之，不亦可乎！"（《礼论》）君能治人，于民乃至整体人类都是有功的，不可不服丧而至于三年，不可不重视。

人得其治而协和群居，离不开人与自然的和谐相处。所以人道之治，不仅包括人的类的整全，也包含人与自然的整体和一。荀子虽然主张天人相分，但根本上还是认同天人和一的，具体是通过人总万物的方式达成。这便是成人为万物之总。下一章将对此详细阐述。

第五章　成人为万物之总

如前两章所述，在其仁人思想中，孔子以孝悌为仁的根本。基于孔子的孝悌之道，荀子进一步主张仁人会事父母以生死两全，从而报答父母的养育之恩；此种生死两全之道也同样适用于民之君，因为君为民之父母，报答的是君主群居和一治理之恩。所以成人十分重视孝悌。但成人不只孝悌以爱敬父母、隆君，而且成人对万物负责。在此方面，荀子明确提出，人可以理天地而为万物之总。

一　爱物与成物

对物的态度，儒家一向以爱概括。《论语》中没有"成物"二字，但其对物的态度可在仁人的思想中得以窥见，因为其成人思想主要以仁解释人之成。而对于成人的步骤和次序，孔子以孝悌为本，进而有推括于人，即"泛爱众"。"子曰：'弟子入则孝，出则弟，谨而信，泛爱众而亲仁。行有余力，则以学文。'"（《论语·学而》）根据刘宝楠《正义》，这是说"先之以孝弟诸行，而学文后之者，文有理谊，非童子所知。若教成人，则百行皆所当谨，非教术所能遍及，故惟冀其博文，以求自得之而已"[①]。成

---

① （清）刘宝楠：《论语正义》，中华书局1990年版，第19页。

人首先爱对父母兄长孝悌，进而才能广泛地爱众人。从后者而言，成人的指向应当是很广的。

爱人是孝悌意涵由内到外的推括，且是治国的一个根本。比如，孔子明确提到治国之道的根本之一，就在爱人："道千乘之国，敬事而信，节用而爱人，使民以时。"（《论语·学而》）对"节用而爱人"，刘宝楠《正义》引包咸注，解释为"节用不奢侈，国以民为本，故爱养之。"[1] 仁爱需要推广，孝悌在治国领域进一步推括，在民是如何忠君的问题，而在君则是如何爱人、如何使民的问题。

但据前所述，教成人需百行有所谨。仁人之成，需要孝悌以亲亲，也需要泛爱众、爱人以治国，进一步地此种仁爱也可以推括于万物。孔子的仁爱并不仅仅限于爱人，也论及爱物；不仅要推己及人，也要推己及物。对于物的态度，从孔子"子钓而不纲，弋不射宿"（《论语·述而》）中可以看出。孔子认为，捕鱼或者射鸟有道，钓鱼不设纲，射鸟不射宿鸟。据邢昺《疏》，"钓则得鱼少，网则得鱼多。孔子但钓而不纲，是其仁也。""夫子虽为弋射，但昼日为之，不夜射栖鸟也，为其欺暗必中，且惊众也。"[2] 这体现了孔子对物的仁爱态度。[3]

孔子有爱物的思想，但毕竟在《论语》中没有明言爱物。孟子承继此思想，对爱物观点做了进一步阐发。孟子明确以爱释仁，提出"仁者爱人"（《孟子·离娄下》）。但从爱的对象不同出发，也将对人的仁爱和对物的仁爱进行区分。孟子将其明晰化

---

[1] （清）刘宝楠：《论语正义》，中华书局1990年版，第16页。
[2] （魏）何晏注，（宋）邢昺疏：《论语注疏》（十三经注疏），北京大学出版社2000年版，第104页。
[3] 关于孔子对物的仁爱态度，向世陵从孔子爱人亦爱马，先问人后问马的角度也给予了探讨。具体参看向世陵《从爱人到爱物——仁爱的施行与推广》，《儒学评论》第五辑，河北大学出版社2009年版。

为"仁民爱物":

> 孟子曰:"君子之于物也,爱之而弗仁;于民也,仁之而弗亲。亲而仁民,仁民而爱物。"(《孟子·尽心上》)①

按照赵歧注:"物,谓凡物可以养人者也。当爱育之,而不如人仁,若牺牲不得不杀也。"② 从物养人的角度来说,孟子主张人应当报答物之养而对其有爱。但对物的爱与对人的爱不同,因为前者有杀。以牺牲为例,焦循《疏》:"始养之曰畜,将用之曰牲,是牺牲先养育之而后杀也。"③ 而清人黄式三在注释《论语》"子钓而不纲,弋不射宿"时,也提到"羊豕之类养而不爱,孟子之言也"④,应该是与此处孟子的"爱之而弗仁"的观点密切相关的。按照孟子的观点,不仅爱在人与爱在物有仁与爱的名称的不同,且爱在亲与爱在人也有仁与亲的名称的不同。后者体现的是亲疏远近的不同。总之,孟子将孔子的仁思想以爱来解释,并将仁爱之推括具体化为由亲到人(民)再到物,即亲亲、仁民、爱物。⑤

按照孔子的仁爱思想,仁者应当推己及人。孟子也是认可此一观点的,提出"老吾老,以及人之老;幼吾幼,以及人之幼:天下可运于掌"(《孟子·梁惠王上》)⑥。但孟子认为亲亲之爱可以推于人而为仁爱,但此种仁爱却不包括物。如上所述,对物有

---

① (清)焦循:《孟子正义》,中华书局1987年版,第948—949页。
② (清)焦循:《孟子正义》,中华书局1987年版,第948页。
③ (清)焦循:《孟子正义》,中华书局1987年版,第949页。
④ (清)黄式三:《论语后案》,凤凰出版社2008年版,第188页。
⑤ 董平据此谈论了儒家伦理的"社会生态"系统。具体参看董平《"亲亲"而"仁民","仁民"而"爱物"——儒家道德哲学之"伦理生态"系统的形成》,《哲学研究》2006年第6期。
⑥ (清)焦循:《孟子正义》,中华书局1987年版,第86页。

爱育，但此种爱育中仍有伤杀的可能。以孔子的钓弋为例，不纲、不射宿的同时也承认仍有捕鱼、射鸟的需要；而以孟子的羊豕为例，养畜牛羊但同时也仍有使其成为牺牲的可能与必要。其实，后人在解释孟子的爱物思想时，有时也不是限定在牺牲的角度。比如，朱熹在注"爱物"时，就从广泛的自然万物的角度来说的。他认为爱物就是："物，谓禽兽草木。爱，谓取之有时，用之有节。"①

孟子主张对人与物的态度有所不同，但都是从仁推扩出来而为一体的。孟子的这一解释路向，可以说奠定了儒家爱物思想的框架，并成为儒家对待自然万物的典型。后来宋明理学家如张载有"民，吾同胞；物，吾与也"（《正蒙·乾称》）之说，而二程则直言"仁者，以天地万物为一体"（《河南程氏遗书》卷二）。而现当代学者，也大都从这个角度来讲儒家关于人与万物的关系的主张。比如白奚指出仁民而爱物的思想，"是将人类所特有的道德情感贯注于自然万物，要求人们把万物当成自己的同类甚至血肉相连的一部分来爱护，强调人对自然万物负有不可推卸的道德责任"②。而乐爱国则基于朱熹对《孟子》"仁民而爱物"的诠释，指出朱熹以理一分殊来解释爱有差等，强调爱物与爱人不同，但爱物的主张中是有强调合理开发和利用自然物的，是蕴含人与自然和谐发展的生态观的。③ 洪晓丽与蒋颖荣也从仁与成物的角度对儒家仁学中蕴含的物我一体关系进行了阐发。④

以上所有这些研究，皆主要是从孟子"仁民而爱物"观点出

---

① （宋）朱熹：《四书章句集注》，中华书局1983年版，第363页。
② 白奚：《"仁民而爱物"的现代启示》，《河北学刊》2001年第21卷第2期。
③ 乐爱国：《朱熹对〈孟子〉"仁民而爱物"的诠释——一种以人与自然和谐为中心的生态观》，《中国地质大学学报》（社会科学版）2012年第12卷第2期。
④ 洪晓丽、蒋颖荣：《"仁"之生生以成物——论儒家之"仁"对现代生态文明价值的意义》，《道德与文明》2017年第4期。

发来进行阐述的,然而对于"爱物"之态度欠缺进一步省察。这一省察在之后荀子对物的思想态度的转变中得到更好的体现。

与孔孟爱物思想一致,荀子也主张对待万物的态度是应当有仁,如此也就是有成。成物实际上也可看作荀子对孔孟爱物思想的解释。实际上对《论语》"子钓而不纲,弋不射宿",清人王夫之已经从"曲全万物而无必得之心"的角度解释,而黄式三则直接联系《中庸》尽物性以成物的角度进行解说:

> 鱼鸟本可取之物,不纲不射宿,取物以节而已。取物以节,遂其生即遂其性矣,此至诚之所以尽物性也。①

天地以万物养人,所以钓鱼、射鸟都是为了使人有养。所以取物是可以的,孔子强调的只是应当取物以节。如此做,则可以使万物得其生、而遂其性,也就是得其成。

《中庸》认为诚者有"成物","不诚无物",其强调的是人要对万物负责。汪博提出,从郑玄对《中庸》的"不诚无物"的解释"物,万物也,亦事也"可以看出,物既可指大共名之称的万物,也有具体人事即人的行为实践。大人有诚而万物生,小人无诚,则一事无成。②但按照这种思路,所凸显的是由成己向成物的推括,仍旧还是孔孟仁爱由人推括至物的思路。也就是说,如此理解的话,成己就是成事,强调仅仅限于人事的实践活动,而成物强调的是人与天地一样有对万物的养育之功。成己与成物的关系是,成己,进而成物,且先成己才能成物。

但这种解释,有一个问题,如果按照孔子推己及人和爱有差等的思路,那么可以从成己推扩成物,或《中庸》以诚而推出成

---

① (清)黄式三:《论语后案》,凤凰出版社2008年版,第188—189页。
② 汪博:《从"不诚无物"看儒家的物观》,《孔子研究》2019年第2期。

己,进而再推扩出成物。但同时,在这种推扩中,己之成和物之成是应当有差别的。比如,孟子强调物有爱而不仁。如此一来,如何解释人对物既没有亲也没有仁,仅仅有爱,但却以此爱来解释人与天地相参的地位?

成物在荀子思想中没有出现。但荀子在《天论》篇强调,"有物之所以成",实质上表达的也就是成物的思想。类似地,荀子也认为人对万物负责。但在成物的解释上,荀子并不是强调取孔子取物有节或孟子的羊豕而为牺牲、养而有杀的路向。荀子从人与天地关系的角度出发,提出天地生人,而人可以理天地,强调的是人为万物之总。人,一方面可以群人而有其治,另一方面也可以总物而有其理。与群人而得其和合思想一致,这一和合也适用于人与万物之间的关系。这便是成人之全在万物的治理层面上的体现。

更为重要的是,与《中庸》不同,荀子并不主张成己才能成物。荀子强调的是,成己需要成物,成物才能、也才是成己。人理万物、总万物,最终体现的是人与万物和合而居。如此,才能使人类群居和一得以可能,也才使得人人(尤其是君和父母)生死都能得其全,身心得其和一。

荀子十分强调成物的重要性。不论是人群之群居和一还是人理万物而得其总,两者之间是相互成就、彼此合一的关系,都体现的是人之为人的全的特征。后者才是人之为人的根本,是人可以与天地参的关键所在。

承继《易传》《中庸》圣人参天地的观点,荀子进一步提出君子可以总万物,从而丰富了儒家人与天地关系的理论内涵。在荀子看来,君子有仁义、知通统类,从而能够总括、调理天地万物。君子总括万物的思想,涵摄的是人与自然万物相互友爱的平等关系,从而可以兼容人与自然适度平衡、和谐发展,以达到彼此共生的人类理想。在当代,荀子的这一思想仍具有重要的生态伦理价值。

先秦儒家典籍《易传》把天之道、地之道、人之道并举为三才之道，《中庸》有"人与天地参"思想的表达，两者对人与天地万物的关系有了一个基本定位，重在表达对人道的重视。同样是凸显人的价值和地位，荀子采取的路径是降低天地在人面前的权威，而主要以天地为自然意义上的天地万物，并进而提出君子总万物的思想。[①] 这样，同为天地大本所生的自然万物与人之间的关系如何，便成为荀子人"能参"天地思想中需要进一步阐释的地方。

二 参天地而理万物

人参天地在儒家思想中的核心即是天生人成，以追求天与人之间的和谐发展。《易传·系辞传》提出"天地设位，圣人成能"。"天地设位"主要说明的是，乾坤（阴阳）是万物生成之本。"夫乾，其静也专，其动也直，是以大生焉。夫坤，其静也翕，其动也辟，是以广生焉。广大配天地，变通配四时，阴阳之义配日月，易简之善配至德。"（《易传·系辞传》）从生成论的角度来说，天地和实生物、乾坤始生万物，天地（乾坤）为万物生之大本。以此大本为根据，"圣人成能"。泰卦《象传》写道："天地交，泰；后以裁成天地之道，辅相天地之宜，以左右民。"天地为圣人行为的形上本体根据；圣人根据天地万物生之大本——天道，便能够参与、辅助天地自然的大化流行，促成事物的发展变化。也正

---

① 在《荀子》文本中，"总"，繁体为"總"字，亦写作"摠""揔"等，今统一规范为"总"。总，在古文中有聚合、总括之意。比如，《书·盘庚下》"无总于货宝，生生自庸"中的"总"，据孙星衍疏，"总者，《说文》云'聚束也'"；《淮南子·原道训》"万物之总，皆阅一孔；百事之根，皆出一门。"高诱注，"总，众聚也"。荀子认为君子可以总万物，即是意指君子能够总括天下万事万物。

是因为此种参与作用，所以说圣人可与天地参，可与天地并列而为三才："有天道焉，有人道焉，有地道焉，兼三才而两之，故六。"（《易传·系辞传》）。圣人参与天地大化流行，推天道以明人道，而最终要达到的目的是，"乾道变化，各正性命，保合太和，以利贞"（《易传·彖传》）。即圣人调适天与人的关系，为的是使天人之间达到和谐统一。[①]

在《易传》，天道主要是指天地的生成之道，而对于此生成之道，《中庸》进一步指出主要特性是诚，"诚者，天之道也"。即，天地有生之大德，且此生德是真实无妄的，是实德。在《中庸》看来，圣人有此实德而能尽性，即圣人通达诚体，既能通达人性，也能通达物性，从而最终可以参赞天地万物的化育："唯天下至诚，为能尽其性。能尽其性，则能尽人之性。能尽人之性，则能尽物之性。能尽物之性，则可以赞天地之化育。可以赞天地之化育，则可以与天地参矣。"《中庸》承继《易传》的思路进一步指出，圣人能够参与天地大化流行，是因为圣人能致中和而尽性。人守中和之道以尽人性、物性，便是对人参天地思想的进一步表述。

在"天生人成"思想上，荀子对《易传》与《中庸》的观点有所继承。比如荀子承继《系辞传》"立天之道曰阴与阳，立地之道曰柔与刚，立人之道曰仁与义"的观点，提出圣人循天地生之大道而有仁义之人道，如此便可治理社会，使"君臣不得不尊，父子不得不亲，兄弟不得不顺，夫妇不得不欢。少者以长，老者以养。故天地生之，圣人成之"（《荀子·大略》）。实行仁义之道，便可使君臣相互尊敬、父子相互亲爱、兄弟之间和顺、夫妇合欢。即圣人在以仁义之道来治理家庭和整个社会时，力图

[①] 杨庆中：《天人之间的内在同一是如何可能的？——论〈易传〉天人之学的哲学视野》，《首都师范大学学报》（社会科学版）2004年第2期。

关照到每个人，从而使人人都得到长养。在此种意义上，"天生"是指天地生成万物，而"人成"是指圣人能够效仿和实施天道，对人类社会有所治理、长养，以实现天人和谐。

但同时，荀子对"人成"思想的解释不仅仅限于社会治理层面。《易传》与《中庸》在谈论天道时都主要是从宇宙大本的高度谈论天地的生成之道。但与《易传》《中庸》不同的是，荀子提出"明于天人之分"的观点。在这种观点里，天地不再为形而上意义上的天地大本，而主要转向为自然意义上的天地万物。从而，"天生""人成"在荀子的阐发中，不再仅仅是形而上的本体根据与人类社会的关系问题，其中更多涉及的是人与自然万物的关系问题。即圣人如何效仿和实施天道，以调适人与自然万物之间的关系，使人与自然万物和谐共存。

荀子并不否认大本意义上的天地、阴阳在"自然生成"人与万物中的作用，但荀子更加强调的是，天地主要为自然意义上的天地，且天与人有分。荀子写道：

> 不为而成，不求而得，夫是之谓天职。如是者，虽深，其人不加虑焉；虽大，不加能焉；虽精，不加察焉：夫是之谓不与天争职。天有其时，地有其财，人有其治，夫是之谓能参。舍其所以参而愿其所参，则惑矣。列星随旋，日月递炤，四时代御，阴阳大化，风雨博施，万物各得其和以生，各得其养以成，不见其事而见其功，夫是之谓神。皆知其所以成，莫知其无形，夫是之谓天。唯圣人为不求知天。（《荀子·天论》）[1]

在荀子看来，天有春、夏、秋、冬四时的运行，可以生发万物，

---

[1] （清）王先谦：《荀子集解》，中华书局1988年版，第308—309页。

地有山、林、河等，可以孕养万物；天地和合而有"四时代御""风雨博施"，便可自然生成万物。这些都是天地的自然功能，即天职。在指出天的职能范围的同时，荀子也强调，人虽然为自然天地生养、受自然天地的作用，但人在天地面前仍有其自身独特的职能。人的职能是人有其治，即人可对天地所生就、所养成的万物有所作为。

在以人对万物的"治"来解释"人成"时，荀子对"人成"思想有进一步发展。在荀子看来，人治不仅包括社会层面上的"治人"，还包括自然层面上的"辨物"。荀子写道：

> 天地合而万物生，阴阳接而变化起，性伪合而天下治。天能生物，不能辨物也；地能载人，不能治人也；宇中万物、生人之属，待圣人然后分也。(《荀子·礼论》)①

宇宙间的万物为天所生，所以天的生意至大，而宇宙万物为地所载，所以地的生意至广。虽然天地能生物、生人，但荀子指出天地却是不能辨物、治人的。人的价值在于，天生人成，人有其治。即对天地万物的辨、分，是人的职分，也是人在天地万物间的价值所在。

关于人在天地间的价值，儒家自古有人为万物之灵的说法。比如，《尚书·周书·泰誓上》指出，"惟天地万物父母，惟人万物之灵。"在荀子看来，此人之"灵"或聪明知觉主要是指人有"分"的能力和意识。荀子强调人在天地万物间有其自身的独特价值，即人有分。关于"分"，荀子具体写道：

> 人何以能群？曰：分。分何以能行？曰：义。故义以分

---

① （清）王先谦：《荀子集解》，中华书局1988年版，第366页。

则和，和则一，一则多力，多力则强，强则胜物，故宫室可得而居也。故序四时，裁万物，兼利天下，无它故焉，得之分义也。(《荀子·王制》)①

荀子指出，因为有分，所以君子能治人以群，使人群居合一；因为有分，所以君子能辨物而行义，从而兼利天下。因而在荀子那里，君子"分"能力的创造性实现，不只是去调适人与人之间的社会关系，也更是去调适人与万物的自然、宇宙关系。

正是在调适人与万物关系的意义上，荀子进一步提出君子能总万物以参天地的思想。荀子写道：

> 故天地生君子，君子理天地。君子者，天地之参也，万物之总也，民之父母也。(《荀子·王制》)②
> 推礼义之统，分是非之分，总天下之要，治海内之众，若使一人，故操弥约而事弥大。五寸之矩，尽天下之方也。(《荀子·不苟》)③

荀子认为，人与万物有分而能对自然万物有所调理、调适，就是人能参天地。而在"参"中，最重要的是人能对人与万物所处的这个生命共同体有一个总体意识；在这种意识的指导下，人可发挥自身的积极能动性而对人与自然万物的关系有所调理与调适。即君子可以总括天地所生的万物，治理天地所生的民。正是君子的这种调适与调理，才使得人可以在人与万物所处的这个生命共同体中存在与生活，且存活得有意义。总之，在荀子看来，人能

---

① （清）王先谦：《荀子集解》，中华书局1988年版，第164页。
② （清）王先谦：《荀子集解》，中华书局1988年版，第163页。
③ （清）王先谦：《荀子集解》，中华书局1988年版，第49页。

参天地，表现为人可以总万物、理万物。"总""理"才是人在天地万物面前的职分和功劳所在，是人之所以能参天的价值所在。

荀子强调人能总万物的思想，最终目的是去充分落实人在自然、宇宙整体中的价值。荀子认为与天地生物、生人的功劳不同，君子的功劳是可以育民、育物；人或民，与万物皆养才是君子"全其天功"比较全面的内涵。君子只有在"全其天功"中，才能实现自身的全部价值，可"大参乎天"："君子以修，跂以穿室。大参乎天，精微而无形，行义以正，事业以成。"（《荀子·赋》）君子成就育民、育物的价值，便可成就全德："能定能应，夫是指谓成人。天见其明，地见其光，君子贵其全也。"（《荀子·劝学》）荀子认为，正是君子全德这一德行的光美，才使得君子可与天地之"生"德的大与广相媲美。此是荀子君子总括万物思想中所要彰显的基本内涵。

三 "忠信端悫而不害伤"

荀子认为，君子总括万物以成就全德，重在"敬其在己者"（《荀子·天论》）。君子由己及物地扩充德性，便可使自身的德性兼有天、地德行的明与广，最终达至纯粹、完全的美的境界。

为了追求纯粹、完全的美德，君子十分重视全面的德性修习过程。在修养德性的全与粹时，荀子认为首先最重要的是长养人心，使人心坚定好仁而能爱万物。荀子写道：

> 君子知夫不全不粹之不足以为美也，故诵数以贯之，思索以通之，为其人以处之，除其害者以持养之，使目非是无欲见也，使耳非是无欲闻也，使口非是无欲言也，使心非是无欲虑也。及至其致好之也，目好之五色，耳好之五声，口

好之五味，心利之有天下。(《荀子·劝学》)①

在荀子看来，德性修行的每一过程都是互为关联的，是一个统一的整体。人既要阅读和思考《诗》《书》《礼》《乐》等经典，贯通人心所说和所想；同时也要在与仁人的相处中，学习如何践行仁心并远离有害于持养仁心的事物。因而，在君子的德性修习中，荀子坚持的是君子要做到知、思与行的全面统一。即君子的心所接、所思、所行都统一于仁并进而好仁，最终君子便能做到对天下万物"无所不爱也，无所不敬也，恢然如天地之苞万物"(《荀子·非十二子》)。

君子长养仁心而对万物无所不爱，不是指君子对万事万物同样地去爱、同时地去爱。仁爱的施行，首先是需要一个先后次序的。② 在这方面，荀子肯定了孟子由亲亲推恩的原则：

亲亲、故故、庸庸、劳劳，仁之杀也。贵贵、尊尊、贤贤、老老、长长，义之伦也。……仁，爱也，故亲。义，理也，故行。……仁有里，义有门。仁非其里而虚之，非礼也。义非其门而由之，非义也。推恩而不理，不成仁；遂理而不敢，不成义。(《荀子·大略》)③

在荀子看来，仁爱始于爱亲，即仁人、君子首先能在家庭中做到爱亲；其次在社会中爱民；进而推之，在天地之间爱万物。使仁爱之心落实到万事万物，人既要有理有节地推展仁心，还需要在

---

① （清）王先谦：《荀子集解》，中华书局1988年版，第18—19页。
② 向世陵、辛晓霞：《儒家博爱观念的起源及其蕴含》，《北京大学学报》（哲学社会科学版）2014年第51卷第5期。
③ （清）王先谦：《荀子集解》，中华书局1988年版，第491页。

施行中做到严敬有义。① 仁人要爱亲、爱人、爱万物,也要敬亲、敬人、敬万物。

荀子的仁者爱人和敬人的思想,是承袭孔子、孟子而来。比如,孔子指出仁者"敬事"(《论语·公冶长》)、"敬父母"(《论语·为政》)、"敬鬼神"(《论语·雍也》)等。而孟子则认为"君子以仁存心,以礼存心。仁者爱人,有礼者敬人。爱人者,人恒爱之;敬人者,人恒敬之"(《孟子·离娄下》)。荀子吸收了他的前人的思想,又进一步对仁者如何敬进行了具体阐发,强调了敬是仁者必需的品行和其中贯穿的忠信端悫而不害伤的原则:

> 仁者必敬人。凡人非贤则案不肖也。人贤而不敬,则是禽兽也;人不肖而不敬,则是狎虎也。禽兽则乱,狎虎则危,灾及其身矣。……故仁者必敬人。敬人有道:贤者则贵而敬之,不肖者则畏而敬之;贤者则亲而敬之,不肖者则疏而敬之。其敬一也,其情二也。若夫忠信端悫而不害伤,则无接而不然,是仁人之质也。(《荀子·臣道》)②

从积极主动的意义上讲,荀子承接孔子的观点,认为人与人之间应该相敬互爱,但同时荀子看到人与人之间又有不同:有的人可能贤良,这样的人自然应该亲近并给予信任,对其忠诚无二而充满敬意;但有的人则可能并非如此贤良,而为不肖之人,对这种人荀子并非认为就应该排斥、驱逐并且欺凌,相反,对他应该在疏远的同时还要持敬义之道。因为排斥、驱逐并且欺凌他人是人类社会乱的根源之一,乱则容易伤生,这不是仁人所想看到的。所以,荀子认为,仁人既要在亲近中爱敬贤良之人,也要在

---

① (清)王先谦:《荀子集解》,中华书局1988年版,第491页。
② (清)王先谦:《荀子集解》,中华书局1988年版,第255—256页。

疏远中敬不肖之人，从而如此人类彼此便能够和谐共居、彼此无伤害。

同理，"不害伤"的敬爱之原则，荀子认为也适用于物。人在通过自然长养自身的同时，也不灭绝自然的生长。

> 故养长时则六畜育，杀生时则草木殖，政令时则百姓一，贤良服。圣王之制也，草木荣华滋硕之时则斧斤不入山林，不夭其生，不绝其长也；鼋鼍、鱼鳖、鳅鳝孕别之时，罔罟毒药不入泽，不夭其生，不绝其长也。(《荀子·王制》)①

荀子指出，人在自然面前应是取之有道、有时。首先要遵循时节、顺守物类自身的养长之道，进而才能去取物满足人的生活需求。比如，人有砍伐山林以修宫室的欲望，但是人的砍伐行为要遵循时节：如果草木正处于生长、发育的时候，那么人就不应当进入山林去砍伐。否则，草木就会减少，甚至有被灭绝的危险。同理，在鱼产卵的季节人也不应当撒网捕鱼，以保证鱼类的生长和繁殖。人只有取物、杀生以时，才能确保万物在四季的递变中持续生长、发育，不妨碍万物生意在天地宇宙间的流行不息。

在荀子看来，仁者不论是对人还是对物，都应始终保有一份敬爱之意。之所以敬爱，是因为人与自然万物同为天地生生之至善、至德在天地间的流行所在。人应当辅助天地生生之德的流行，不应当伤害、灭绝自然万物的生意，不应当违逆物类的生长消息。人敬爱万物，便要遵守自然万物自身的生长养育之道而不随意杀生；人敬爱万物，便要尊重自然的运行之道而对万物取之有时；人敬爱万物，便不应当认为人可以成为自然的主宰，可以随意伤害万物。人虽然有万物没有的分和义，但同时也应对万物

---

① （清）王先谦：《荀子集解》，中华书局1988年版，第165页。

自身的价值保有敬爱的态度：一方面，水火有其自身的气化流行之道，草木有其生的意义与价值，禽兽有其知的地方所在。对万物都有敬爱，便能与水火气化流通，与草木共生，与禽兽共养，只有与天地万物都有接触、感应、感知，才能进一步将仁爱推之于天地万物。只有将仁爱落实于天地万物，人才可真正成为仁人。

因为儒家仁爱的实质和最终目的并非仅限于人类社会，而是有一个总体和全局的意识，即"仁者爱人"必然推广和涵括爱物。至于儒家仁爱由亲亲推恩而形成的差别之爱思想，也是为如何协调人与人、人与物的关系以最终达到对全体万物的爱而提出的一个具体解决的办法，体现了儒家对"爱万物"的具体实施与整体达成方式的重视。① 其中最为重要的，是荀子总万物思想中倡导的人对自然万物应该采取爱敬和不伤害的态度。它体现出荀子思想中所蕴含的某种生态伦理的观念，即君子只有对人与万物所处的整个生命共同体有所关怀、关爱，才能真正处理好人与万物的关系，使人与万物能够和谐相处，社会也才能够有序发展。

四 "相持而长"

人敬己以理物，在荀子那里，不仅是指人要推展自身的仁心而不害伤万物，还指人要长养自身的知虑以长养万物，使人与自然协调发展。

荀子认为，人自然知道要以非同类的自然万物来养育人自身，即人有天养，可以通过自然来维持人的生存，满足人生活上的需要（《荀子·天论》）。但同时，荀子也意识到人的发展与万物的发展存在矛盾：人欲无限而万物有限。在荀子看来，如果一味地纵容人欲，那么人便会无节度、无休止地向自然索要资源，

---

① 徐朝旭：《儒家核心价值观的生态伦理审思》，《道德与文明》2009 年第 6 期。

从而造成自然资源的枯竭。当自然不能满足所有人的欲望的时候，人与人之间便有争斗：

> 欲恶同物，欲多而物寡，寡则必争矣。(《荀子·富国》)①
> 势位齐而欲恶同，物不能澹则必争，争则必乱，乱则穷矣。(《荀子·王制》)②
> 人生而有欲，欲而不得，则不能无求；求而无度量分界，则不能不争；争则乱，乱则穷。(《荀子·礼论》)③

荀子反复强调争斗对人类社会的危害：一方面，争斗会使人类社会陷入混乱，影响人类的群居生活："乱则离，离则弱，弱则不能胜物，故宫室不可得而居也。"(《荀子·王制》) 在荀子看来，争斗会使人类生活离散，从而人类便无法过一种安定有序的群居生活，不能充分发挥人的才智去通过自然来满足人类的生活需求。另一方面，荀子接着指出，争斗和混乱还会穷尽人类自身长远发展的可能性。长时间的斗争、战乱不仅危害人类当前的生活，还进一步危害到人类社会的长远发展。

为了解决人与自然之间的矛盾，荀子提出名分使群的思想，意在强调首先通过对人类社会自身的管理来调适人与自然之间的关系。④ 比如，荀子写道：

> 故百技所成，所以养一人也。而能不能兼技，人不能兼

---

① （清）王先谦：《荀子集解》，中华书局1988年版，第176页。
② （清）王先谦：《荀子集解》，中华书局1988年版，第152页。
③ （清）王先谦：《荀子集解》，中华书局1988年版，第346页。
④ 李晨阳指出，荀子非常强调社会和谐与自然和谐两者之间的密切关系：圣王首先追求的是社会和谐，然后进一步将这种社会中的和谐状态推广、扩充到自然，达到人与自然之间的和谐。具体参看 Chenyang Li, *The Confucian Philosophy of Harmony*, London and New York: Routledge, 2014, p.157.

官,离居不相待则穷,群而无分则争。穷者患也,争者祸也,救患除祸,则莫若明分使群矣。强胁弱也,知惧愚也,民下违上,少陵长,不以德为政,如是,则老弱有失养之忧,而壮者有分争之祸矣。事业所恶也,功利所好也,职业无分,如是,则人有树事之患,而有争功之祸矣。……故知者为之分也。(《荀子·富国》)①

先王恶其乱也,故制礼义以分之,使有贫富贵贱之等,足以相兼临者,是养天下之本也。(《荀子·王制》)②

荀子认为,为了使社会免于争斗、混乱,先王、圣人制定礼义来分别安排人在社会中各自的职业和事业,如此人人便能各尽其能、恪守其责,从而使整个社会中的人可以相互持养。比如,职业的不同划分可以一定程度上满足青年在事业上的不同追求,从而免除相互争斗。更重要的是,分工的不同不仅可以满足青年自身的不同生活需求,而且他们的劳动还可以供养、补足家庭和社会中的老人、弱者的生活需求。在这种相互供养和补足中,整个社会的人都得到长养,从而天下之人便可以和谐群居。

然而对荀子而言,对人类社会的管理自身还有一个更大的生态诉求。人不仅对自身的社会生活负责,还对其所处的天地自然整体负责,两者之间是一种一体的关系:前者内部的和谐持养需要后者的支持,人与自然也是一种相互持养的关系。正是这样一种持养意识使得荀子指出,人能对人与自然发展的矛盾关系做出调适。荀子写道:

先王恶其乱也,故制礼义以分之,以养人之欲,给人之

---

① (清)王先谦:《荀子集解》,中华书局1988年版,第176—177页。
② (清)王先谦:《荀子集解》,中华书局1988年版,第152页。

求，使欲必不穷乎物，物必不屈于欲。两者相持而长，是礼之所起也。(《荀子·礼论》)①

君者，善群也。群道当则万物皆得其宜，六畜皆得其长，群生皆得其命。(《荀子·王制》)②

荀子指出，先王制定礼义不仅是为了调适人与人之间的关系，还是为了更好地调适人与自然之间的关系。从后者上说，荀子提出调适的原则是物与欲平衡发展。即人在通过自然长养自身、满足人类的生活欲求时，不能无限地穷尽、耗竭自然资源，而应该使自然与人欲相互扶持、相互长养。相持而长注重的是两者的平衡式发展。只有同时确保两者的长养和发展，才能保证人类社会与自然的和平相处，从而也进一步为人类社会自身内部的稳定——人与人之间的和平相处、人类的和谐群居——提供稳定的自然环境保证。

在处理人与自然发展的矛盾关系上，荀子非常强调人与自然之间的均衡、平衡发展。这一平等发展观念与荀子对人与自然之间的关系的伦理认知密切相关。从人与万物相互持养的角度，荀子指出人与万物是一种平等的朋友关系。在春秋战国时期，"友道"的内容非常广，"亲属关系以外的人际关系似乎都可以包括于其中"③。荀子认为："友者，所以相有也。"(《荀子·大略》)

---

① （清）王先谦：《荀子集解》，中华书局 1988 年版，第 346 页。
② （清）王先谦：《荀子集解》，中华书局 1988 年版，第 165 页。
③ 根据查昌国所说，先秦之"友"的含义经历了三变："友"在两周是纲纪族人的准则；然而到了孔子时代，"友"开始突破血缘关系、君臣关系变为规范四海之内的志同道合之人。在孔孟荀时代，父子之伦是用孝这一伦理规则来纲纪的，兄弟之伦是用悌、信的伦理规则来纲纪的，君臣是用忠这一伦理规则来纲纪的，而友所纲纪的人伦关系则从宗族、家庭、甚至国家君臣之间的关系中被解放出来，用于规范亲属、君臣关系以外的人际关系。具体参看查昌国《先秦"孝"、"友"观念研究》，安徽大学出版社 2006 年版，第 132 页。

荀子坚持人与万物可以相有，从而表明"友"不仅可适用于朋友之间的人伦关系，也可适用于天下、宇宙六极的人与万物关系。万物是人的朋辈，与人平等而列于天地之间。如果从"友"之"相有"的人伦上去考虑人与自然万物的关系，那么在强调人在万物面前的价值时，也不应当忽略万物在人面前的价值。① 作为朋友，荀子认为应"是我而当者"（《荀子·修身》）。也就是说，作为朋友的双方是应当承认与认可彼此价值的。人与自然是一种相互对待关系，在这种相互对待的关系中，不是人（君子）统治、控制万物②，而是人以万物为友，与万物平等相处，相互扶持、长养。

正是基于人欲与自然之间达到的这样一种完美式平衡发展，美国学者艾文荷（Ivanhoe）指出荀子思想中的人与自然的平衡发展又可被称为一种快乐的对称式发展。这种发展之所以是快乐的，是因为不仅社会和自然的发展都得以有序地保持和提升，更重要的是人与自然会形成一种自我平衡体（a homeostatic u-

---

① 艾文荷（Ivanhoe）也同样指出，在人与自然的关系上，荀子承认自然中的动物、植物等有其自身的内在价值，都是道的一部分。具体参看 Philip J. Ivanhoe, "A Happy Symmetry: Xunzi's Ethical Thought", *Journal of the American Academy of Religion*, 1991, 59 (2), p. 70.

② 美国学者赫顿在翻译《荀子》文本中"总"的时候，取代沃森"controller"（控制者）的译法，而将"总"译作"supervisor"（管理者）。赫顿的这一译法，既可以弱化"总"字中的权威、控制意，又可兼容"总"中的朋友意涵，从而有其可取之处。荀子的管理重在调理。具体参看 Eric L. Hutton. *Xunzi: The Complete Text*, Princeton and Oxford: Princeton University Press, 2014, p. 75; BurtonWatson, *Xunzi: Basic Writings*, New York: Columbia University Press, 2003, p. 47. 与赫顿的译法相比，约翰·诺布洛克在其《荀子》译本中，直接将"总"翻译成了"summation"（总括），则与荀子的"总"字的用法、荀子君子统类的思想更为贴切。具体参看 John Knoblock, *Xunzi: A Translation and Study of the Complete Works* (3 vols.), Stanford: Stanford University Press, 1988, 1990, 1994, p. 103.

nion)。① 在这种平衡体里，艾文荷强调，人的价值不是体现在人能通过自然来满足人的生活需求，而是体现在人能去调谐、平衡人与自然的关系而与天地相参、并列。② 与艾文荷观点类似，李晨阳也指出，荀子在调谐人与自然关系方面，重在强调人的重要地位和价值。只不过李晨阳坚持这一重要性表现在，人有能力和责任将人与自然之间的冲突转化为一种创造性的活力去把自然和谐化、人类社会和谐化，以及人类社会和自然之间的关系和谐化。③

然而，不论是强调人与自然的平衡发展，还是强调人与自然的和谐发展，都可以发现在这种发展的图景里有一个非常重要的点不能忽视，即人的整体意识的重要性：人之所以能够调谐人与自然的关系使两者平衡、和谐发展，关键在于人能坚持一种整体发展的观念，人持有一种宇宙总体意识。只有在这种整体观念的指导下，人才能凸显人与自然相互依存、不可分离和互动的一面，也才能兼顾人与自然的同时发展。

在人与自然一体观的指导下，人与自然的整体平衡发展，同时也意味着人与自然之间可以长久相安。人与万物相互持养，便可以在长远意义上保证人与自然的整体平衡发展。美国学者王戴维（David Wong）在对荀子的心的概念的分析中指出，人心在对人欲的抉择与判断中，坚持的一个重要原则便是利益最大化原则。人心之所以愿意节制人欲，是因为这一节制可以使人不拘泥

---

① Philip J. Ivanhoe, "A Happy Symmetry: Xunzi's Ethical Thought", *Journal of the American Academy of Religion*, 59 (2), 1991, p. 320.

② Philip J. Ivanhoe, "Early Confucianism and Environmental Ethics", in Mary Evelyn Tucker and John Berthrong eds., *Confucianism and Ecology*, Harvard University Press, 1998, p. 69.

③ Chenyang Li, *The Confucian Philosophy of Harmony*, London and New York: Routledge, 2014, p. 159.

于眼前的利益、个人的利益，以求长远发展意义上的最大化利益。①显然这一最大化的利益的获得，是与人所处的天地自然这一整体的长远发展状况密不可分的。荀子写道：

> 今人之生也，方知蓄鸡狗猪彘，又蓄牛羊，然而食不敢有酒肉；余刀布，有囷窌，然而衣不敢有丝帛；约者有筐箧之藏，然而行不敢有舆马。是何也？非不欲也，几不长虑顾后而恐无以继之故也。于是又节用御欲，收敛蓄藏以继之也，是于己长虑顾后，几不甚善矣哉！……况夫先王之道，仁义之统，《诗》、《书》、《礼》、《乐》之分乎。彼固天下之大虑也，将为天下生民之属长虑顾后而保万世也，其流长矣，其温厚矣，其功盛姚远矣，非孰修为之君子莫之能知也。(《荀子·荣辱》)②

荀子指出，使欲望得以满足是每个人都想要的，但同时人在对欲望的追求中也会有所节制。人的这种节制自己的欲望、长养物的行为，也源自于人的一种长虑顾后的意识：只有长养万物，人才能在以后长久地满足自己的欲望，确保子孙后代的生命和生活的持续，确保人类不会在万世以后消失、灭绝。在荀子看来，如果不能将万物的持续发展纳入人类当下的意识中，那么自然即使能满足当世人的欲望，也无法满足后几世更别说后万世人的欲望，因为人之情是"穷年累世不知不足"(《荀子·荣辱》)；而如果人心思虑中有这种持续发展意识，那么荀子指出，"心之所可中理，则欲虽多，奚伤于治。"(《荀子·正名》)

基于这种长虑顾后的可持续发展意识，荀子在调适人与自然

---

① David B. Wong, "Xunzi on Moral Motivation", in Kline III, T. C., and P. J. Ivanhoe, eds., *Virtue, Nature, and Moral Agency in the Xunzi*, Indianapolis: Hackett Publishing, 2000, pp. 135–154.

② (清)王先谦：《荀子集解》，中华书局1988年版，第67—69页。

之间的关系时，还非常强调"余"的原则。荀子写道：

> 春耕、夏耘、秋收、冬藏四者不失时，故五谷不绝而百姓有余食也；汙池、渊沼、川泽谨其时禁，故鱼鳖优多而百姓有余用也；斩伐养长不失其时，故山林不童而百姓有余材也。（《荀子·王制》）①

在荀子看来，虽然人的欲望很多，但如果人在对自然有所取的时候，能注意给自然的持续生长留有更多的可能性发展空间，那么在保有自然发展的同时，人也能为自身的生活提供持续发展的可能。即人如果能顺天时、保地利、得人和，那么人就可以有余食、余用、余财，从而"财货浑浑如泉源，汸汸如河海，暴暴如丘山，不时焚烧，无所臧之，夫天下何患乎不足也？"（《荀子·富国》）总之，君子有这种长远之知，便能在治民、总万物中，不仅能使人与万物都能得到长养，还会保证这一相互长养的长远实施，使人与万物都可以得到持续发展。

不论是从节欲的角度看还是从长虑顾后的角度来看，荀子人与物相持而长的思想体现的人与自然和谐发展、可持续发展的观念，都体现了荀子对君子在调适人与自然的关系中所总持的一种整体意识的强调。正是这一整体意识的总持，使得君子在天地之间的位置得以凸显：人的整体发展意识赋予人一种创造性能力，使得人能有意识地参与天地自然的大化流行、注意到自然和人类社会在发展上的相互依存和互动；更为重要的是，人意识到要为人与自然之间的相互依存和互动关系负责。正如成中英所指出的，在儒家那里，人之所以能够为人与自然间的相互依存和互动负责，在根本上是因为人与自然有一种潜在的关联，即人和自然

---

① （清）王先谦：《荀子集解》，中华书局1988年版，第165页。

相互属于彼此，都处于现实整体的存在与发展中，在这一现实整体中，人与自然共同存在，相互转化。① 这一现实整体的存在和发展赋予人在天地间价值（自我转化与转化自然的价值）实现的可能。对荀子而言，人在宇宙整体中的价值的实现离不开对宇宙的整体认识，基于这种整体认识，人才能进一步去辨物、治人，去总理人与自然的关系、创造人与自然的整体和谐、持续发展，这才是人能参天地的根本所在。

五 结语

荀子认为，君子可以为万物之总，在于君子可以充分发挥人的积极主动性去调理、调谐万物。君子总万物，即是使人爱万物，人与万物相互扶持、相互长养，以达到人与自然平衡发展、和谐共生。只有这样，对荀子而言，君子才能成其天德、全其天功，实现自身的终极价值。

在当今生态文明中，杜维明强调应该重视挖掘儒家文化中的"一体"意识，向世陵也指出儒学走向世界的一个努力发展方向便是凸显儒学自身整体和全面的特点。② 荀子的"总万物"思想便可以被看作这种人与自然万物一体配合、一体调理意识的表现。君子总万物，即君子在调理人与万物的关系时，要总持一种整体长远发展的观念，达到人与万物的互惠。在荀子看来，人类自身的发展是不能完全脱离人所处的这个生物共同体的发展的。后者的发展，需要人对自身的欲望做出节制，以确保动植物长期

---

① Zhongying Cheng, "Trinity of Cosmology, Ecology, and Ethics in the Confucian Personhood", in Mary Evelyn Tucker and John Berthrong eds., *Confucianism and Ecology*, Harvard University Press, 1998, p. 214.

② 向世陵：《整体、本体、境界与世界——中国哲学如何走向未来》，《福建论坛》（人文社会科学版）2008年第1期。

发展的生命利益和权利。这与当今生态哲学中所强调的人与万物各自利益的最大化必然是以他们所处的整个共同体的利益为前提的观点有一致之处。①

荀子的君子总万物思想在当代有重要的生态伦理价值。荀子将人对万物的调理与人的价值实现、人格修养要求联系起来，从而表明人调理万物不仅出于利益的需要，更是出于一种道德修养需要。人修仁义之学的最终目的就是要将仁爱之心推展落实于万物，爱敬而不害伤万物。这一观点可为当今世界"地球宪章"所提出的人应当如何以爱心关怀生命共同体这一问题做出一种儒家式的回应。荀子指出，人在充分发挥人的才智来开发自然、满足人类社会需求的同时，应当秉持"不穷物"和畜养万物的长远意识，从而可以为当代人与自然可持续发展的观念提供一种理论支撑。更为重要的是，荀子强调万物有其自身内在的价值，是人类的朋友，从而在当代生态伦理探讨中，为人应该如何平等地对待自然这一问题提供了一种深具儒家伦理特征的解答。

人为万物之总，体现了荀子对人之为人的全的特征的强调。如果从群的角度来说，君与父母相比，既可以如人之乳母那样养人以饮食，也可以如慈母那样养人以衣服，所以人如果事父母以孝，那么这种孝也可移为对君之忠。人应当隆君而为其服三年之丧，忠君而为其事，报答的是君对人的群居养育之恩。君群人以相群居和一，不仅仅是从人类自身范围而言，也是从整体的万物角度来考虑。

荀子认为，君为万物之总，成物、总物也就是仁物。如此一来，对荀子而言，对物的态度也就并非仅仅是爱而不仁。只不过在荀子的理解里，仁的内涵已经和孔孟有些不一样了。下章将对这一问题继续进行探讨。

---

① 叶平：《生态哲学的内在逻辑：自然（界）权利的本质》，《哲学研究》2006年第1期。

第六章　复礼为仁

前面五章已经将成人的概念进行了阐述，并围绕成人之全的特征，分别从生死之全、群居和合之全和万物之总的角度进行详细论述。可以说，不论是从个人之身心整全、生死两全，还是人与人群居、人与万物和谐相处的角度来说，荀子凸显的都是成人之全的特征。对于荀子而言，成人是人的终极目标和最高的追求。

从人之终极目标和最高追求来看，孔子也是以成人为指向的，只不过成人之关键在仁。仁的标举，是孔子对于先前礼之系统的深化，并在之后成为儒家文化的思想核心。

荀子成人思想也是谈仁的。成人之学，指向的是礼。是在礼中，人才可以成己、成物，最终成就成人之全，也就是真正的仁。所以在仁的达成思路中，荀子的思路是复礼为仁。

复礼为仁，体现了荀子为了实现孔子克己复礼为仁的目标而进行的理论探索。克己，主要是治理欲的问题，方法就是"以义克利"。而礼义的制定与践履，就是"复礼"的意涵，具体方法就是法后王以察先王之道。一方面，以制礼来解复礼，使得礼之中义的一面得以深化。制礼义而使人践履以克己（治理人欲），从而"克己"被进一步收归到"复礼"中。而另一方面，"处仁以义，然后仁也"观点的提出，则将孔孟的仁的内涵进一步深化：复礼才是真正完满意义上仁的达成，即复礼为仁。复礼为仁的思想转向，不仅将礼与仁的内涵进一步深化，而且还对之后的儒者影响深远，因而在当代克己复礼为仁思想研究中不能被忽视。

"克己复礼为仁"语出自《论语·颜渊》，"颜渊问仁。子曰：'克己复礼为仁。一日克己复礼，天下归仁焉。为仁由己，而由人乎哉？'"① 对于克己复礼为仁的解释，学界历来争议很大。然而不论争论点如何，学者们大多将之理解为"克己"与"复礼"都是为仁的必要路径。之前研究对这两种路径的考察，主要是基于汉以后的经学诠释。或立足于词源解释，或依赖西汉以后学者的注、疏，进而在"克己复礼"一句的前后文，甚至从《论语》整体的思想架构出发来解释。② 但实际上，先秦时期紧跟孔子之后的荀子就克己复礼为仁问题已然给予了讨论。这些讨论可以为我们理解孔子克己复礼为仁思想提供一种新的解释路向。

一 孟子与正己为仁

孔子之后，儒分为八。在仁的发展演变中，不同学派和学者开始从多方面对克己复礼为仁进行讨论。而接子思一派的孟子也对如何为仁思想进行了阐发。虽然孟子没有直接论及"克己复礼为仁"的问题，但其对"正己"与"寡欲"等思想的强调，可以被看作对克己为仁思想的进一步阐发。

孟子在为仁方法上主张从己上谈，具体而言就是正己。比如在《离娄上》中，孟子指出："爱人不亲反其仁，治人不治反其智，礼人不答反其敬，行有不得者，皆反求诸己，其身正而天下归之。"③ 如果爱一个人但这人却对自己不亲近，那就应当反省自己内在仁心的长养是否出现了问题。当德性的落实出现问题时，

---

① 程树德：《论语集释》，中华书局出版社1990年版，第817页。
② 向世陵：《"克己复礼为仁"研究与争鸣》，新星出版社2018年版。
③ （清）焦循：《孟子正义》，中华书局1987年版，第492页。

孟子主张从己身上去省察、反思,而非从他人、外部环境等去考虑。

在对己身的审察中,孟子所要求达到的是使己正。"仁者如射:射者正己而后发,发而不中,不怨胜己者,反求诸己而已矣。"① 正己,也就是正人心。人生而有恻隐之心,所以行善的主体和动力都在人自身。人能长养恻隐之心、积极发扬自身的道德主体性,就是正己。在孟子看来,正己进而便能正人、正物,最后天下之人都会归顺。

在如何使身正、使己正这一方面,孟子注重心的作用。反求诸己便能得仁,这之所以可能,是因为在孟子看来,人心生而有四端:仁、义、礼、智。如果能尽心,即长养、扩充人心内在有的四端,便能求仁得仁。从这个角度上,孟子将为仁的工夫收归到己心上:

> 凡有四端于我者,知皆扩而充之矣,若火之始然,泉之始达。苟能充之,足以保四海;苟不充之,不足以事父母。②
> 万物皆备于我矣,反身而诚,乐莫大焉。强恕而行,求仁莫近焉。③

人能知万事万物,是因为能知之性在我,即己身。反身而诚,即人在己身中通过尽心的反思工夫便能知性。人如果能主动发挥心的反思作用,则能知晓人天生固有的仁义礼智四端,也就是知性:"仁义礼智,非由外铄我也,我固有之也,弗思耳矣。"④ 知性便就知晓人身该有怎样的行动。如此,孟子便将修养的工夫收

---

① (清)焦循:《孟子正义》,中华书局1987年版,第239页。
② (清)焦循:《孟子正义》,中华书局1987年版,第235页。
③ (清)焦循:《孟子正义》,中华书局1987年版,第882—883页。
④ (清)焦循:《孟子正义》,中华书局1987年版,第757页。

归到人自身，通过尽心的工夫凸显人的主体性。

值得注意的是，在人生而有的四端中，孟子将礼（辞让之心）作为四端之一，这与孔子的"复礼"思想有很大不同。尽管孔子的"复礼"之"礼"可以有很多种解释，但主要指外在的社会制度和社会规范（周礼或常礼）。① 孟子在孔子"礼"思想基础上，更加注重的是从礼仪制度的内在德性、心理依据上去解释。人生而有辞让之心、恭敬之心，如果能将其扩充，那么人的行为便自然能符合礼。将礼内置于人心之一端，因而在孟子那里，也就不存在恢复礼制的问题了，而更多地是举止是否"中礼"。只要做到反求诸己，便自能得仁得礼，不需外求。同理，孟子认为义也不是外在于我的，而是内在于我的。因为我内心有义之端，所以能行义。② 总之，在孟子看来，仁之端内在于人心，将之扩充、长养，即养心之仁端，便自能得仁。即，尽心为仁。

为仁首先要做到尽心，这就是孟子从其大体的主张。在己身中，孟子也意识到了有大体与小体之分。大体即是人人皆有的恻隐之心，而小体则指向的是五官之欲。如果人能反身而诚，立其大体，则己能立。是否先从其大体，便成为己身之修的关键："此天之所与我者，先立乎其大者，则其小者弗能夺也。"③ 孟子认为人应该首先关注的是人天生就有的大体，也就是四端——恻隐之心、羞恶之心、辞让之心、是非之心——长养好。"从其大体为大人"④，"从"字体现了孟子对大体——恻隐之心的关注。将此四端长养好，即使有小体如感官之物欲在前，也不能使大体得以动摇。进一步地，孟子认为，对于自己不欲的小体，也不以

---

① 向世陵：《"克己复礼为仁"研究与争鸣》，新星出版社 2018 年版，第 131 页。
② （清）焦循：《孟子正义》，中华书局 1987 年版，第 743—744 页。
③ （清）焦循：《孟子正义》，中华书局 1987 年版，第 792 页。
④ （清）焦循：《孟子正义》，中华书局 1987 年版，第 792 页。

之去诱导别人，这便是"强恕而行"——己所不欲，勿施于人。①他主张的是己身以大体立，同时也帮助别人身之大体的立——己欲立而立人。所以对孔子"为仁"思想的进一步发挥，孟子是从身之大体立的角度，也就是正己上去谈的。

但在如何立大体、正己的问题上，孟子进一步引入了对欲望的态度分析。从大体而不从小体的观点，突出的是对四端的存养；而同时孟子也提出，存心、养心的工夫还是得在欲上面下工夫。孟子明确提出养心的关键在于寡欲："养心莫善于寡欲。其为人也寡欲，虽有不存焉者，寡矣。其为人也多欲，虽有存焉者，寡矣。"② 在孟子看来，寡欲是养心的必要条件，少了寡欲的工夫存心是不大可能的。③ 但是，对于寡欲孟子并没有做进一步的分析。欲的多少会对存心工夫产生影响；但寡欲之"寡"，孟子似乎并不是从"少之又少"的角度上谈的，而是从相对意义上而说的，是相对于养心提出的。养心，不只是积极长养，也有不损耗的存养的意涵，后者可从孟子"牛山之木"的比喻中提到的"存夜旦之气"得到更多的说明。减少欲望，可以使夜旦之气不被消耗掉。所以对于欲望的寡的程度，是以不消耗夜旦之气、不损耗仁心的长养为前提的。换言之，不消耗夜旦之气的前提下，欲望的存有也是可以被允许的。如此看来，孟子这里对欲望的态度还是比较模糊的，仍然还是属于一种朦胧意义上的克制自己的欲望的观点，后来这部分被后人如宋儒发挥了出来。至少，孟子对于欲并没有主张"寡以至于无"，这是在后来儒者比如周敦颐那里进一步发挥出来的。

---

① （清）焦循：《孟子正义》，中华书局1987年版，第883页。
② （清）焦循：《孟子正义》，中华书局1987年版，第1017—1018页。
③ 正是在这个角度，向世陵指出，孟子的养心说是与寡欲说联系在一起的。宋明理学家的一贯主张——存心去欲说正好与孟子的这一思路是相一致的。具体参见向世陵主编《"克己复礼为仁"研究与争鸣》，新星出版社2018年版，第5—6页。

二　以义克利

明确以"约身"来解释孔子"克己"思想，学界一般认为最早从东汉马融那里开始，他明确提出"克己，约身也"。之后，三国魏晋时期何晏在《论语集解》中解释"克己"时，也主此说。南朝梁皇侃主马训，对约身有了进一步解释，"克，犹约也"，"言若能自约俭己身"。① 正是基于此种训释路向，之后学界多从约束、约制角度来解释"克"。但约制己身的思想，实际在先秦荀子那里就已经提出。对于己身之欲，荀子明确提出应该进行节制和引导。

对欲望的考量，早在道家修身养性思想中就有所体现。在老庄看来，欲望是对人性的拖累，《老子·下篇·第四十六章》指出，"祸莫大于不知足，咎莫大于欲得"②，《庄子·杂篇·庚桑楚》指出，"恶欲喜怒哀乐六者，累德也"③。基于这种欲望态度，道家主张的修养路线便是清心寡欲，甚至是无情无欲。这种对欲望着重思考的态度深深影响到了荀子。不论是人性的思考还是礼义的源起分析，荀子都将欲望列为首要的思考对象。荀子并非否定欲；尽管有屏除欲望的需要，但这种需要是以公道、通义的引导为前提的。

同孟子一样，荀子也提及"正己"思想，比如《非十二子》篇提出"端然正己，不为物倾侧"④。但其正己思想并不主要是从己心之推的角度上谈，而是从己物关系上而论。荀子主张的是重

---

① 程树德：《论语集释》，中华书局1990年版，第818—819页。
② （魏）王弼注，楼宇烈校释：《老子道德经注校释》，中华书局2008年版，第125页。
③ （清）郭庆藩：《庄子集释》，中华书局2004年版，第810页。
④ （清）王先谦：《荀子集解》，中华书局1988年版，第102页。

己役物,如《正名》篇所强调的己心对外物之欲的治理和引导。具体如杨倞注所言,使人能做到"心平愉则欲恶有节,不能动,故能重己而役物"①。可以说,荀子更多地还是从己身之欲的发展的角度来思考正己问题的。

虽然荀子没有直接提及"克己"思想,但其"併己之私欲"思想,可以被看作他对这一问题的思考。比如在《强国》篇,荀子提出,汤、武所行的胜人之道,就是"併己之私欲,必以道夫公道通义之可以相兼容者,是胜人之道也"②。按杨倞注,"併,读曰屏,弃也。屏弃私欲,遵达公义也"③。不任由私欲的泛滥流行,而是以公道、通义来引导人欲的发展,从而使人与人能群居和一。这种对己之私欲的态度,在"以义克利"、治欲以节欲思想中得以更好的展现。

人生而有欲,这是一个基本自然事实。人对待欲望的态度,应该重在如何治理。比如在《大略》篇,荀子提出"以义克利":

> 义与利者,人之所两有也。虽尧、舜不能去民之欲利,然而能使其欲利不克其好义也。虽桀、纣亦不能去民之好义,然而能使其好义不胜其欲利也。故义胜利者为治世,利克义者为乱世。上重义则义克利,上重利则利克义。④

"克"在此与"胜"互训。荀子认为从现实层面而言,人既可以好义也可以好利。人生而好欲,即使尧舜这样的圣人也不能去除人的此种自然欲望;人也可以好义,而即使是桀纣这样的暴君,也不能去除能群之人对义的渴求。所以即使尧舜这样的圣王,面

---

① (清)王先谦:《荀子集解》,中华书局1988年版,第432页。
② (清)王先谦:《荀子集解》,中华书局1988年版,第295页。
③ (清)王先谦:《荀子集解》,中华书局1988年版,第295页。
④ (清)王先谦:《荀子集解》,中华书局1988年版,第502页。

对人民好利的自然欲望，要做的也只是使利之欲不胜义之求。利之欲自然有，但其发展是要有约束的，即要受礼义的主导。以义胜利之"胜"并非是去除的意思，而是在礼义的"主导"下对民的自然欲望的发展有所衡量。

在如何衡量人欲的发展方面，对荀子而言，一个很重要的参考是人和自然万物的关系。他写道：

> 人生而有欲，欲而不得，则不能无求；求而无度量分界，则不能不争；争则乱，乱则穷。先王恶其乱也，故制礼义以分之，以养人之欲，给人之求，使欲必不穷乎物，物必不屈于欲，两者相持而长，是礼之所起也。①

人生而有欲，但如果对人的欲望不加节制、引导，必然会引向社会的动乱乃至动乱无穷，也就是恶。基于此，荀子主张制定礼义，来引导人欲的发展，从而达成某种平衡：欲不穷物、物不竭于欲。但对于这种平衡，各注家理解稍有不同。按杨倞的解释，意为："先王为之立中道，故欲不尽于物，物不竭于欲，欲与物两者相扶持，故能长久，是礼所起之本意也。"② 也就是说，"两者相持而长"指的是欲和物两者相互扶持，体现的是欲和物的平衡。但对此，钟泰提出不同的看法。在钟泰看来，"两者相持而长"的"两者"是"'欲不尽物，物不屈欲'之道，非谓'欲'与'物'也"③。钟泰的解释是有道理的，不论是"欲不尽物"，还是"物不屈欲"，体现的都是"欲的发展不使物有所穷尽"，并没有"物的发展不使欲有穷尽"的意涵，因为人的欲望是不可能

---

① （清）王先谦：《荀子集解》，中华书局1988年版，第346页。
② （清）王先谦：《荀子集解》，中华书局1988年版，第346页。
③ 王天海：《荀子校释》，上海古籍出版社2005年版，第753页。

有穷尽的。所以,"两者"并不是指"物"与"欲",而是"欲不尽物"和"物不屈欲":前者强调欲的发展方向不是向上没有限度(无限多乃至于无穷),后者强调的是物的发展不是向下没有限度(无限少乃至于无)。[1]

欲不尽物和物不屈欲的平衡,凸显的是对欲的多与少的平衡。对物的发展的考虑仍然还是从欲的存有上来说的:自然万物如果枯竭,那么人的欲望就无法支撑,进而生存就成为问题,所以欲望的存在是需要物的支持的。但对欲望的发展和满足,又从物的角度进行了进一步的限制:欲望不能无限发展,否则会穷尽物,最终还是会影响欲望自身的长远发展。换言之,人必然是需要欲望并且还是需要满足欲望的,但同时欲望的发展不能过度,需要进行节制,只有这样欲望才能获得长远发展。在欲多和欲少的平衡中,有欲或节制欲并不是最终目的,长欲即欲望发展,尤其是长远发展才是最终目的。

从长养欲的观点看,荀子对欲望的态度并非是全然否定的,这与道家对欲望的否定态度是不一样的。荀子强调,欲望是人生而有的,不应该对欲望持否定的态度。同时,人也不应该对欲望持简单的约束或抑制的态度;相反,应该好好地存有与导引。在这种导引中,节制欲或者寡欲的方式是有必要的,但这种节制或者减少的目的并不是因为否定欲所以要让欲减少。而是认可欲,并保证欲的长远发展。如果只是一味强调无欲哪怕是寡欲,那么从人自身的生存和发展来说,都是不合情理的,都容易走向道家

---

[1] 基于荀子"两者相持而长"的观点,很多学者主张荀子在此表明的是人与自然万物之间的平衡关系,比如艾文荷(Philip J. Ivanhoe)认为荀子表明的是一种人与自然之间的快乐的对称性(happy symmetry)。(Philip J. Ivanhoe, "A Happy Symmetry: Xunzi's Ethical Thought", *Journal of the American Academy of Religion*, Vol. 59, No. 2, 1991, pp. 309 – 322)但需要注意的是,荀子在考虑人欲发展时,确实有注意到与自然万物的关系,但荀子并非主张两者是要平衡发展。在这两者的关系中,荀子仍然是强调人的主导性的。

自我抑制的立场。

荀子认为,"寡欲"思想既不符合人情,也不符合先王政治治理之道。在《正论》篇,荀子对宋子的"人之情欲寡"的思想进行了批评:

> 子宋子曰:"人之情,欲寡,而皆以己之情为欲多,是过也。"故率其群徒,辨其谈说,明其譬称,将使人知情欲之寡也。应之曰:然则亦以人之情为欲。目不欲綦色,耳不欲綦声,口不欲綦味,鼻不欲綦臭,形不欲綦佚。此五綦者,亦以人之情为不欲乎?曰:"人之情欲是已。"曰:若是,则说必不行矣。以人之情为欲此五綦者而不欲多,譬之是犹以人之情为欲富贵而不欲货也,好美而恶西施也。古之人为之不然。以人之情为欲多而不欲寡,故赏以富厚而罚以杀损也,是百王之所同也。故上贤禄天下,次贤禄一国,下贤禄田邑,愿悫之民完衣食。今子宋子以是之情为欲寡而不欲多也,然则先王以人之所不欲者赏而以人之所欲者罚邪?乱莫大焉。今子宋子严然而好说,聚人徒,立师学,成文曲,然而说不免于以至治为至乱也,岂不过甚矣哉!①

宋子认为,实际上人的欲望是很少的,这一观点在《庄子·杂篇·天下》中也有体现,"以禁攻寝兵为外,以情欲寡浅为内"②。从庄子的角度讲,主张欲寡,目的是突出人性本是自然淡泊的,并没有太多的欲求。而从宋子角度考虑,则是因为人的感官需要都是有特定指向,因而是少的。比如眼睛就只喜欢适合于眼睛、使眼睛最舒服的颜色,并不是所有的颜色都喜欢,比如极度亮会使眼

---

① (清)王先谦:《荀子集解》,中华书局1988年版,第344—345页。
② (清)郭庆藩:《庄子集释》,中华书局2004年版,第1084页。

睛闪瞎的颜色，人就不喜欢；耳朵就只喜欢适合于耳朵、并使耳朵最舒服的声音，并不是所有的声音都喜欢，比如超过一定分贝会伤害耳朵听力的音乐声，人就不喜欢；同理，口、鼻、形也是如此。荀子对这种观点提出了批评。他认为人确实是喜欢看使眼睛舒服的颜色，但问题是有这种舒服颜色的事物是很多的。荀子给出的例子是，人都喜欢富贵，富贵是一，但体现富贵的东西却有很多，比如货物就是其中之一，难道能说人人都喜欢富贵却不喜欢货物吗？人人都喜欢美，美是一，但体现美的事物却有很多，比如西施就是其一，难道能说人人都喜欢美却讨厌西施吗？荀子不仅从思想逻辑上对欲寡的思想给出批评，还从历史上政治治理的角度给出例证。古人也认为人是有很多欲望的，正是基于这种情况，君王才在治民时用之来做赏罚的根据：如果要奖赏一个人的话，就送给他很多贵重之物，以尽可能多地满足他的欲求；如果要惩罚的话，就没收或减少他所拥有的贵重之物。基于此种依欲求而制定赏罚的政策，对不同的人的奖赏是不一样的：大贤之人，赏的多，所以可以给予天下；次贤就只赏一国，下贤赏的更少，就只是以田邑来计，而对于普通百姓来说就只是基本的衣食满足即可。荀子指出，如果真像宋子那样认为人欲少的话，那岂不是先王的政策就是有问题的了：要奖赏一个大贤的人，却像对待普通人一样只是满足他的基本生活需求！要惩罚一个人，却赏给他一国去治理！这怎么可能呢！

不论是无欲还是寡欲的思想主张，在荀子看来都是与社会治乱问题无关的。对此，荀子在《正名》篇明确说道：

> 凡语治而待去欲者，无以道欲而困于有欲者也。凡语治而待寡欲者，无以节欲而困于多欲者也。有欲无欲，异类也，生死也，非治乱也。欲之多寡，异类也，情之数也，非

治乱也。①

对于去除欲望的思想主张，荀子认为其拘泥于欲望有问题而不知道欲望却是可以进行导引的；对于减少欲望的思想观点，荀子认为其囿于欲望多的问题而不知道欲望是可以调节的。这是因为，首先，有欲和无欲是不同的，但这种不同涉及的是生死的问题——人生而有欲，无欲则死。有欲无欲并不是关涉社会治乱问题的。不管是治世还是乱世，人都是有欲则生，无欲则死，这是一个基本的自然事实。去除欲望的思想既不符合人情，也不是治乱的根本。其次，不仅有欲和无欲是与治乱无关的，欲的多寡本身也与治乱无关。人生而有欲，且欲望有多少的不同。但这一不同涉及的是情欲厚薄之分，并不是治乱的不同。② 不论是治世还是乱世，都存在人情厚薄的区分，且人都是欲多不欲寡的，这是基本的社会现实情况。寡欲的主张，既不符合人情，也不是治乱的根本。总之，不论是欲之有无，还是欲之多寡，都不是治乱、善恶的根本。根本在于欲是否有导、有节。即，对欲的多少是否有所调节。③ 情欲不论多少，只要经过人为调节、导引，最终都可以走向治。

荀子认为，从社会治乱的角度看，欲望主要的问题不是有无

---

① （清）王先谦：《荀子集解》，中华书局1988年版，第426—427页。
② 王天海：《荀子校释》，上海古籍出版社2005年版，第920页。
③ 路德斌认为，荀子其所言"性恶"并不是就性之情欲存在本身来说的，而是就性之"欲多而不欲寡"的"性向"而言。他区分了情欲和情欲的"固有性向"，认为荀子对情欲是持肯定的态度的，但情欲的固有性向却是持否定的态度。恶更多的是对情欲的"欲多""不欲少"而言的，情欲的多少与善恶直接相关。具体见路德斌《性朴与性恶：荀子言"性"之维度与思路——由"性朴"与"性恶"争论的反思说起》，《孔子研究》2014年第1期。不从情欲自身来解释恶，确实符合荀子对情欲的态度。正如路德斌也指出的，荀子是主张"礼以养欲"说的。然而从情欲的固有倾向来解释恶的趋向的产生是否一定周全，却也值得进一步探讨。比如，如果从欲多的角度来说性是恶，那本身便与"礼以养欲"说有所不一致。对欲的长养本身指向的便是使欲存有且多，而不是少甚至于无。具体相关探讨，见本书第八章。

（庄子）问题，也不是多寡（孟子、宋子）问题，而重在得人治理、平衡与否的问题，这就是为什么荀子批评宋子是"蔽于欲而不知得"；得，即得欲之道。① 荀子明确提出道欲、节欲思想，既认可欲的存在，也进一步指出要对欲多与欲少的问题作出调节和制衡。这种调节和制衡包含己身的修养意涵，但对荀子而言，更重要的是社会治理的意义。

从社会治理的角度出发，荀子以胜训克，凸显的是胜己欲的问题，而"胜"并非仅仅是"去除"的意思，而是如何主导、引导，进而引申为如何长养人欲的问题。一方面，胜欲不是无欲、寡欲，胜主要强调主导，而非减少欲甚至去除欲，从而对欲的态度不是否定的，这与庄子和孟子对欲的态度是不同的。相反，胜欲是尊重欲、认可欲的。另一方面，胜欲中也包含养欲的一面，但养欲并非宋子所主张的任欲而行。宋子认为人欲少，所以任其自然发展，人便可自治。但荀子认为，人欲多，任其发展只会招致争、乱甚至于自然万物的枯竭，最终毁坏的还是人欲。因而，荀子主张养欲就是从整体和长远的角度治欲以使欲得到好的发展。而儒家的礼义恰恰能导引欲做到这一点。

三 "制礼反本成末"

孔子提出"吾从周"之说，主张应该恢复或回归周礼。荀子也认为周道是存在且值得称赞的，只不过他进一步提出了对周道要进行审和知的问题。从现实出发，荀子指出其时代已经与先王、上古时期很久远了，可以说礼制的恢复面临许多困难。回归周礼，在很大程度上，也就变成了如何知周礼的问题。荀子说道：

---

① （清）王先谦：《荀子集解》，中华书局1988年版，第392页。

> 礼莫大于圣王。圣王有百,吾孰法焉?故曰:文久而息,节族久而绝,守法数之有司极礼而褫。故曰:欲观圣王之迹,则于其粲然者矣,后王是也。彼后王者,天下之君也,舍后王而道上古,譬之是犹舍己之君而事人之君也。故曰:欲观千岁则数今日,欲知亿万则审一二,欲知上世则审周道,欲知周道则审其人所贵君子。故曰:以近知远,以一知万,以微知明。此之谓也。①

时代的久远,必然使得先王的礼文、制度、礼数等渐渐走向灭绝,因而很难恢复原貌。如此一来,今时今世的礼法的建立就很难以先王之礼为依据。但这不代表没有任何依据可言。荀子指出,先王之礼很难恢复,但仍然可以从后王来窥得先王之迹。这里的后王,依杨倞注,为"近时之王也"②。先王和后王有其指向,但对不同时代的人而言,可以有不同的指向,不必非得拘泥于一种固定的说法。③ 比如,如果想要知道久远的上世之礼法,那么对距其较近的周道的审察将会有所帮助;类似地,如果想要了解周道、周礼,那么可以对距其比较近、知道比较多的人如孔子、子弓所宗仰的道或礼法进行详审就可以有所得。④ 这就是以近时之王所行之礼法,可以得先王礼法之迹,也就可以进而知道先王的礼法的大纲。从这个意义上而言,周礼固然如孔子而言是

---

① (清)王先谦:《荀子集解》,中华书局1988年版,第79—81页。
② (清)王先谦:《荀子集解》,中华书局1988年版,第80页。
③ 对于后王,不同于杨倞"近时之王"的注解,刘台拱、王念孙皆认为具体是指文王、武王,并引《荀子》一书其他篇章提到后王之处予以佐证说明。但联系此处下文"彼后王者,天下之君也"以及本段对于"以近知远"的强调,有理由相信,荀子在此意在主要说明,礼法的制定不必非得依据或回到离自己的时代非常久远的上世、先王的时代才可以。因而杨倞注解应当是合适的,俞樾也是赞同此种解释的。具体见(清)王先谦《荀子集解》中华书局1988年版,第80—81页。
④ (清)王先谦:《荀子集解》,中华书局1988年版,第81页。

最好的礼法制度，但对于距其已经有些久远的现时、近世之人来说，可不必认为礼法的建立只能依据或者回复到周礼才可以。礼法的建立，也可以依据知道或掌握周礼尤其是周礼精神的人。

从荀子审周道、知周道的立场可以看出，他在复礼问题上，更注重的是如何建立礼制的问题。荀子之所以认为古代圣王的礼法对于今世之礼法的建立仍然很重要，是因为"古今一度"：

> 圣人何以不欺？曰：圣人者，以己度者也。故以人度人，以情度情，以类度类，以说度功，以道观尽，古今一度也。类不悖，虽久同理，故乡乎邪曲而不迷，观乎杂物而不惑，以此度之。五帝之外无传人，非无贤人也，久故也。五帝之中无传政，非无善政也，久故也。禹、汤有传政而不若周之察也，非无善政也，久故也。传者久则论略，近则论详，略则举大，详则举小。愚者闻其略而不知其详，闻其详而不知其大也，是以文久而灭，节族久而绝。①

不论是古代还是现代，礼都是圣人制定的。人的欲恶等是相同的，从而对其的治理也就有其相同之处。古今一度，所以虽然时代久远了，其时的礼的制定对现在仍有帮助。只是因为时代久远了，现在知道的少或者只是知道其大概或者大纲；然而对于距离自己时代比较近的后王之礼法却是可以更加详细地知道和审察的。今时今世的礼法的制定，既要对于先王之礼有所测度，因为类不悖，虽久同理；也要对后王之礼有所审察，因为对其的记录会更加详细。只有两者都顾及，"君子审后王之道而论于百王之前"②，礼的制定者才能在百王面前有自己的测度，从而不为人

---

① （清）王先谦：《荀子集解》，中华书局 1988 年版，第 82—83 页。
② （清）王先谦：《荀子集解》，中华书局 1988 年版，第 48 页。

欺，也不欺人。

沿着孔子复礼思想，荀子进一步从制礼角度进行阐发。如果说从恢复周礼的角度解释复礼，是将古代的周礼作为今世礼法制度制定的依据和有效性的保证，那么荀子从"审后王之道而论于百王之前"的制礼角度，则将这一问题进一步深化。一方面，荀子不再局限于周礼而论，而是认为古代先王和近时的后王所制定的礼法，都可以作为今世之礼制定的依据。另一方面，他也对古代圣王所制之礼的可靠性给出了进一步的解释："类不悖，虽久同理。"当从后者而论的时候，荀子从对古代礼制自身的重视上，转向了对礼制定依据的强调。

关于礼的制定，荀子明确提出"制礼反本成末，然后礼也"。依杨倞注，"反，复也"①。从具体礼制的层面而言，这是说君子制定礼，是以近知远，即立足于后王之礼法来审察先王制定的礼法踪迹。而从礼制的制定依据层面而言，这是说君子审后王之道而能察圣人之礼之大纲，如此在百王之前便能对各种不同的礼做出自己的测度，是"以类行杂"②。前者从近远的时间意义上去解释本末，而后者则开始从礼的制定原则和具体礼制节目上去进行讨论。

当从类的角度去看礼的制定时，荀子不仅强调治理欲望或礼的制定可以依据古代之礼，还强调不论古今，礼的制定原则都是一样的。抓住根本原则，那么不仅能对古代的礼法做出自己的判定，还能在面对今时今世的人情、人欲做出合适的回应。这其中也包括对当时当世出现的新的人情的回应，这就涉及礼之所起的问题。

对于礼之所起，《礼记》提出："协诸义而协。则礼虽先王未

---

① （清）王先谦：《荀子集解》，中华书局1988年版，第492页。
② （清）王先谦：《荀子集解》，中华书局1988年版，第163页。

之有，可以义起也。"① 主张礼与义是相合、相协会的。当出现新的情况而先王所制定的礼无法直接给出说明和指导时，也可以义来应对，也就是临事制宜而行礼。② 对此，荀子也持类似看法，而且还是十分推崇的：

> 法后王，一制度，隆礼义而杀《诗》、《书》，其言行已有大法矣，然而明不能齐，法教之所不及，闻见之所未至，则知不能类也，知之曰知之，不知曰不知，内不自以诬，外不自以欺，以是尊贤畏法而不敢怠傲，是雅儒者也。法先王，统礼义，一制度，以浅持薄，以古持今，以一持万，苟仁义之类也，虽在鸟兽之中，若别白黑，倚物怪变，所未尝闻也，所未尝见也，卒然起一方，则举统类而应之，无所儗㤰，张法而度之，则晻然若合符节，是大儒者也。③

在荀子看来，如果只是单纯回复到后王之礼中，一切完全按照后王之礼行事的话，那么当出现后王没有见闻的新情况时，就会不知道怎么应对。但如果能在后王之礼中能把握先王制礼的原则、根据，那么对于新出现的情况就可以"举统类而应之"。这里的类，是礼制定的根据。联系上面提及的（《礼记》）礼与义相协、相合的观点，则很容易将统类原则与义联系起来。

在先秦，义多释为"宜"，并与礼密切关联。比如《中庸》：

---

① 李学勤主编：《礼记正义》（上，中，下），北京大学出版社1999年版，第709页。

② 对于礼之所起，荀子并非从天或天之前的终极之"大一"的角度给出进一步解释，这是《荀子》与《礼记》不同的地方。荀子更多地是从人自身出发去进行解释，比如对人情人欲的现实情况的考虑和思量，这是与其天人相分的思想主张是一致的。

③ （清）王先谦：《荀子集解》，中华书局1988年版，第140—141页。

"义者，宜也，尊贤为大。亲亲之杀，尊贤之等，礼所生也。"①"宜"，就是适宜或适当，是就事上而言，礼的制定就是满足这一要求。② 荀子也认为义与礼密切相关，他在《大略》篇指出君子"行义以礼，然后义也"③。礼的兴废和制定确实应当符合义即适宜之原则，且从更多意义上强调的是采用后王既定之礼制。

但在义的讨论中，荀子并非要强调适宜内涵。联系"举统类而应之"的主张，荀子认为对于真正的大儒来说，要对于旧制中没有记载的新情况也能做出回应。这一主张，突出的是统类的重要性，也就是不仅能知旧制，也能知其背后的原则和根据，也就是理。而荀子又确实认为义与理直接相关，他明确提出"义，理也"④。从"理"上来解义，则义与礼的关系就是理与礼的关系，两者是本末、纲节关系。

如此一来，荀子沿着孔子复礼即恢复周礼的思想路向，将问题进一步深化。首先，从时久则礼灭的角度讲，恢复旧制总是面临各种困难，因而更为现实的是法后王以审先王之道，并在百王之礼法前做出自己的测度。其次，荀子不仅将复礼问题进一步现实化，而且还从理论层面进一步推进。复礼不仅仅是知旧制的问题，更为重要的是知礼制背后的根据，即知理或制礼义的问题。最后，礼一旦制定，那么人就应该践履礼制，也就是荀子所说的，"礼者，人之所履也"⑤。前面所提及的"制礼反本成末"之

---

① 李学勤主编：《礼记正义》（上，中，下），北京大学出版社1999年版，第1440页。

② 比如，陈来指出，在先秦时期以宜释义虽然是出现较早且后来被广泛引用的一个观点，但其更多地是表达适宜的本然义，而非适当的当然义。参见陈来《论古典儒学中"义"的观念——以朱子论"义"为中心》，《文史哲》2020年第6期。

③ （清）王先谦：《荀子集解》，中华书局1988年版，第492页。

④ （清）王先谦：《荀子集解》，中华书局1988年版，第491页。

⑤ （清）王先谦：《荀子集解》，中华书局1988年版，第495页。

"末",就是指礼节、礼制。① 这表明,在荀子,"复礼"不仅被发展为制礼的问题,还在现实生活中展现为具体礼制对人的行为要求,也就是人要按照具体礼制行事。如此一来,复礼,也就是践履礼。

不论是依据古代旧制或根据旧制之根本——义或理来制作礼义,还是在制礼之后要求人践履礼,荀子都认为,圣王的主要目的是治理人欲。在《礼论》开篇,荀子就已经表明,礼义的制定主要是保障人欲尤其是人欲的长远发展,并指出"故礼者,养也"②,即是长养人欲。如果说荀子基于人欲的考量而将孔子的克己思想转化为如何恰当长养人欲的问题,那么进一步地,荀子还将这一问题进一步收归到"复礼"思想中。复礼,即圣王制作礼义、并让人践履礼制,如此便可以治理人欲,也就是荀子所说的"以义克利"。

四 "君子处仁以义,然后仁也"

从人欲的治理角度出发,荀子将治乱的根本放在了礼义问题上。而正是在礼义治理中,荀子认为真正的仁才可以达成,即"君子处仁以义,然后仁也"③。

在《论语》中,樊迟问仁,孔子以"爱人"回应,奠定了对仁的基本理解。将仁与爱的基本情感相关联,成为先秦儒家的共识。比如,孟子直接以"仁者爱人"来定义仁,《中庸》则指出"仁者人也,亲亲为大"。类似地,荀子也是从这个角度来解释仁的,他明确指出"仁,爱也,故亲"④。

---

① (清)王先谦:《荀子集解》,中华书局1988年版,第492页。
② (清)王先谦:《荀子集解》,中华书局1988年版,第346页。
③ (清)王先谦:《荀子集解》,中华书局1988年版,第492页。
④ (清)王先谦:《荀子集解》,中华书局1988年版,第491页。

从爱人的基本情感出发，荀子也认同孔孟对仁与义关系的看法。比如，孔子提出"里仁为美。择不处仁，焉得知?"① 而孟子在《告子上》则提出"仁，人心也。义，人路也"②。两者都意在强调仁是爱人的情感，义则指向的是这种情感的落实，即如何爱人的问题，而礼就是具体的节文落实。荀子也在这层意涵上来理解仁与义的关系，比如荀子指出"仁有里，义有门"③。进一步地，荀子也认同仁作为一种爱人的基本情感，与礼之间的关系是，仁在礼先，且仁为礼本："人主仁心设焉，知其役也，礼其尽也。故王者先仁而后礼，天施然也。"④

但是，在荀子看来，仁不仅只是一种基本的爱人情感，其中还有更为丰富的内涵。在《大略》篇以爱释仁后，荀子又进一步指出："君子处仁以义，然后仁也。"⑤ 第一个"仁"字，指向的是爱人的基本情感，但这一情感还需要以义来理、以义来行，如此才是仁的完满内涵。

义在荀子那里是一个比较重要的概念，其内涵可以从三个方面解释。首先，义为理，也就是行。"义，理也，故行。"⑥ 但不论是理、还是行，都是针对人情出发的。如何恰当地对人情、人欲做出回应，使人之情进一步落实呢？从落实的层面来说，处仁以义，强调人不仅爱，而且要知道如何依理而爱，尤其是在任何情况下都知道如何爱。

其次，义为理，其特征就是果敢、决断。荀子认为"遂理而不敢，不成义"⑦。君子处仁以义，不仅知道依理而爱，而且在这

---

① 程树德：《论语集释》，中华书局1990年版，第226页。
② （清）焦循：《孟子正义》，中华书局1987年版，第786页。
③ （清）王先谦：《荀子集解》，中华书局1988年版，第491页。
④ （清）王先谦：《荀子集解》，中华书局1988年版，第488页。
⑤ （清）王先谦：《荀子集解》，中华书局1988年版，第492页。
⑥ （清）王先谦：《荀子集解》，中华书局1988年版，第491页。
⑦ （清）王先谦：《荀子集解》，中华书局1988年版，第491页。

种应物过程中，能快速做出分辨，测度。面对旧的礼制中没有记载的情况，君子依旧能够依理而行，临事以应，表现出其决断、果敢的一面。由此也可以理解荀子在《法行》篇指出的，"栗而理，知也；坚刚而不屈，义也"①，其强调了义的刚坚和果敢的特征。

以上两者都是基于爱人的情感出发，来突出仁不仅是爱人，还强调应该将这种情感落实、实行；而且这种实行是有理可依、有礼可据的，因而是十分勇敢、决断的。这是荀子对孔孟思想的进一步说明和补充。但荀子并非止于此来讲仁的内涵。

荀子不仅主张行义以理，还主张义有分。如前所述，荀子认为礼义的制定目的，是治理欲，从而使得"欲不尽物"和"物不屈欲"。这种持养的达成，只能是以人为主导，使人胜物，而义恰恰使能使人做到这一点。他说道：

> 人何以能群？曰：分。分何以能行？曰：义。故义以分则和，和则一，一则多力，多力则强，强则胜物，故宫室可得而居也。故序四时，裁万物，兼利天下，无它故焉，得之分义也。②

人有义便可以分，即对事物做出区分、辨别。人能分，便能群且此种群是和同、和一的。人能群，并使群得其治而不乱，而这就是治理天下的根本。"先王恶其乱也，故制礼义以分之，使有贫富贵贱之等，足以相兼临者，是养天下之本也。"③ 从义有分出发，荀子将人情、人欲的治理进一步放到群治的角度而谈。如此

---

① （清）王先谦：《荀子集解》，中华书局1988年版，第535页。
② （清）王先谦：《荀子集解》，中华书局1988年版，第164页。
③ （清）王先谦：《荀子集解》，中华书局1988年版，第152页。

一来，仁不仅是爱人情感和这一情感的落实的问题，还是人类群体意义上如何"以相群居"的问题。而且，进一步地，仁还包含与物如何"以相持养"的意涵。

这一对社会群居和一意义的强调，在荀子那里便是社会意义上的仁之成。荀子指出：

> 夫贵为天子，富有天下，是人情之所同欲也。然则从人之欲则势不能容，物不能赡也。故先王案为之制礼义以分之，使有贵贱之等，长幼之差，知愚、能不能之分，皆使人载其事而各得其宜，然后使悫禄多少厚薄之称，是夫群居和一之道也。故仁人在上，则农以力尽田，贾以察尽财，百工以巧尽械器，士大夫以上至于公侯，莫不以仁厚知能尽官职，夫是之谓至平。①

在情欲上，人都是一样的。如果放纵每个人的欲望，那么人与人之间便会有争，甚至最终也得不到万物的赡养。而礼义的制定恰恰可以解决这个问题。通过才能、职分、社会地位等的分别，使人各称其事，在此基础上去分别、差等地满足人的欲望。做的事多、功劳大，相应地俸禄奖赏也更丰厚一些；相反，则俸禄奖赏也会少一些。这样就会避免人与人之间无秩序的争抢，也会避免人类过度地从自然界获取资源，导致人类不能长远发展。在分意义上达成的群居和一，就是荀子强调的至平，即仁的最终达成。

如此一来，荀子将仁的内涵进一步扩展，使仁不仅仅指爱的情感和落实，还是群人、胜物的实现。并且在荀子看来，只有做到群人、胜物，人才能与其他动植物区别开来，实现人的价值和地位，成为真正意义上的人；只有做到群人、胜物，人才能与天

---

① （清）王先谦：《荀子集解》，中华书局1988年版，第70—71页。

地参，真正达成仁。所以荀子说道："君子处仁以义，然后仁也；行义以礼，然后义也；制礼反本成末，然后礼也。三者皆通，然后道也。"① 君子有爱人之情，但只强调仁的这一意涵是不够的。以义处仁，强调的是爱人之情还需要放在群体中看，群居和一的达成是其应有之义；爱人之情还需要放在天地万物中去看，胜物而以相持养才是其最终应达成的状态。正是在这个意义上，为仁之人才有圣知之名："以为仁则必圣。"②

总之，荀子以制礼来解复礼，将礼之中的义的一面进一步深化。在这一深化中，荀子不仅主张制礼可以克己（治理人欲），从而将克己收归到复礼中，而且还从处仁以礼的角度将孔孟的仁的内涵进一步深化：复礼才是真正完满意义上的仁的达成，即复礼为仁。

五 结语

克己复礼为仁，不仅可以解释为克己复礼就是为仁，也可解释为克己与复礼分别是为仁的两个方向，荀子就是后者的重要代表。《荀子》一书虽然没有直接提及"克己""复礼"，但关联其"以义克利""制礼反本成末"和"君子处仁以义，然后仁也"的思想，可以看出，荀子对克己复礼为仁这一问题是有思考的，并以"礼之起"的主线贯穿其中。在荀子那里为仁的关键就是制礼以使人践履，这或许可以说明荀子为什么不再直接论及"克己""复礼"的问题，而是将"复礼"问题从知周礼以制礼，并进一步使人践履、以（礼）义克利的方向上谈得更多。复礼为仁，体现了荀子为了实现孔子克己复礼为仁的目标而进行的理论

---

① （清）王先谦：《荀子集解》，中华书局1988年版，第492页。
② （清）王先谦：《荀子集解》，中华书局1988年版，第112页。

探索。荀子的这种思考转向固然面临一些问题需要进一步解决，比如，旧制或者圣人为何可以成为制礼的依据？人在礼义中能否以及如何能达成仁？但其思考转向还是很有意义的。

首先，不同于孟子从心上谈己之正，荀子提出从人欲的角度谈己之治理和礼义的制定，将为仁思想的路径从一个新的角度扩展，深深地影响到了汉代甚至是宋明学者对孔子"克己复礼为仁"的再诠释。比如东汉马融以"约身"释"克己"，而梁皇侃则直接从"自约俭己身"的角度突出克己对欲望的约束、抑制意义。而到了北宋邢昺，则直接将克己解释为"胜去嗜欲"，至朱熹则从天理人欲的角度讲克己就是以天理胜人欲，自此克己、复礼主要从对欲望的约束意义上谈便成为学者们的主流意见，影响极为深远。

其次，复礼为仁的思想主张，突出了为仁的切实可靠性的一面。礼义可习得，是有方法可循的，比如荀子指出"学莫便乎近其人"，"学之经莫速乎好其人，隆礼次之"。[1] 而一旦习得礼义，便可操此以治天下，"推礼义之统，分是非之分，总天下之要，治海内之众，若使一人"[2]。学礼为仁是行之有效的，且是人可以切切实实好好把握的。

最后，在当代，关于孔子的仁礼关系的研究还有很多有争议的地方。比如，信广来（Shun Kwong-loi）提出礼构成仁的观点[3]，而李晨阳则提出仁的内涵远高于礼，礼并不能构成仁[4]。杜李虽然观点不同，但两者有一个共同点，都倾向于把礼理解为外

---

[1] （清）王先谦：《荀子集解》，中华书局1988年版，第14页。
[2] （清）王先谦：《荀子集解》，中华书局1988年版，第49页。
[3] Kwong-loi Shun, "Jen and Li in the 'Analects'", *Philosophy East and West*, Vol. 43, No. 3, 1993, pp. 457–479.
[4] ChenyangLi, "Li as Cultural Grammar: On the Relation between Li and Ren in Confucius' Analects", *Philosophy East & West*, Vol. 57, No. 3, 2007, pp. 311–329.

在的礼制。对此,荀子的思考体现了不同的一面。复礼之礼,不仅涉及礼节、礼制的问题,还包括礼义的问题。只要以义制礼或统礼义,就可以应对万事万物,如此也就是达成仁。

总之,荀子的复礼成仁的思考,不仅将"义"的伦理、道德意涵进一步扩展,还将仁的内涵从从群治和对万物的方面进一步深化,体现了荀子作为先秦儒学的殿军对孔子克己复礼为仁的集大成思考,可以为当代孔子仁礼关系研究提供新的思路。因而,在当代的克己复礼为仁思想研究中,荀子的思想探索不能被忽视。

荀子通过义将礼的概念深化,从而使礼义区别于礼制,成为荀子礼学中十分特别而又有重要意义的概念。[①] 以义释礼,强调的是以礼居住在一起的人,才能群居和一、胜物而为物之总。也就是成为成人。成人需要礼,也需要学。如何学以成人,将是下一章所要继续讨论的问题。

[①] 荀子并不是仅仅从工具的意义上来理解礼对于人的作用。义概念的引入和突出,使礼以某种本体式的场域与人结合在一起,从而使人之所成与礼义息息相关。相关探讨可参看 JifenLi, "The Ontological Dimension of Xunzi's Ritual Propriety: A Comparative Study of Xunzi and Heidegger", *Philosophy East and West*, 69 (1), 2019, pp. 156 – 175.

第七章　习与性成

　　《论语》开篇便是《学而》，足可以看出学对于孔子的重要性。孔子强调学的目的是为己，修己以至于成人。关于具体的步骤和次序，孔子认为当以孝悌为先，进而推括于人，即"泛爱众"："子曰：'弟子入则孝，出则弟，谨而信，泛爱众而亲仁。'"（《论语·学而》）根据刘宝楠《正义》，"仁则众中之贤者也"，"君子尊贤而容众，故于众人使弟子泛爱之，所以养治其血气，而导以善厚之教，又使之亲近仁者，令有所观感也"，"亦言教太子当孩提时宜近正人，即此教弟子亲仁之意也"。[①] 于此可以看出，孔子十分重视仁者、贤者之学和教对人的影响。只不过对于为什么要亲近仁者或贤者，孔子并没有进一步解释。

　　其实《尚书》已经提出习对于人性之成十分重要。同样地，荀子也十分重视"注错积习"对人的重要影响。并且《荀子》一书的开篇也是《劝学》，同样显示学对荀子的重要性。为了更好地理解荀子的学与习对于人之所成的重要性，本章将先探讨《尚书》的习与性成思想。

　　《尚书》提出"习与性成"，指出人重复不已地习行不义之事，将会形成不义的人性。言习，最终是为了言性。习进一步演变为习惯、习俗意义时，相应地，也展现了性字意义的复杂演

---

① （清）刘宝楠：《论语正义》，中华书局1990年版，第19页。

变。性出于生字,而在此基础上又发展出生命欲望的意义。正是在对人的欲望变化的所以然的追问中,也进一步发展出了对性字的新义——本性的思考。不义的人性需要变化更新,而具体方法就是"节性",如此便开创了儒家以礼义节性的修养工夫路向。

《尚书·太甲上》提出"兹乃不义,习与性成"(以下凡引《尚书》,皆只注篇名),认为人习行不义会使(不义的)人性成就,从而开创了后来儒家从习的角度解释人性的理论路径。对于"习"字意义的进一步探索,不仅可以为理解其时"性"含义的复杂演变状况提供一个新的思路,还可帮助人们进一步深入了解先秦儒家人性问题的发展脉络。

一 习与性成(《尚书》)的含义

"习",按《说文解字》,"数飞也。从羽从白。凡习之属皆从习"。就是说,习最初是指鸟类不断练习飞翔,其中重在强调动作的重复性和长期性。伊尹针对太甲行为而道出的"习与性成",正是从重复性、长期性上言说"习",强调习能够成就人性。

"习"字,在《尚书》中共出现了四次,其中两次与卜筮有关,强调卜筮这一行为动作的重复性。《大禹谟》"卜不习吉",按孔安国传,"习,因也","卜不因吉"。孔颖达疏为:

> 卜法,不得因前之吉更复卜之,不须复卜也。《表记》云:"卜筮不相袭。"郑云:"袭,因也。"然则"习"与"袭"同。重衣谓之袭。习是后因前,故为因也。……卜法不得因吉,无所复枚卜也。[1]

---

[1] (汉)孔安国传,(唐)孔颖达正义:《尚书正义》,上海古籍出版社2007年版,第135页。

习，就是因循、沿袭，强调重复之意。具体是指卜筮中，后卜因循先卜。"卜不因吉"，即在卜筮中，不能前面已得吉卦的时候，后面还沿袭先前之卜重复再卜。此外，"乃卜三龟，一习吉"（《金滕》）中的"习"也是指"重"[①]，强调卜筮中的先卜与后卜行为的重复性。以习为因循、重复的意思，在《周易》中也有体现。比如《周易·坎卦》中，按《象传》，"习坎，重险也"。即以习为重，强调险阻的重复出现。习在《尚书》是因、袭、重的意思，进一步也可泛指生活中的其他行为动作。也就是说，习，实质上就是行，合称即是习行。

习行立足于行为动作的重复性和长期性，所谓习行不已之意。《太甲上》之"兹乃不义，习与性成"，按孔安国传是"习行不义，将成其性"[②]，直接将"兹乃不义"解作为"习行不义"；而长期重复"不义"的行为，最终会导致其（恶）性的生成。到孔颖达，则对此寓意作了进一步的阐明：

> 此嗣王（按，太甲）所行乃是不义之事。习行此事，乃与性成。言为之不已，将以不义为性也。[③]

即在伊尹，太甲现在做的事情都是不义的。习行这些不义之事，便会使性生成。"习行"的重心，显然已不在动作行为的重复性和长期性，而在它对性的生成的决定性作用。所以，南宋蔡沉承朱子意作《书集传》，将"习与性成"直接注释为："伊尹指太

[①] （汉）孔安国传，（唐）孔颖达正义：《尚书正义》，上海古籍出版社2007年版，第498页。

[②] （汉）孔安国传，（唐）孔颖达正义：《尚书正义》，上海古籍出版社2007年版，第312页。

[③] （汉）孔安国传，（唐）孔颖达正义：《尚书正义》，上海古籍出版社2007年版，第312页。

甲所为，乃不义之事，习恶而性成者也。"① "习与性成"就是"习恶而性成"，说明日常生活中人的习恶行为，终将导致人的恶性的生成，即习恶而恶性成。

　　以"习"来解释"性"的生成，引出的问题，就是习在性的生成中究竟如何发生作用，以及习的作用到底有多大。明清之际，王夫之将"习与性成"解释为"习与性成者，习成而性与成也"②。相较于前人，王夫之将"习"充实为"习成"，而"性成"则变成了"性与成"。前者强调了"习"本身也有一个完成的问题，即排除了偶然的不经常性的行为；后者则更明确地将"性成"定位为"习成"的结果。如此，习与性之间的关系在王夫之这里变得更为紧密。如果人行不义已经成为习惯，恶的人性也就必然会生成。人的行为习惯对性的生成起着主导性的作用。那么，恰当把握《尚书》对习的作用和地位问题的认识，有助于我们更全面完整地认识性最终是如何生成和变化的，从而也为人们从正面积极努力地影响人性的生成提供了可能。

　　回到《尚书》，习行不义会导致不义之性的形成，在国家治理上的表现就是君主不任贤。《尚书》中最后一处"习"字，出现在《立政》，其以"逸德"来阐释君主习行不义的后果："（按，纣王）乃惟庶习逸德之人，同于厥政。""逸德"，按孔颖达疏，就是以恶为德③。"逸德之人"，是说纣在选择臣下、官吏时常常选择的那些恶人。"习逸德之人"，就是指纣长期与恶人相处，所以习行的都是不义之事，从而形成不义的人性。依据此种人性，纣在政事治理上推行的也便都是不义的事，从而给国家带来祸乱。如此，《尚书》便描绘了一条从习成到性成、再从性成

---

① 王春林：《〈书集传〉研究与校注》，人民出版社2012年版，第260页。
② （清）王夫之：《尚书引义》，中华书局1962年版，第54页。
③ （汉）孔安国传，（唐）孔颖达正义：《尚书正义》，上海古籍出版社2007年版，第688—689页。

到同于其政的承接关系链条，其中习不论是对修身、养性还是对治国，都有着根源性的重要影响作用。

二　性有迁变为恶（《尚书》）

在先秦，性字是一个意义十分丰富的概念，且有一个演变发展过程。"性"，本出于"生"字，其本义与人生命中蕴含的本能欲望密切相关。徐复观对此解释道：

> "性"之原义，应指人生而即有之欲望、能力等而言，有如今日所说之"本能"。……其所以从生者，既系标声，同时亦即标义；此种欲望等等作用，乃生而即有，且具备于人的生命之中；在生命之中，人自觉有此种作用，非由后起，于是即称此生而即有的作用为性；所以"性"字应为形声兼会意字。此当为"性"字之本义。[1]

"性"字从"生"，是说性字在古代出于生字，从而其本义与人的出生和出生以后的生命密切相关。此种密切相关表现在，人的本能欲望，首先是人生而即有、具备于人的生命之中的。这种"生而即有"，是相对于人为后起意义来说的。如此，由"生"字进一步演化而来的"性"字，主要强调的便是人生命之中蕴含的欲望、能力等，这就是性字的本义。性字由生字孳乳而来，所以在先秦，很多时候性可与生字互用。

性与生字的互用在《尚书》中有所体现。比如，《旅獒》有"犬马非其土性不畜"，按孔安国传，意思是"非此土所生不畜，

---

[1] 徐复观：《中国人性论史（先秦篇）》，九州出版社2014年版，第6—7页。

以不习其用"①。可以看出，此处的"性"是与"生"互用的，指向的是人生来就有、就如此的东西。《旅獒》此处整句话意思是说，如果不是本土所生的狗和马，就不应该去饲养，原因是不同地方生长起来的狗和马，其生存和畜养习惯也是不同的。换言之，不论是人还是动物，他们的生活和生存习惯的形成，都是与其出生和出生后的生命密切相关的。

顺应人的生命需要而形成的习惯，也就是俗。如《说文解字》所说："俗，习也。"按《周官·大司徒》："俗，谓土地所生，习也。"即，俗就是指人们在某地出生以来自然生成和养成的比较流行的行为习惯。这一习惯、习俗，始于人的出生，成于人的生命的延续需要。对于生命的延续，当从生理现象的最低需求层面去讲时，习俗的形成中便同时也伴随人的生命中所蕴含的欲望的基本满足。

然而，《尚书》不仅看到了人的生命欲望对于习俗的形成的推动作用，还看到了习俗对欲望的进一步发展可能带来的影响，即习俗可以变化人的欲望。比如，《君陈》写道："惟民生厚，因物有迁。"按孔颖达疏，这句话是说：

> 惟民初生自然之性，皆敦厚矣，因见所习之物本性乃有迁变为恶，皆由习效使然。②

在孔颖达看来，《尚书》此处的生与性应是互用的。只不过，根据上下文判断，"生"在此应该并非作"出生"或"生命"解释，因为"生"与"厚"相连有其牵强之处。"厚"，按孔颖达

---

① （汉）孔安国传，（唐）孔颖达正义：《尚书正义》，上海古籍出版社2007年版，第489页。
② （汉）孔安国传，（唐）孔颖达正义：《尚书正义》，上海古籍出版社2007年版，第717页。

注疏为"敦厚",即诚朴、宽厚的意思。人的生命可以表现为五官百体,怎么形容其为诚朴、宽厚?联系上下文,此处的"生"更多地应该是在人出生以后生命中自然而有的官能欲望层面解释。也就是说,《尚书》认为,人生而有官能欲望,且此种官能欲望是天生自然而非后天人为。当从自然之性的层面去推进对生字的理解时,生字也与物字相对应起来:人生而有自然欲望与官能,其外在投射便是获取自然万物。一方面,人获取外物以满足自然欲望,伴随着这种行为的长期重复性展开,便会形成一定的生活习惯、社会风俗,即孔颖达所疏的"所习之物"。另一方面,人生而处于一定的社会,遵循其特定的社会习俗,如此,人所见、所处、所习的社会习俗,即孔颖达"因见所习之物",便会对因欲望而有的行为产生影响。在对人的行为的持续影响中,即习行中,人性也会发生变化,这就是孔颖达所说"本性乃有迁变为恶""皆由习效使然"。"因物有迁"的说法,表明《尚书》对人的生命这一现象的动态变化的深层追问。此种变迁,按原文,应当是相对于前面"生"的"厚"而言的,即人生而有的自然之性由于习俗的引诱就会远离敦厚变为浇薄[①]。

习俗为什么能引诱人的自然之性发生变迁,可从习俗的本义与性的本义两者的关系得到解释。习俗的本义与人的生命的产生和发展密切相关,而生命的维持和发展首先与满足人生命中蕴含的欲望息息相关。但是,对于欲望的满足往往容易没有节制。人人生来就有满足自己欲望的需要,只不过当人们对于欲望的满足超过一定数量和程度时,便会使性发生质的改变。对于此种"迁",《礼记·乐记》更进一步形容为"化",即"夫物之感人

[①] 蔡沉注《书集传》写道:"言斯民之生,其性本厚,而所以浇薄者,以诱于习俗,而为物所迁耳。"(王春林:《〈书集传〉研究与校注》,人民出版社2012年版,第355页)

无穷，而人之好恶无节，则是物至而人化物也。人化物也者，灭天理而穷人欲者也"。依照孔颖达疏，即是说人感于外物而有所动并化之于物。人追逐外物、放纵情欲而最终形成穷极嗜欲、贪欲的行为习惯[①]。也正是在这个意义上，荀子以性为恶，写道："今人之性，生而离其朴，离其资，必失而丧之。用此观之，然则人之性恶明矣。"（《荀子·性恶》）综合以上观点，便可以理解后来孔颖达将《尚书》"因物有迁"直接注疏为"有迁变为恶"的做法了。

所以，"因物有迁"的追问表明，《尚书》不仅仅有对人的自然之性现象层面的观察，还应当暗含有对这一现象变动的所以然的追问。而在这一追问中也便进一步产生了对性从人的本性、本质层面进行认识的需要。如果人的习惯或习俗只是追求物欲的满足并且没有节制，那么最终就会导致人的恶的本性的形成。这与《太甲上》中所说的人习行不义之事就会使不义的性生成的认识是一致的。"习与性成"思想中，言习最终是为了言性，即人的本性、本质，这表现了《尚书》在其时对于性字本义的新的应用。

可以说，《尚书》将性从生、欲望和本性等层面不断推进的同时，也将习与性两者之间的关系丰富化：当从人的生命和人生而有的欲望的层面去说性时，可以说是"性而习成"，强调的是习俗的形成是以人生而有的欲望为基础的；但是当从习俗的形成中进一步反观人的欲望的发展时，便是"习成而性与成"，其中体现的便是对于人的本性的思考，即习俗会使人的本性迁变为恶。

三 以礼义节性（《尚书》）

按《尚书》，在一个社会中，习俗可以使人的本性变为恶，

[①] 李学勤主编：《礼记正义》（中），北京大学出版社1999年版，第1084页。

而与之相伴随的便是社会的混乱。既然如此，反过来说，对于混乱社会的治理首先要使人性由恶变为善。既然人性有由敦厚变为浅薄、变为恶的可能，那这意味着人性也有从浅薄和恶变为敦厚与善的可能，正如蔡沉所说："然厚者既可迁而薄，则薄者岂不可反而厚乎？"①

《尚书》认为，人有迁变为善的可能。比如《胤征》提出："旧染污俗，咸与惟新。"按孔颖达疏："久染污秽之俗，本无恶心，皆与惟得更新，一无所问。"②"旧染污俗"，即"旧染污习"。"咸"，意思是皆、都。也就是说，这里强调在社会治理中，对于之前那些旧染污习的人，要认识到他们本来不是恶的，因而在对他们的管理中，不要再对他们进行问罪，而是给予赦免并使他们自身能得以更新。

联系"习与性成"说，可以更好地理解《胤征》提出的这种管理方式：人长久随染污秽的风俗，会习行不义之事不止；在这种情况下，即使人性原本不是不义的，也会变为不义的。对于这些性本是善、是义的人来说，他们的不义之性形成的主要原因是其所处于的社会习俗而非他们自身本性。如此一来，在社会治理中，一方面要对这些人的不义行为有所宽赦，另一方面也希望他们能够由恶变为善。

正是在这个意义上，《太甲上》在"习与性成"之前，还写道："王未克变。"孔颖达对此的疏解是：

> 太甲终为人主，非是全不可移，但体性轻脱，与物推迁，虽有心向善，而为之不固。伊尹至忠，所以进言不已。

---

① 王春林：《〈书集传〉研究与校注》，人民出版社2012年版，第355页。
② （汉）孔安国传，（唐）孔颖达正义：《尚书正义》，上海古籍出版社2007年版，第276页。

是伊尹知其可移，故诲之不止，冀其终从己也。①

在这里，《尚书》原文并没有直接探讨人性善恶问题。其实，先秦时候，人的本性动静、善恶是直到《礼记》、孟子、告子和荀子等那里才进一步得以深入探讨的问题。正是承继《礼记乐记》"人生而静，天之性也"、《孟子》"性善"的观点，孔颖达在此处的疏解才提出，"变"是指人初生时，性本是静而后才有变为"轻脱""推迁"，人本是有心向善而后才有变为恶一说的。即，虽然太甲现在有做不义的事，但他实质上并不是恶的，本来是有心向善、可以成为善的②。"体性"中，"体"就是指人的身体，而"性"就是指人的身体所自然有的欲望，即人自然对于外物有所求、有所应。"体性轻脱"，就是说太甲对于外物的欲求是有迷惑、不能固定把握的，比如容易被习俗等引诱。正是如此，才致使太甲现在会做这些不义之事、有这不义之性的生成③。只不过，对于这不义之性，伊尹认为其是可以进一步变化更新为善的。人的欲望自身并不是生来就固定不变的，而对于其中善方向的发展更是需要"为之固"的人为修养工夫。即，可以通过人为努力工夫，使人的欲望发展向善，也就是使人性最终固定成形为善。

---

① （汉）孔安国传，（唐）孔颖达正义：《尚书正义》，上海古籍出版社2007年版，第312页。

② 孔颖达以"太甲终为人主"来解释太甲有善性，体现了孔颖达以太甲作为君主，其禀赋气质中应该有善质，只是善不能自成，存在一些瑕疵的观点。关于此种"凡人皆有善性"的观点，也可参看孔颖达对《洪范》篇"惟时厥庶民于汝极，锡汝保极"的注疏。具体参看（汉）孔安国传，（唐）孔颖达正义：《尚书正义》，上海古籍出版社2007年版，第460页。

③ 在孔颖达看来，虽然太甲自然而有的情欲是向善的，只不过其情欲最终为善还是为恶，仍与所感事物的善恶直接关联。此种观点，也可见孔颖达在注疏《礼记·乐记》"物至而人化物也"时所提出的观点："外物来至，而人化之于物，物善则人善，物恶则人恶，是'人化物'也。"参看李学勤主编《礼记正义》（中），北京大学出版社1999年版，第1084页）

既然人性可以变化更新为善，那么首要方法便是从性自身上下功夫。对于具体如何积极努力以使人性更新为善，《召诰》提出了"节性"的观点："节性惟日其迈。"根据上下文，此处的"性"当指人的本能欲望，节性就是节欲①。意思是说，通过节欲，人在日日的习行中渐渐远离恶，从而最终使人性变化为善。这里，以"性"为人的本能欲望，体现了"性"字在《尚书》中复杂演变的一面。一方面要理解，在古代，"性"字本由"生"字孳乳而来，所以对于性字的理解应当与生命密切联系起来。然而，从另一方面来说，也应当注意由生字孳乳而来的性字的意义与生字本义不应当被混淆。也就是如徐复观所说，应当重视性字出现的独立意义②。性字出现的独立意义可从心字上得以很好的体现。性字不仅出于生字，按许慎《说文解字》，性字还"从心"。徐复观对此的解释是：

> 其所以从心者，"心"字出现甚早，古人多从知觉感觉来说心；人的欲望、能力，多通过知觉感觉而始见，所以"性"字便从心。③

性字的本义是人生而有的本能欲望，但随之而来的问题则是，这种欲望是否能为人所知。性从心，是说人生而有的这种本能欲望是能够被人自觉知道的，而之所以能知道是因为人心对人的本能欲望自然能有所感知。也就是说，当从心、从感知的角度去讲性

---

① 对于此"节性"，傅斯年在《性命古训辩证》中指出应该改作"节生"（傅斯年：《性命古训辩证》，上海古籍出版社2012年版，第2页）。而徐复观则认为，若把节性改作节生，意义较为牵强［徐复观：《中国人性论史（先秦篇）》，九州出版社2014年版，第7—9页］。相关讨论也可见刘俊《傅斯年、徐复观论"生"与"性"之关系及其思想史意义》，《中国哲学史》2015年第4期。

② 徐复观：《中国人性论史（先秦篇）》，九州出版社2014年版，第6—7页。

③ 徐复观：《中国人性论史（先秦篇）》，九州出版社2014年版，第6—7页。

字意义时，则使得性的问题得以更进一步深入展开：其中不仅有人自然能感知欲望的问题，更进一步的还有人如何能对这些欲望进行思的问题。即心对欲望的进一步发展的思考。

这一思考的最好体现，便是对习成与性成关系的追问。如果说对于性从人生而有的欲望、嗜好的角度出发去理解还仅仅是人们对生活中的现象的观察，那么当人们进一步对这种现象之间的变化的所以然有所考虑时，便出现了性的新意义——"本性"。只不过，在《尚书》看来，对此种本性意义的理解，仍旧与人们对人生而就有的欲望的重新审视和考虑密切相关。

正是基于对欲望的审视和考量，孔颖达在疏解《召诰》时，进一步提出了具体的节欲方法，即通过礼义节制人的欲望：

> 人各有性，嗜好不同，各咨所欲，必或反道，故以礼义时节其性命，示之限分，令不失中，皆得中道，则各奉王化，故王之道化"惟日其行"，言日日当行之，日益远也。[1]

对于"节性"中的"性"，孔颖达认为主要是指人生而有的欲望。从生而有来说，也可称为天命于人的欲望，即性命。对于欲望，孔颖达指出其特点是，人生而有嗜好、欲望等，且人的嗜欲各有不同；如果每人都去放纵自己的不同欲望，满足自己不同的需求，那么必定会违反正道而使社会走向混乱。基于对欲望的这一认识和考量，孔颖达承继《礼记·乐记》"是故先王之制礼乐，人为之节"的思想，进一步指出，"节性"中的"节"指向的就是礼义之节。节性，就是以礼义告示人的嗜好、欲望等应该有所限制、各有分界；通过不断地习行礼义，便可以使性远离"反

---

[1] （汉）孔安国传，（唐）孔颖达正义：《尚书正义》，上海古籍出版社2007年版，第585页。

道"而达到有所节的状态。此种节性意义上的习行，其行为指向的内容不再是污秽风俗，而是礼义，而人性变化、更新的方向也便是从向下的力量变为向上的力量。此种以礼义节性的观点是与孔颖达人性向善思想相对应的：正是因为人性本是向善的，所以才有可能通过礼义的节制，将人的欲望的发展最终导向善，即使人性固定为善。

虽然以礼义节性并非《尚书》原文中提到的观点，但本书认为孔颖达的疏解应当是符合《尚书》思路的。比如，伊尹在《太甲上》篇告诫太甲"兹乃不义，习与性成"后，进而对太甲提出了以下建设性的意见："予弗狎于弗顺，营于桐宫，密迩先王，其训，无俾世迷。"孔颖达将其阐发为：

> 习为不义，近于不顺，则当日日益恶，必至灭亡，故伊尹言己不得使王近于不顺，故经营桐墓，立宫墓傍，令太甲居之，不使复知朝政。身见废退，必当改悔为善也。①

伊尹认为使太甲将性恶改为善的方法，首要的就是对太甲习近的人与事做出改变。比如使太甲居住在桐墓旁，靠近成汤先王，日日思先王的义行、义言、义事；不再让太甲治理朝政，如此可使太甲不再做恶事、远离那些奸佞之人。如果说后者是强调远离旧染习俗以改恶的话，那么前者则是在强调亲近先王以滋养善性、使善性形成。以先王的言行代替旧的习俗对自己行为的指导，从更广泛的社会治理意义上来说，就是要求更新社会习俗，以先王礼义之道来对人的行为做出指导。也就是疏解"节性"时孔颖达所说的以礼义节性。

---

① （汉）孔安国传，（唐）孔颖达正义：《尚书正义》，上海古籍出版社2007年版，第312页。

《尚书》"习与性成"说表明习对于性的生成和塑造起着主导性作用。"习"可以使人性发生变化、更新，而人性变化更新的方向取决于习行的内容：如果习行的内容是污秽风俗，那么此种习行中生成的人性就是不义的；与之相反，如果习行的内容是礼义中道，那么此种习行中生成的人性就是义的。前者以习染解释习行，指出"习与性成"意即"习不义所以性成不义"；而后者接着以节性解释习行，又指出"习义所以性成义"。人性的最终生成状态与习行密切相关。

综上，《尚书》提出"习以性成"的观点，认为习即习行，并进一步以习的生成解释了人性如何变迁为恶。习字由习行到习俗意义的发展演变，展现了《尚书》中性字意义的演变，即由生字本义孳乳出人生命中的欲望的意义，而从对生命欲望的变化的所以然的追问中，《尚书》也进一步发展出了对性字的新义——本性、本质的思考。《尚书》此种对"性"字意涵的多重使用和思考，随后也在《礼记》《孟子》和《荀子》等儒家著作中有所继承和发展。比如，告子提出"生之谓性"（《孟子·告子上》），而荀子指出"生之所以然者谓之性"（《荀子·正名》）。另一方面，《尚书》"因物有迁"的思想，揭示了人性并非人生来固有不变的而是可以变化的，从而为后来儒家人性论的进一步发展提供了理论准备。比如，循着《尚书》思路，《礼记》进一步从动静变化的角度将习如何使人性从静的本然状态变化为穷极逐物的状态进行了解释，而宋明理学家则更是从体用动静的理论高度用习解释了人性本善如何为恶的问题。

另一方面，也正是通过习的形成和发展，《尚书》进一步提出了对人性如何由恶变化更新为善的思考。《尚书》首先提出"节性"的主张，从而奠定了儒家从习俗和人生来而有的欲望上入手进行性命理论探讨的基本构架。循着《尚书》思路，荀子进一步提出"注错习俗以化性"思想，从而发展出了以礼义节性的儒家修养工夫思想，并在后来为孔颖达、阮元等进一步继承和发展。

总之，对《尚书》"习以性成"思想的探讨，不仅可以展现人性思想在先秦流行发展的复杂演变状况，也同时表明了对《尚书》中人性思想进一步探讨的必要性，这对丰富和发展儒家人性论史是十分重要的。

四 《荀子》习俗化性说的进一步发展

儒家重视习并以习来解释人性。比如，《尚书》注重从"习行"意义上阐发，提出"习与性成"，即习行不义会使性成为不义。荀子关联《尚书》的思考，以习为习俗，将习与性成说进一步发展为习俗化性说。正是在习俗化性说的阐发中，荀子进一步指出，习也指思虑之积习，即心伪，并将心积习思虑分别从知几和知微等层面进一步推进。荀子注错习俗以化性思想是对《尚书》习与性成思想的继承和发展，而从"弘正道以励其俗"的角度来说，荀子确实不应该被排除在儒家道统之外。

与《尚书》一致，荀子认为性首先是"生之所以然者"，是人生来就如此的东西，而这一层意义的进一步延伸是指人生来就具备的功能，即自然欲望。只不过，荀子承继《尚书》"习不义所以性成不义"的观点，进一步指出性的自然发展会招致祸乱，即性恶：

> 今人之性，生而有好利焉，顺是，故争夺生而辞让亡焉；生而有疾恶焉，顺是，故残贼生而忠信亡焉；生而有耳目之欲，有好声色焉，顺是，故淫乱生而礼义文理亡焉。然则从人之性，顺人之情，必出于争夺，合于犯分乱理而归于暴。故必将有师法之化，礼义之道，然后出于辞让，合于文

理，而归于治。用此观之，然则人之性恶明矣，其善者伪也。(《荀子·性恶》)①

荀子认为，人生而有的性是好利、嫉恶、有耳目之欲、好声色的。这些生而有的性如果任其自然发展（而没有人为治理），就会造成争夺、残贼、淫乱之事的发生和辞让、忠信、礼义文理等事的消失，而使得社会最终走向暴乱。从这个意义上说，人性需要治理。

正是基于人性治理的需求，荀子进而十分重视习的作用。荀子指出，习首要的是指向俗，即社会习俗。② 并认为社会风俗的习行对于人能否成为君子至关重要：

> 材性知能，君子小人一也。好荣恶辱，好利恶害，是君子小人之所同也，若其所以求之之道则异矣。小人也者，疾为诞而欲人之信己也，疾为诈而欲人之亲己也，禽兽之行而欲人之善己也。虑之难知也，行之难安也，持之难立也，成则必不得其所好，必遇其所恶焉。故君子者，信矣，而亦欲人之信己也；忠矣，而亦欲人之亲己也；修正治辨矣，而亦欲人之善己也。虑之易知也，行之易安也，持之易立也，成则必得其所好，必不遇其所恶焉。是故穷则不隐，通则大明，身死而名弥白。小人莫不延颈举踵而愿曰："知虑材性，固有以贤人矣。"夫不知其与己无以异也，则君子注错之当，而小人注错之过也。故孰察小人之知能，足以知其有余，可以为君子之所为也。譬之越人安越，楚人安楚，君子安雅，是非

---

① （清）王先谦：《荀子集解》，中华书局1988年版，第434—435页。
② 在《性恶》篇，荀子以俗为习，指出："上不循于乱世之君，下不俗于乱世之民。"其中，"不俗"，即是不习之义。

知能材性然也，是注错习俗之节异也。(《荀子·荣辱》)①

君子和小人在材性知能上都是一样的，具体表现为不论君子还是小人，他们都是有相同所求的，比如好荣恶辱、好利恶害；造成他们之间产生不同的根本原因是他们所以求的方式和方法，即"所以求之之道"：小人做事采取欺诞、奸诈等禽兽般的行为方式，而最终有祸无福；君子则采取忠信之道，最终则得善。君子和小人之所以有这两种行为方式的不同，荀子认为是因为习俗上的"注错之过"与"注错之当"的不同。"注错"也就是措置，而依杨倞注，"习俗，谓所习风俗"②。所习的风俗当与人生而有的欲望密切相关：如果所习的风俗是放纵人欲而没有节制的话，就是"注错之过"；如果能对人欲有所节制、引导，就是"注错之当"。"注错习俗"是造成君子小人最终有所不同的根本原因。

然而，注错习俗可以变化人的性为义，也可以变化人的性为不义。因此，荀子进而提出在习俗的注错中，君子、师法的指导十分重要，即应该"方其人之习君子之说"(《荀子·劝学》)。"习"不仅仅指积贯、积习，还指习近。在君子和师法的正确指导下，人才能更切实有效地积习君子所说、所为，这也就是荀子所谓的"学莫便乎近其人"(《荀子·劝学》)。荀子非常强调师法在注错习俗中的重要性：

> 人之生固小人，无师无法则唯利之见耳。人之生固小人，又以遇乱世，得乱俗，是以小重小也，以乱得乱也。君子非得势以临之，则无由得开内焉。今是人之口腹，安知礼义？安知辞让？安知廉耻隅积？亦呥呥而噍，乡乡而饱已

---

① (清)王先谦：《荀子集解》，中华书局1988年版，第61—62页。
② (清)王先谦：《荀子集解》，中华书局1988年版，第62页。

矣。人无师无法，则其心正其口腹也。今使人生而未尝睹刍豢稻粱也，惟菽藿糟糠之为睹，则以至足为在此也。俄而粲然有秉刍豢稻粱而至者，则瞲然视之曰："此何怪也？"彼臭之而无嗛于鼻，尝之而甘于口，食之而安于体，则莫不弃此而取彼矣。今以夫先王之道，仁义之统，以相群居，以相持养，以相藩饰，以相安固邪？以夫桀、跖之道，是其为相县也，几直夫刍豢稻粱之县糟糠尔哉！然而人力为此而寡为彼，何也？曰：陋也。陋也者，天下之公患也，人之大殃大害也。故曰：仁者好告示人。告之示之，靡之儇之，铅之重之，则夫塞者俄且通也，陋者俄且僩也，愚者俄且知也。（《荀子·荣辱》）[1]

荀子指出，人如果安于内在的生性而没有师法的开示，便会只看到利而不见义。如果再加上习于陋俗、乱俗的话，那么最终便会成为小人、招致祸乱。而改变这一状况的关键在于能够使人们"开内"，即有君子、仁人为师而能使人不仅看到口腹之欲，还能看到礼义、辞让等的存在，认识到礼义、辞让等能最终使人与人"以相群居"，人与自然"以相持养"，从而最终达成天下的和谐治理。君子、仁人向人们传达先王之道、仁义之统，开阔人们的视野而使人们不局限、不固陋于生性欲望，进而人们愿意有所改变，有所修为、积习，最终人们便能由陋变为通、由愚变为知，最终成圣成贤。

不论是注错习俗还是师法教化，荀子强调的重点都是改变人生而有的性以最终化性成积：

> 人无师法则隆性矣，有师法则隆积矣，而师法者，所得

---

[1] （清）王先谦：《荀子集解》，中华书局1988年版，第64—66页。

乎情［积］①，非所受乎性，不足以独立而治。性也者，吾所不能为也，然而可化也；情［积］也者，非吾所有也，然而可为也。注错习俗，所以化性也；并一而不二，所以成积也。习俗移志，安久移质，一而不二则通于神明，参于天地矣。(《荀子·儒效》)②

荀子指出，性是人生而有、人所不能作为的，师法指导下的人的积习，指向的就是人在生性基础上的进一步积习与作为。而在这种进一步的作为中，人可以改变、转移心志；更重要的是，人如果能长久地积习于此政教风俗中而有所好、有所安的话，那么人的本质就会远离生性而发生变化，即变化人的本性为习性。

在化性成积思想中，荀子强调积习所能作用于人性的范围并不是性自身。荀子写道，

孟子曰："人之学者，其性善。"曰：是不然。是不及知人之性，而不察乎人之性、伪之分者也。凡性者，天之就也，不可学，不可事；礼义者，圣人之所生也，人之所学而能，所事而成者也。不可学，不可事而在人者谓之性，可学而能、可事而成之在人者，谓之伪。是性、伪之分也。今人之性，目可以见，耳可以听。夫可以见之明不离目，可以听之聪不离耳，目明而耳聪，不可学明矣。(《荀子·性恶》)③

在孟子看来，人之学就是指人学性（或学善）。而对学性的可能问题，荀子提出了质疑。在荀子看来，性自身是天赋予人的，属

---

① 按杨倞注，此处的"情"当为"积"，后面几处"情"也是类似情况，均在文中标出。具体参看（清）王先谦《荀子集解》，中华书局1988年版，第143页。
② （清）王先谦：《荀子集解》，中华书局1988年版，第143—144页。
③ （清）王先谦：《荀子集解》，中华书局1988年版，第435—436页。

于天的功能和职分,不是人可以参与的。比如,目可以见而为明,耳可以听而为聪,目可明、耳可聪本是人天生而可有的,并不是人为努力后才可以有的结果。因而天性、生性是不可以学的。荀子明确提出,人所可学的实际上不是性。与天不同,人所能参与和努力的应是人自身的事情,即人能学的应当是与人自身有关的行为,能成的应当是人自身在天地间的功能和职分。而这些人所能学、能成的事情,都指向的是生性基础上的人的修习和作为。

在此基础上,荀子进而强调人的修习所改变的不是性自身,而是性的状态:

> 物有同状而异所者,有异状而同所者,可别也。状同而为异所者,虽可合,谓之二实。状变而实无别而为异者,谓之化。有化而无别,谓之一实。(《荀子·正名》)①

依杨倞注释,性之化中,强调的是性的形状、状态有所变化,但性的内容和实质并没有变化。以田鼠与鴽为例,古人认为阳气盛则鼠化为鴽,阴气盛则鴽复化为鼠,虽然这一过程中有外在形状的变化,但阴阳之体、实并没有发生变化。② 类似地,荀子积习以化性的思想,强调人在注错习俗中,并不能使性之体、实发生变化,变化的只是性的形状和状态,即积习可以化人的天性为习性。

荀子强调化性化的是性的状态而非性之实,是因为在荀子看来人的积习和修为,目的只是引导情欲自身的发展,而非去清除或减少情欲。荀子强调情欲的多少并不是积习化性的关键,关键

---

① (清)王先谦:《荀子集解》,中华书局1988年版,第420页。
② (清)王先谦:《荀子集解》,中华书局1988年版,第420页。

在于情欲是不是得以恰当地调节：

> 故欲过之而动不及，心止之也。心之所可中理，则欲虽多，奚伤于治！欲不及而动过之，心使之也。心之所可失理，则欲虽寡，奚止于乱！故治乱在于心之所可，亡于情之所欲。(《荀子·正名》)①

不论是欲多还是欲少都不会影响心的正与不正，以及修齐平治天下之事。欲望的多少只关乎人生而有的"情之数"，并非与治乱相关；与治乱相关的是作为欲之主的心是不是正，心是不是知理、知道。心如果知道、知理，那么其就可以恰当地调节情欲，可以对情欲有所使、有所主。当情欲过多的时候，那么心便可以去抑制、减少欲望的活动；但是当情欲过少的时候，那么心便可以去鼓使、增多欲望之动。心为身之主，重在调养情欲，而非仅仅减少情欲。如此，荀子便将《尚书》"节性"说进一步发展为以礼义调节情欲的观点。

荀子还进一步对礼义如何调节情欲做出了更为深入的探讨，他指出礼义制定的首要原则是去解决人的情欲与自然万物的矛盾：

> 礼起于何也？曰：人生而有欲，欲而不得，则不能无求；求而无度量分界，则不能不争；争则乱，乱则穷。先王恶其乱也，故制礼义以分之，以养人之欲，给人之求，使欲必不穷乎物，物必不屈于欲，两者相持而长，是礼之所起也。(《荀子·礼论》)②

---

① （清）王先谦：《荀子集解》，中华书局1988年版，第428页。
② （清）王先谦：《荀子集解》，中华书局1988年版，第346页。

荀子认为，对自然物质的欲望是人生而有的，但人对欲望的追求如果没有控制就会导致人与人的争夺、社会的祸乱。而为了防止这一祸乱，就需要人对自然欲望的长养有所调控。而礼义正是为了首要满足这一需求。

遵循人与自然的平衡发展原则去长养和调节人的情欲，即是使人重视礼义的积习，而最终目的则是使人成圣成贤：

> 性者，本始材朴也；伪者，文理隆盛也。无性则伪之无所加，无伪则性不能自美。性伪合，然后圣人之名一，天下之功于是就也。故曰：天地合而万物生，阴阳接而变化起，性伪合而天下治。(《荀子·礼论》)[1]

在荀子看来，性之实或体，即情欲是人生而有，但情欲自身需要伪的附加、礼义的作用才能美，即需要人为调控才能最终导致社会得以平治。性是伪的必要前提，而伪是性得以美的最终保障。正如阴阳相互资借而有动静变化、万物生化不息，"性伪合"在荀子那里就是，人的生性和人的礼义之学两者相加而产生和合变化，即通过人为努力而使人的生性、情欲有所调控，从而使得天下得以治理。

当从阴阳接的角度去讲性伪合时，化性在荀子那里就不再仅仅是一个一次性完成的状态，而成为一个连续不断的活动过程。从这个意义上讲，"注错习俗，所以化性"在荀子那里指向的便是人终其一生不断积习为善、不断学习礼义以化性成圣成贤的过程，即《荀子》开篇首先强调的，"学不可以已"(《荀子·劝学》)。

---

[1] （清）王先谦：《荀子集解》，中华书局1988年版，第366页。

五 "虑积焉、能习焉而后成谓之伪"

荀子以性为人的欲望并主张通过师法礼义来调节，但同时也指出这一调节得以可能的关键还在于人自身的内在修为，尤其是心的思虑积习。在荀子那里，习主要还是指心言。

在先秦，性字不仅出于生字，按许慎《说文解字》，性字还"从心"。而徐复观对此解释道，

> 其所以从心者，"心"字出现甚早，古人多从知觉感觉来说心；人的欲望、能力，多通过知觉感觉而始见，所以"性"字便从心。[①]

性字的本义是人生而有的本能欲望，但随之而来的问题则是，这种欲望是否能为人所知。性从心，是说人生而有的这种本能欲望是能够被人自觉知道的，而之所以能知道是因为人心对人的本能欲望自然能有所感知。也就是说，当从心、感知的角度去讲性字意义时，则使得性的问题得以更进一步深入展开：其中不仅有人自然能感知欲望的问题，更进一步地还是人如何能对这些欲望进行思的问题，即心对欲望的进一步发展的思考。

这一思考的最好体现，便是《尚书》对习成与性成关系的追问。如果说对于性从人生而有的欲望、嗜好的角度出发去理解还仅仅是人们对生活中的现象的观察，那么当人们进一步对这种现象之间的变化的所以然有所考虑时，便出现了性的新意义——"本性"。只不过，在《尚书》看来，对此种本性意义的理解，仍旧与人们对人生而有的欲望的重新审视和考虑密切相关。

[①] 徐复观：《中国人性论史（先秦篇）》，九州出版社2014年版，第6—7页。

当从心的意义上去理解性时，荀子也认为性与心的知觉以及心知觉到的欲望密切相关，只不过荀子也进一步意识到了性与心之间的某种不同。在荀子看来，性情容易受外物之动而有感有动，因而表现出了其不自立的特性，其活动有待指导和抉择。即荀子所说"不足以独立而治"（《荀子·儒效》）。荀子写道：

> 性者，天之就也；情者，性之质也；欲者，情之应也。以所欲为可得而求之，情之所必不免也；以为可而道之，知所必出也。故虽为守门，欲不可去，性之具也。虽为天子，欲不可尽。欲虽不可尽，可以近尽也；欲虽不可去，求可节也。所欲虽不可尽，求者犹近尽；欲虽不可去，所求不得，虑者欲节求也。道者，进则近尽，退则节求，天下莫之若也。（《荀子·正名》）①

在这里荀子指出人生而有性，而性之内容、实质就是情。对性的指导和抉择是通过自立为主的心来完成的。当性为外物所动而进一步去有所应、有所活动时，便需要借助于心的活动，即"知所必出也"。也就是说，对荀子而言，使性情有所应的命令是心来发出的，心对性情之应（即欲）做出或近尽、或节求的指令。于此可以看出，人性、人情、人欲对荀子而言自身并不必然是恶的，其善恶与否取决于是否为心所使。②

与性不自足而无所借待的特性不同，荀子指出心的重要特性

---

① （清）王先谦：《荀子集解》，中华书局1988年版，第428—429页。
② 关于心与欲的关系，Winnie Sung 在其文章中也指出，欲自身不足以推动行动，"荀子仿佛想表达这样一个观点，即欲似乎是心的一个特殊感应状态"，从而将心对于人的行动的重要推动作用凸显出来。具体参看 WinneSung, "Yu in the Xunzi: Can Desire by Itself Motivate Action?" *Dao*, Vol. 11, No. 3, 2012, pp. 369–388. 心对于欲的这一种特殊感应，本书认为与荀子在心对欲的主使和抉择功用上的强调密切相关。

就是独立、自主。荀子写道：

> 心者，形之君也，而神明之主也，出令而无所受令。自禁也，自使也，自夺也，自取也，自行也，自止也。故口可劫而使墨云，形可劫而使诎申，心不可劫而使易意，是之则受，非之则辞。故曰：心容其择也，无禁必自见，其物也杂博，其情之至也不二。(《荀子·解蔽》)①

荀子指出，心独立而为形之君、神明之主，最重要的表现是，心只是发出命令而不接受命令。心只是发出命令，即心可以自己决定是禁止还是使通行，是夺还是取，是前进还是停止，心是可以自己选择和决定它的行为。而且更重要的是，心的自行选择是无需任何凭借的，即心不接受命令。一个人可以使另外一个人的语言、身体等发生变化，但却不可以使他的心意有所变化。

荀子以自足而无所借待的心为化性的依据，从而使得积习化性的修养工夫的重点落在了心的积习即心的思虑积习上。荀子写道：

> 生之所以然者谓之性。性之和所生，精合感应，不事而自然谓之性。性之好、恶、喜、怒、哀、乐谓之情。情然而心为之择谓之虑。心虑而能为之动谓之伪。虑积焉、能习焉而后成谓之伪。(《荀子·正名》)②

心的积习思虑，主要是指心对性情的选择与主使。心能对情有所选择并主使情的动作、行为，即心能主使情如何应对外物之动；心在有所虑的基础上进一步不断积累、学习、练习，最后能成

---

① （清）王先谦：《荀子集解》，中华书局1988年版，第397—398页。
② （清）王先谦：《荀子集解》，中华书局1988年版，第412页。

性、使性化为善，就是伪的最终达成。心能虑是心积习的前提，而心积累、练习思虑最后要达成的便是使性的状态发生转变并且不再迁移，即使性成善。

心有思虑的功用，但此种功用自身仍然有缺陷。在荀子看来，心虽然是自足而无所借待的，但心却还不是成心、善心。心的不完善集中表现在心容易有所蔽：

> 欲为蔽，恶为蔽，始为蔽，终为蔽，远为蔽，近为蔽，博为蔽，浅为蔽，古为蔽，今为蔽。凡万物异则莫不相为蔽，此心术之公患也。(《荀子·解蔽》)[①]

在荀子看来，人心有一个共同的问题，即人心所好各有不同而容易有所遮蔽。心可以辨知和爱好的万物很多，但如果心偏滞于其中一个，那么心就会蔽于一而不知万，蔽于部分而无法知晓全体。荀子指出此种心蔽容易招致政治之祸、学说之乱。以史为例，夏桀、殷纣的心有蔽，表现为"身不先知，人又莫之谏，此蔽塞之祸也"。在人臣方面，以唐鞅、奚齐为例，心之蔽表现为"逐贤相而罪孝兄，身为刑戮，然而不知，此蔽塞之祸也"。在学说方面，以六家为例，指出其思想之蔽表现为："墨子蔽于用而不知文。宋子蔽于欲而不知得。慎子蔽于法而不知贤。申子蔽于执而不知知。惠子蔽于辞而不知实。庄子蔽于天而不知人。"在荀子看来，道术有很多，但都是道体的一个方面，"夫道者，体常而尽变。一隅不足以举之"(《荀子·解蔽》)，因而每一个道数自身都不足以展现全体之道，相反是会带来是非之乱的。

荀子认为，避免心蔽所带来的政治之祸、学术之祸乱的关键，是使心能"求正以自为"(《荀子·解蔽》)，即心能正、能诚：

[①] （清）王先谦：《荀子集解》，中华书局1988年版，第388页。

> 君子养心莫善于诚，致诚则无它事矣，唯仁之为守，唯义之为行。诚心守仁则形，形则神，神则能化矣；诚心行义则理，理则明，明则能变矣。变化代兴，谓之天德。天不言而人推高焉，地不言而人推厚焉，四时不言而百姓期焉。夫此有常，以至其诚者也。(《荀子·不苟》)[1]

在荀子看来，致诚的具体表现就是诚心守仁、诚心行义。"诚心守仁"强调的是使心之所发正而有仁爱。如果人心能守仁，那么就可以使性之形状发生神妙变化，进而可以使民性化为善。"诚心行义"强调的是推极心之所知而没有遮蔽。如果人心能行义，那么人心就可以知道知理，进而就能明通道体而穷尽道体之变数。心之发"仁"与心之知"义"两者不断交相资借、兴起，那么就可以使天下得以化治，从而成就天德。当从心之所发与心之所知两者的和合变化上去讲致诚时，荀子将诚心的修养工夫进一步落实到心知上去。在荀子看来，诚心一方面是化性——使心之所发守仁，言化性实际上是在言心之发。但同时，荀子认为与化性相比，更为重要的是使心自身知理、知道，心知道是心之发能正和善的根据。诚心是使心知义理、知道，言诚心是为了彰显心知。所以荀子养心莫善于致诚，即是指养心、正心莫善于推及心知于道。

在强调心知的重要性中，荀子便将心如何积习思虑的问题转化为如何推及心知的问题。荀子认为，推及心知的重点，是做到养心之一、养心之微的内在修为工夫。[2]

关于一和微，《尚书·大禹谟》指出："人心惟危，道心惟

---

[1] (清)王先谦：《荀子集解》，中华书局1988年版，第46页。
[2] 对此，王楷已经有所阐发，具体见王楷《荀子养心说新探——一种精神修持理论视域下的考察》，《伦理学研究》2010年第6期。

微，惟精惟一，允执厥中。"按孔安国注释："危则难安，微则难明，故戒以精一，信执其中。"① 意思是人心危殆难安，道心幽微难明，所以警戒人心要信守精一、执中之道。然而在这里，《尚书》并没有对人心与道心、精一与执中的关系做进一步阐释。

承继《尚书》关于心之一与微的说法，荀子进一步发展出"养一之微"说：

> 昔者舜之治天下也，不以事诏而万物成。处一危之，其荣满侧；养一之微，荣矣而未知。故《道经》曰："人心之危，道心之微。"危微之几，惟明君子而后能知之。(《荀子·解蔽》)②

荀子以舜为例，指出圣人之所以为圣人的原因在于"处一危之""养一之微"。"处一危之"，按阮元和王念孙的注解，意思是说"舜身行人事而处以专一，且时加以戒惧之心，所谓危之也"，"危之者，惧蔽于欲而虑危也"。③ 也就是说，舜行事能时常有戒惧之心，即戒慎戒惧其行为是否有正、心是否有蔽而陷于危乱。由于心有"虑危"，所以舜能使周围的人和事最终获得安荣。但荀子认为最能体现舜治天下的神妙作用的并不是"处一危之"，因为"处一危之"的行为和其带来的安荣是人能察知的。最使人不能察知的行为是"养一之微"。阮元和王念孙注解为"舜心见道而养以专壹，在于几微"④，即舜的心能做到动中有静，不使其

---

① （汉）孔安国传，（唐）孔颖达正义：《尚书正义》，上海古籍出版社2007年，第132页。
② （清）王先谦：《荀子集解》，中华书局1988年版，第400页。
③ （清）王先谦：《荀子集解》，中华书局1988年版，第144页。
④ 在心知道的思想中荀子强调心要虚壹而静，而心静强调的是心在知道中能避免因想象、梦剧等带来的干扰，而能专一于知道。也就说荀子的静，是一之静。(《荀子·解蔽》)

他等扰乱心，使心一于道。而"几微"则是强调舜在心动而未形之际、心之将行未行之际，便能避免各种对心的干扰的可能，从而根本上确保舜能使周围的人和事都能获得安荣。如此，荀子便将心一而虑危思想，进一步深入到心动而知静、心一而虑微的更为根本的层面，突出了人心内在修为工夫中精微、幽深的一面。

关联《尚书》人心、道心的说法，荀子将积习化性说从心知动静、几微的层面更一步推进。"知几"即是《尚书·大禹谟》中提出的"精一"之道，而"一于道"在荀子即是《尚书·大禹谟》中提出的"执中"之道。执中，荀子认为也就是指执礼义，"曷谓中？曰：礼义是也"（《荀子·儒效》）。这与荀子对于"治气养心之术，莫径于礼"思想中对于礼义的强调是一致的。如此，心的思虑积习便既是使心能知几的问题，也同时是使心知政教礼义的问题。心识几且能一于礼义之道，人便能在平治天下上真正达到如天地化育万物般的那般神妙，即人才能与天地参。

六　余论

关联《尚书》"习与性成"说，荀子以习释性，而提出了"注错习俗，所以化性""虑积焉、能习焉而后成谓之伪"的观点。一方面，荀子将性从体与形两个角度去分析，并在性之形上来讲为善去恶的工夫，具体即是如何通过"注错习俗""习近其人"和"习伪"等来使性成、性化，从而将《尚书》"习以性成"说进一步发展为"习以化性"。另一方面，荀子还提出，习也指心思虑之积习，即心伪，并将心如何积习思虑从心知几、知微层面进一步推进。可以说，荀子习以化性说是对《尚书》习与性成说的继承和发展，为后儒性学思想的进一步发展提供了很好的理论资源。

对于荀子与儒家道统，学界历来争论很多。韩愈作《原道》，首先提出对于"道"在儒家历史上的传承,"荀与扬也,择焉而不精,语焉而不详",并认为荀子是"大醇而小疵"。如果说"大醇"的评价表明韩愈还没有完全把荀子排除在道统之外,那么到了北宋二程、南宋朱熹那里,荀子则是已经被完全排除在外。二程认为韩愈"其言荀、扬大醇小疵,则非也。荀子极偏驳,只一句性恶,大本已失"(《二程集》)。

然而不同于韩子、程子和朱子,唐宋间是有很多学者认为荀子是应该在道统中的。[①] 比如,令狐德棻提出:"尧、舜、汤、武居帝王之位,垂至德以敦其风;孔、墨、荀、孟禀圣贤之资,弘正道以励其俗。"(《周书》)从"弘正道以励其俗"的角度,令狐德棻认为荀子应当在儒家道统中,甚至位置应排在孟子之前。

联系荀子的"注错习俗以化性"、习伪等思想,可以说令狐德棻的说法确实是很有见地的。诚如令狐德棻所说,荀子人性思想是与儒家"弘正道以励其俗"的宗旨密切相关的。《尚书》首先提出"习与性成"和"节性"的主张,从而奠定了儒家从习俗和人生来而有的欲望上入手进行性命理论探讨的基本构架。而循着《尚书》思路,荀子进一步提出"注错习俗以化性"思想,从而发展出了以礼义节性的儒家修养工夫思想,并在后来为孔颖达、阮元等进一步继承和发展。从这个角度来说,荀子确实不应该被排除在儒家道统之外。

在成人思想中,荀子确实是非常注重学的。这也是为什么《荀子》在开篇《劝学》篇末点出"成人"概念。人之为人的根本在于全,因为全,所以人能与天地参。但全是人为之全,而非天所赋予的全。人为之全,体现在身心整体、生死两全、群居和一之道中。但更为重要的是,人如何能全。荀子的答案是,学。

在如何能全上,荀子重视积习之学。即使谈学,荀子也主张是

---

① 周炽成:《唐宋道统新探》,《中国哲学》(人大复印报刊资料)2016年第6期。

全尽之学。唯有如此，人才可以参天地。比如荀子说道："注错习俗，所以化性也；并一而不二，所以成积也。习俗移志，安久移质，一而不二则通于神明，参于天地矣。"《荀子·儒效》"涂之人百姓，积善而全尽谓之圣人。彼求之而后得，为之而后成，积之而后高，尽之而后圣。故圣人也者，人之所积也。"(《荀子·儒效》))① 荀子主张学当全之、尽之，而之所以如此，是因为可以使人性得到彻底的转变。此种彻底，是指从恶的状态而变为善的状态。

可以说，在学以成人的思想里，荀子更为关心的是，人通过学为什么能达成全。不论是从礼的起源上来分析，还是从人性上分析，荀子都是着眼于成己与成物之全。这就可以解释为什么荀子在讨论性的善恶问题时，并不是主要是从善恶之道德意义而谈，而更多地是从社会治乱意义上谈。人性得其治，才是善；而人得其治，则得群居和一之道、得生死两全、身心整全，也就是全而成人。这两个问题实际是一体的。性得其治，也就是成人之全。下面一章将转向对性治问题的讨论。

---

① （清）王先谦：《荀子集解》，中华书局1988年版，第144页。

第八章 性朴与性资

通过上一章的讨论可以看出，儒家重视习，并以习来解释人性。比如，《尚书》"习与性成"（《太甲上》）、"惟民生厚，因物有迁"（《君陈》）的思想表明人性（人生而有的官能欲望）并不是一成不变的，而是可以有变化的，此种变化表现在日常生活中所习之物可以使性有厚与薄的变化。厚与薄的变化表现的是性（欲望）因习而有的程度上的变化，那进一步地追问便是，习对性的影响作用有多大。对于此种变化，《尚书》明确提出"节性"（《召诰》）思想，强调习能使人性发生变化，人习先王礼义之道，就能使义的性形成。①

循着这一思路，《礼记》进一步从动静变化的角度将习对人性状态的影响进行了解释，并深深地影响到了荀子对人性的看法。②

一 性动与恶

《礼记》认为习对性的影响很大，并对这种影响做了进一步

---

① 尽管《太甲》篇有可能是出自伪古文尚书，但《尚书》的其他篇章如《立政》《大禹谟》《君陈》《召诰》等篇中也都提到了习对性的影响问题，因而可以给出文本上的其他依据。关于《尚书》"习与性成"思想的讨论，上一章已论及，具体也可参看李记芬《论〈尚书〉之"习与性成"思想》，《东岳论丛》2017年第38卷第2期。

② 关于《礼记》和《荀子》之间的关系，学界是有争论的。但不论是《荀子》承自《礼记》，还是《礼记》承自《荀子》，毫无疑问，两者都是密切关联的。

的解释：

> 人生而静，天之性也。感于物而动，性之欲也。物至知知，然后好恶形焉。好恶无节于内，知诱于外，不能反躬，天理灭矣。夫物之感人无穷，而人之好恶无节，则是物至而人化物也。①（《礼记·乐记》）

人天生之性能感于物而动。对于性之动，《乐记》从两个方面进行了解释：从内的角度来说，性动而心有知，即情的产生，从外的角度来说，性因物动而有动，即欲的产生。与之相应，性之动有两个特点：一，"好恶无节于内"，按孔颖达疏，即是"所好恶恣己之情"。性动而有情的产生，但此情（性）却"不能自反禁止"。二，"知诱于外"，按孔颖达疏，即是，"所欲之事，道诱于外，外见所欲，心则从之"。②性因物动而有欲的产生，所欲指向于外，而对所欲的考量即心知（性）也会随之走向外。三，人所欲的外物多且杂乱，与之相应，情性容易随外物之动而动没有节制。即，"性之动"，不论是从外物之欲的角度来说，还是从内在情动的角度来说，都自然容易流于外物之动，进而变成穷极逐物的状态。这就是"物至而人化物也"。

正是从这种穷逐于物状态的形成中，《乐记》进一步引申出了社会动乱问题的探讨：

> 人化物也者，灭天理而穷人欲也者。于是有悖逆诈伪之心，有淫泆作乱之事。是故强者胁弱，众者暴寡，知者诈愚，

---

① 李学勤主编：《礼记正义》（中），北京大学出版社1999年版，第1083页。
② 李学勤主编：《礼记正义》（中），北京大学出版社1999年版，第1084页。

勇者苦怯，疾病不养，老幼孤独不得其所，此大乱之道也。①

"人化物"，即人性因物之动而有动且变为穷极逐物的状态。人化于物，从而汲汲于物欲的追求和满足中。在这种状态下，人便会产生悖逆作乱之心，进而做出各种让人嫌恶、哀痛之事，例如欺负弱者、欺诈愚人，老病弱等无人照养。即，性顺人之所欲而有的变化是不好的，是会导致社会混乱的。

与《礼记》中对于性的看法一致，荀子也认为社会治乱问题与性之动静密切相关。只不过荀子对于治乱问题的产生进行了更为深入的分析。

对于性，荀子认为有三个层面的意涵。如在《正名》篇，荀子提出："生之所以然者谓之性。性之和所生，精合感应，不事而自然谓之性。性之好、恶、喜、怒、哀、乐谓之情。"在荀子看来，性首先是指人生来如此的东西，即性就是生。其次，此种性自然对外物之动有所感应，即性就是欲。不论是从生来如此的角度来说，还是性对外物的感应来说，性的内容和特点都呈现出了自然而有、并非人为如此的特征。最后，人心对于外物之欲会有知，即会对外物应之有好、喜之情，或应之以恶、怒之情。从心知的角度来说，性就是情。

对于性的三个层面，荀子强调前两个层面，即"生"和"欲"都呈现出了一个特点，即不需要人为工夫便能自然如此。但是第三个层面的情，荀子没有直接从"所以然"或"不事而自然"的角度指出它的特点。荀子在《正名》篇有进一步说明：

性者，天之就也；情者，性之质也；欲者，情之应也。

---

① 李学勤主编：《礼记正义》（中），北京大学出版社1999年版，第1083—1084页。

> 以所欲为可得而求之，情之所必不免也；以为可而道之，知所必出也。故虽为守门，欲不可去，性之具也。虽为天子，欲不可尽。欲虽不可尽，可以近尽也；欲虽不可去，求可节也。所欲虽不可尽，求者犹近尽；欲虽不可去，所求不得，虑者欲节求也。道者，进则近尽，退则节求，天下莫之若也。①

在这里，荀子对于性的三个层面，尤其是情与欲之间的关系进行了进一步解释。荀子认为，首先，人生而有欲，对于所欲的追求即是情，而此种求的产生是必然的。欲的自然产生必然会引起情动。其次，对于这种情动，人心是可以知的，即情对欲的追求必然会导致人心之动。人心会对情动进一步思量、考虑，且知会对情产生影响作用。人生有的欲是不能全部去除，也不能全部满足的，而情对欲的追求却是可以在心知的影响下产生调节作用的：当人欲的追求过多时，心可以调节情对欲的追求。

如果说从生而自然如此的角度来说，不论是生的层面还是欲的层面，性都表现出了生来如此、人不可以做出任何变动的特点：欲的产生是必然的，人不可以灭除欲。但欲却可以被调节，此种调节作用由心产生，即心可以知人之欲求并对此求进一步做出应：或好或喜，或恶或怒。从情动中有心知的作用来看，性的第三个层面表现出了与之前两个层面的不同：情虽自然有动，但动的方向受人心的影响作用。人心可以调控情动的方向，进而对所欲的追求便会有人为调节的可能。

从自然而有的角度来说，性与情无所谓善恶。但荀子认为性与情的确有善恶的问题，只不过善恶问题是从性自然发展而最终导致的结果上来说的。比如，在《性恶》篇首，荀子认为性是恶的，但是从顺性有乱的角度来说是恶的：

---

① （清）王先谦：《荀子集解》，中华书局1988年版，第428—429页。

> 今人之性，生而有好利焉，顺是，故争夺生而辞让亡焉；生而有疾恶焉，顺是，故残贼生而忠信亡焉；生而有耳目之欲，有好声色焉，顺是，故淫乱生而礼义文理亡焉。然则从人之性，顺人之情，必出于争夺，合于犯分乱理而归于暴。故必将有师法之化，礼义之道，然后出于辞让，合于文理，而归于治。用此观之，然则人之性恶明矣，其善者伪也。(《荀子·性恶》)[1]

人生而有的性如果任其自然发展（而没有人为治理），就会造成争夺、残贼、淫乱之事的发生。如此，社会最终会走向暴乱。正是就这种暴乱的后果而言，荀子指出人性是恶的。[2]

恶不是从性与情的自然产生和自身内容上来谈的，而首先是对欲求的应与择而言。比如，《荀子·正名》篇写道：

> 有欲无欲，异类也，生死也，非治乱也。欲之多寡，异类也，情之数也，非治乱也。欲不待可得，而求者从所可。欲不待可得，所受乎天也；求者从所可，受乎心也。所受乎天之一欲，制于所受乎心之多，固难所受乎天也……故欲过之而动不及，心止之也。心之所可中理，则欲虽多，奚伤于治！欲不及而动过之，心使之也。心之所可失理，则欲虽

---

[1] （清）王先谦：《荀子集解》，中华书局1988年版，第434—435页。
[2] 现如今很多学者都同意从后果的角度去解释荀子的性恶理论，即荀子思想中性恶的问题不是从性自身而言的，而是从性最终导致的结果上来说的。这种对于后果的考量，仍是与德性密切相关的。具体可参看张新《荀子：后果论者，抑或德性论者？》，《孔子研究》2020年第5期。性的善恶问题并不是从性自身的内容上来说的。从内容来说，性自身无所谓善恶。从这个角度来说，有些学者主张荀子是性朴论是有一定道理的。具体可参看 Kurtis Hagen, *The Philosophy of Xunzi: A Reconstruction*, Chicago and La Salle, Illionis: Open Court, 2007.

寡，奚止于乱！故治乱在于心之所可，亡于情之所欲。①

治乱、善恶不是天生的问题，天无所谓善恶；善恶是人成的问题，人在天生而有的材质基础上做进一步行为选择才会产生善恶的问题，即心知对情动、欲求的思量和选择。心知对情动有所思量，则情动而有心的指导，即可以不走向恶；心知对情动无所思量，则情动而无心的指导，从而自然顺从外物之欲求的方向，即容易走向恶。

其次，不仅从心知（对性动即情动、欲求的影响）上可以解释恶，同时也可从性动（情动、欲求）自身解释恶的根源。心可以知性动（情动、欲求），而性（情或欲）自身却不可以知自身之动。性有不足，这种不足不是表现在性自身的内容上，也不是表现在性动上，而是表现在性有动是否可以自知。

荀子认为性虽然有自然应的特征，但与之相应，性应自身有一个局限性。即性对于外物的"应"仍旧是依赖于外物的：外物的感才会使性有动、有应，即性自然之应是一种被动的应。如此也可以解释《礼记》指出的性自然对外物有应，但却容易流于对外物的穷逐状态中：外物是多且杂乱的，外物持续感，性便会不停、不断地应。而这种持续性反过来使欲从应物中产生了"逐"于物的特性。正是从这种被动应物而进一步逐于物的角度，荀子指出："性不足以独立而治。"（《荀子·儒效》）性自身不能摆脱对于外物的追逐欲望，且受物的牵引、诱导而最终不能自拔。总之，荀子指出性自然有应且本身无所谓善恶，但同时将性自身在发展中的问题——不独立——凸显出来。性应自身有不足，即在

---

① （清）王先谦：《荀子集解》，中华书局1988年版，第426—428页。

应物的问题上没有足够的独立性,从而是乱的。①

从性生而有动、动而有乱,进而可以说性有恶的问题出发,荀子将《尚书》"性动而如何容易走向乱"推进为"性动而如何容易走向恶",探讨的是性的发展走向问题;同样探讨性的发展走向问题时,荀子将《礼记》"性如何动而乱"的问题进一步推进为"性如何动而有恶"的问题,并从性动自身的不足上给予解释。不论是性动的方向还是性动不足以独立,荀子凸显的都是这样一个思路:人性首先是动静问题,是在性动问题进一步产生了对性恶问题的探讨。

二 性静与善

从性与物关系的角度,《礼记》解释了"性动而如何容易走向乱"的问题,即因外物之动而有的人性变化。这种变化侧重于从人性现有状态上解释,人性因追逐物欲导致性乱、性恶的结果,即《尚书》中所说的人性因外物之迁而有的厚薄的变化。但进一步地,《礼记》还从性自身的角度解释了性发生了怎样的变化,即"性如何动而乱"。性动不仅有量或程度的变化,还有从原本状态到现有状态的本质性的变化:性的本来状态是静的,之后发生了动而乱的变化即"性由静而动,进而乱"。

《礼记》这一思路的转变,意义是很重大的。这其中首先反映出来的一个重要的思路转变是:在《礼记》看来,人性生而有

---

① 荀子"人性恶"的命题不仅是从"性未完成"的角度上说的,而且还凸显了性不独立而有所凭借、依赖的特性。荀子的人性恶并没有否认人性为朴,"性者,本始材朴也"(《荀子·礼论》)。但对荀子而言,作为朴素材质的性,仍然还是有凭依的。比如,"性不能自美"(《荀子·礼论》),性"不足以独立而治"(《荀子·儒效》),性可以被伤,而"性伤谓之病"(《荀子·正名》)。从性不能独立而有所凭依、资助、依附的角度上来说,荀子认为性是不自足而为不善,即性是恶。

动，但动乱不是人性的本有状态；性原本是静的状态。在静而动的状态转变中性才进一步产生了社会动乱的问题。进一步地，解决社会动乱问题，根本不在于使性如何动，而是在于使性如何反静。《礼记》说道："不能反躬，天理灭矣。"孔颖达《疏》："躬，己也。恣己情欲，不能自反禁止。理，性也，是天之所生本性灭绝矣。"① 此处所指本性即是指向人的天性——静。

性动而容易为恶，使性动发生变化，然后才可以谈性由恶变善的问题。在变善的问题上，荀子采取了与《礼记》一致的思路：由动返静，具体方式则是通过习来达成。

《尚书》和《礼记》认为人通过学习礼义等可以回复人性本静、本善的状态。顺着这一思路孟子或孟子后学提出"学性善"的观点。② 荀子是主张学习的，只不过不同于孟子，荀子对学的内容有自己的观点：

> 孟子曰："人之学者，其性善。"
> 曰：是不然。是不及知人之性，而不察乎人之性、伪之分者也。凡性者，天之就也，不可学，不可事；礼义者，圣人之所生也，人之所学而能，所事而成者也。不可学、不可事而在人者谓之性，可学而能、可事而成之在人者谓之伪。是性、伪之分也。今人之性，目可以见，耳可以听。夫可以见之明不离目，可以听之聪不离耳，目明而耳聪，不可学明矣。(《荀子·性恶》)③

---

① 李学勤主编：《礼记正义》（中），北京大学出版社1999年版，第1083—1084页。

② 梁涛指出，此处荀子所指"孟子"或许当为"孟子后学"的观点。梁涛：《郭店竹简与思孟学派》，中国人民大学出版社2008年版。

③ （清）王先谦：《荀子集解》，中华书局1988年版，第435—436页。

性，一方面是天生、天成的东西，指向的是人生而有的东西。但另一方面，性还有一个界限，即天生而人不能生、天成而人不能成的才是性。比如，人天生有眼睛可以明见外物之形，人天生有耳朵可以明察外物之动。不论是目的"明见"还是耳的"明察"，都是人天生而有的，不是人自生、自成而有的。换言之，不论是《礼记》所说的性生而静的本来状态，还是孟子所说"性善"状态，都不是人为可以生、可以成的。从而，人不可学性善、不可学性静。

荀子否认了人可以学"性"，但没有否认人可以学"善"。虽然目能明是属于天生的问题，但所明的对象能不能离于目却不是天生的问题，是属于人为的问题。对于这种人为，荀子做了进一步解释：

> 孟子曰："今人之性善，将皆失丧其性故也。"
> 曰：若是，则过矣。今人之性，生而离其朴，离其资，必失而丧之。用此观之，然则人之性恶明矣。所谓性善者，不离其朴而美之，不离其资而利之也。使夫资朴之于美，心意之于善，若夫可以见之明不离目，可以听之聪不离耳，故曰目明而耳聪也。……。用此观之，然而人之性恶明矣，其善者伪也。(《荀子·性恶》)①

善恶不是天生的问题，所以从天生的角度看，人性无所谓善恶。孟子所说性是不是善的问题就如目能不能明的问题，在荀子看来根本不是可以谈的问题，那是属于人天生而有的。人可以谈的，只能是人之"明"有没有离开人之"目"。在这一问题上，荀子认为人生而有的性，是必定有所失丧的，失丧己身而逐于外物。

---

① （清）王先谦：《荀子集解》，中华书局1988年版，第436—437页。

比如，明的对象生来即是指向外物的，失丧的是目自身；聪的对象生来是指向外物的，从而失丧的是耳自身。类似地，欲的对象生来是指向外物的，失丧的是己知。

何淑静也注意到了目明耳聪对于理解荀子性问题的重要性。但她的重点是如何解释荀子的"性善"的观点。她的解释是，目明，是指目能看得清楚，需要三方面合才可以：眼睛、见的能力以及见得明的能力。后面两者内存于眼睛中，是一经验的实然之不离的关系。据此，荀子的性善思想，也就是说，"成善的能力就经验实然地、内在而必然地存在于人性中"。正是从这个角度，何淑静指出，荀子否认成善能力是像目明耳聪这般内在而必然地存在于性中的，所以荀子认为孟子的性善说是不成立的。①

从失丧的角度来说，甚至可以说荀子在此并不是重在解释性善。相反，是性恶。从失丧上来说，人性已经不是天生的问题，而已经转为人为的问题。② 性虽是天生，但有所求。荀子认为："不求之其所在，而求之其所亡，虽曰我得之，失之矣。"（《荀子·正名》）按杨倞注："所在，心也。所亡，欲也。"③ 性可选择心或物，比如人欲不听从己知、己心的指导，而求逐于外物。而正是从选择的方向上来说，性才有恶的问题的产生。即，人得性于天，失性于物。前者是天生的问题，无所谓善恶，后者是人成的问题，有善恶的问题。

从这里可以看出，荀子将孟子"目能不能明"的问题进一步转换为"目明于何"的问题。换言之，目能不能明是天生的问

---

① 具体可参看何淑静《荀子再探》，台北：学生书局2014年版，第4—9页。
② 虽然本书不是如何淑静那样从成善能力的角度来分析其与性的关系，而主张从外物与性的关系的角度来分析。但在从强调性、伪之分的角度上来分析荀子对孟子性善的批评方面来说，本书则是与何淑静的观点是一致的。具体可参看何淑静《荀子再探》，台北：学生书局2014年版，第9—15页。
③ （清）王先谦：《荀子集解》，中华书局1988年版，第428页。

题，人不能探讨；而人能谈的是目明的方向。类似地，荀子也将孟子"性善会不会丧失"的问题转换为"性丧失于何"的问题，丧失是必然的，善恶的关键不是性是否有所丧失，而是丧失的方向。

使人性由恶转变为善，关键在于使人欲逐于外物而不失心知的参与和指导。"心有征知。征知则缘耳而知声可也，缘目而知形可也，然而征知必将待天官之当簿其类然后可也。五官簿之而不知，心征之而无说，则人莫不然谓之不知，此所缘而以同异也。"（《荀子·正名》）耳的对象是外面的声，而对于声的知不仅需要耳，还需要心的征知作用，否则即使声在面前也会不知；眼的对象是外物之形，但对于形的知不仅需要眼，还需要心的征知，否则即使形在面前也会不识。

而在心知上，荀子十分强调虚壹而静思想：

> 故治之要在于知道。人何以知道？曰：心。心何以知？曰：虚壹而静。心未尝不臧也，然而有所谓虚；心未尝不满也，然而有所谓一；心未尝不动也，然而有所谓静。人生而有知，知而有志。志也者，臧也，然而有所谓虚，不以所已臧害所将受谓之虚。心生而有知，知而有异，异也者，同时兼知之。同时兼知之，两也，然而有所谓一，不以夫一害此一谓之壹。心，卧则梦，偷则自行，使之则谋。故心未尝不动也，然而有所谓静，不以梦剧乱知谓之静。未得道而求道者，谓之虚壹而静。（《荀子·解蔽》）[1]

心知作用于性使性走向治、善，关键在于知道。而知道的关键在于使心做到虚壹而静。人心生而有知，有知便是有藏（臧）、有

---

[1] （清）王先谦：《荀子集解》，中华书局1988年版，第395—396页。

两（多）、有动；但在有知的过程中，心还要做到藏（臧）中有虚，两中有一，动中有静。三者都是对求道之心的要求，即心自身要做到虚受、专一、静定。在"虚""受"上，杨倞解释为，"见善则迁，不滞于积习也"①。也就是说，在心知上，荀子首先强调的是心知应当有积习的改变。而心知改变的最终方向是有所一、有所静，即在积习之变中达到有所一、有所静。

在性丧失于外物的追求而不能有己知的问题上，荀子与《礼记》不能"反躬自身""反静"的思路是一样的，对于这种返归，荀子认为可以通过学习达到。只不过荀子认为学习的不是性静、性善，而是如何使性不逐于外而为恶，即学的是为善。② 要复归静，但复归的是心静，从中凸显的是心知的作用，即使心做到虚壹而静。

对于己身之知，荀子将《礼记》的知"静"进一步发展为知定。《礼记》强调人性工夫需要从动的现实状态中返归到性自身本有的静的状态，而《荀子》强调的是人性的现实状态既需要动应，也需要静定。人能做到动中有静，应中有定的工夫努力，便可成人：

> 使目非是无欲见也，使耳非是无欲闻也，使口非是无欲言也，使心非是无欲虑也。及至其致好之也，目好之五色，耳好之五声，口好之五味，心利之有天下。是故权利不能倾也，群众不能移也，天下不能荡也。生乎由是，死乎由是，夫是之谓德操。德操然后能定，能定然后能应，能定能应，

---

① （清）王先谦：《荀子集解》，中华书局1988年版，第395—396页。
② 梁涛遵循唐端正对于荀子"人之性恶，其善者伪也"的理解，指出荀子人性思想不仅是指性恶，更是在说善伪。梁涛强调，荀子所说的善伪是指心有作为。具体参看梁涛《荀子人性论辨正——论荀子的性恶、心善说》，《哲学研究》2015年第5期。

夫是之谓成人。(《荀子·劝学》)①

对于此种成人，荀子认为最重要的是在积习、积贯中，人有所操、有所定。操即守，定即静。人心为性的思虑和性对心的选择顺从，都得以在不断地积习中得以定。有所定即有所一，人心一于所当好之好，一于所当怒之怒。如此，性在心的指导中便能定，能静，能不因杂乱外物的感而无章节、节制地应和动。

与《礼记》的思路一致，荀子认为性自然对外物有应，只不过从长远发展的角度来说，性需要人为作用的指导。如果说《礼记》的思路指出了性有动静的问题，那么荀子则要在性的修习中使性从动复归到静，动静两种结合对性的发展才是最好的。性自然有动，而静可以通过人为工夫的努力达到，即积习以使性定。性是人生来就有的，且生来就容易为外物感动，只有通过积习才能使性定，应中有定，有定有应，才是人成其为人的根本之处。虽然荀子没有自觉提出"复性"思想，但其思想中对积习与性定思想的强调，已经为后代学者提供了思想理论资源。

荀子反对以天道言人，从而自《中庸》、孟子以来的以性为善的理论就会面临一个终极依据问题，即性如何能够善。不同于以天道为最终依据的思路，荀子解决这一问题的方式是最终走向人道，即以圣人所做的礼义大道来确保人性能够最终成善。虽然以圣王所做的礼义之道②为人成善的最终依据的理论并不能满足后儒对形而上的本体、心性之体的诉求，但荀子对性有"未合""未成"状态的认识，却为于后儒尤其是宋明理学家比如胡宏等

---

① （清）王先谦：《荀子集解》，中华书局1988年版，第19—20页。
② 荀子提出："凡礼义者，是生于圣人之伪，非故生于人之性也。"(《荀子·性恶》)

为解决孟子"尽性"问题而提出的尽心成性、成性立本等思想，①提供了很好的理论资源。

通过习的路线，荀子凸显的是复礼、复性的思想路向。复性的思想路向，是与其对性的状态的认识密切相关的。荀子虽然主张性恶，但对于性的本来状态的认识，是与其"性离其朴、离其资"的认识密切相关的。

三　反本复性

在性的善恶问题上，不同于孟子性善思想，荀子一直以来都是因标榜性恶而在儒家思想史上独树一帜。但主张性恶却不能很好地解释善从何而来的问题。但有的学者，比如周炽成指出荀子并非主张性恶，而是主张性朴。② 性朴，使得性善得以可能。但仍需要解释的是，性朴如何使性善可能？要想回答这个问题，就需要对荀子的另外一个概念性资给予更多的关注。

荀子认为性分两种状态，一个是本然意义上的性，一个是现实自然发展意义上的性。这两种状态体现的不是性有善恶的不同，而是动静状态的区别。

不论是天地自然还是人类社会，都表现出流动不居、变化不止的特征，进而启发人们去不断追求这一流动的背后原因是什么。而在这一原因的追寻中，先秦道家老子提出独具特色的观复思想，指示人们回归到万物的根源处去观察。

---

① 向世陵：《宋代经学哲学研究》（基本理论卷），上海科学技术文献出版社2015年版，第128—141页。

② 性朴最先由日本学者儿玉六郎提出，后中国学者比如周炽成将这一观点再次提出并引起了学界的广泛关注。参见周炽成《荀子乃性朴论者，非性恶论者》，《邯郸学院学报》2012年第22卷第4期。周炽成《再论儒家的性朴论——兼与日本学者和国内同行商榷》，《社会科学》2015年第8期。

在对天地万物的观察中,老子首先提出"归根曰静"思想:

> 致虚极,守静笃,万物并作,吾以观复。夫物芸芸,各复归其根。归根曰静,是谓复命。复命曰常,知常曰明,不知常,妄作,凶。(《老子·上篇·第十六章》)①

在老子看来,天地之间万物是实然存在的,在这一实然存在基础上,万物表现出了众多并且变动不居的特征。不论是多还是动变,都可能进一步导致万物的发展最终走向祸乱。为了避免祸乱,就要对这一现实存在的万物进行思考,进而以求最终能把握万物的发展变化。而把握之方,老子提出关键在于回到万物生长变化的根源处去观察。与万物实然的变动状态不同,老子认为这一根源是虚的、静的。

类似地,此一根源为静的特征也适用于对人的根源的分析。具体的归根方法,老子认为就是无欲:

> 道常无为而无不为。侯王若能守之,万物将自化。化而欲作,吾将镇之以无名之朴。无名之朴,夫亦将无欲。不欲以静,天下将自定。(《老子·上篇·第三十七章》)②

天下之所以会有乱的产生,是因为有人欲,因而需要对人欲进行压制。抑制人欲以至于无,进而使人回到质朴、静的状态,便是老子提出的归根、复静方法。回归根源、最初状态,放在个人层面来说,即是指回归婴儿状态:"知其雄,守其雌,为天下谿。为天下

---

① (魏)王弼注,楼宇烈校释:《老子道德经注校释》,中华书局2008年版,第35—36页。

② (魏)王弼注,楼宇烈校释:《老子道德经注校释》,中华书局2008年版,第90—91页。

谿,常德不离,复归于婴儿"(《老子·上篇·第二十八章》);而放到社会层面来说,即是指回到社会最初产生时候的状态:"知其荣,守其辱,为天下谷。为天下谷,常德乃足,复归于朴。朴散则为器,圣人用之则为官长。故大制不割。"(《老子·上篇·第二十八章》)这两种状态并不是没有关联的,后者可以为前者提供宇宙论意义上的依据。不论是社会最初的状态,还是人的婴儿状态,都是统一为静的状态,且都可以在对欲望的压制之中达到。人没有欲望,便会回到静的根源状态,复归为婴儿且社会平治。

承接老子,庄子不仅以静表征人的根源,还进一步将静与人性相连,以静为人性最初的状态:

> 古之人,在混芒之中,与一世而得澹漠焉。当是时也,阴阳和静,鬼神不扰,四时得节,万物不伤,群生不夭,人虽有知,无所用之,此之谓至一。当是时也,莫之为而常自然。逮德下衰,及燧人伏羲始为天下,是故顺而不一。德又下衰,及神农黄帝始为天下,是故安而不顺。德又下衰,及唐虞始为天下,兴治化之流,㴠淳散朴,离道以善,险德以行,然后去性而从于心……文灭质,博溺心,然后民始惑乱,无以反其性情而复其初。(《庄子·缮性第十六》)[1]

不论是人类社会的最初状态,还是人性自身最初的状态,两者是可以合一的。庄子同老子一样,都从静的方面去表述这一最初的状态:追根溯源到社会产生之初,人都处于一种无为恬淡、自然和静的状态。并且,庄子也是以静这一标准来衡量、评判现实生活的:不论是社会还是人性,有乱则不安、不静,因而也都不是

---

[1] (清)郭庆藩:《庄子集释》,中华书局2004年版,第550—554页。

好的状态。

只不过，不同于老子以欲来解释惑乱的产生，庄子更多地从有为上来解释，即人如何在心知的运用中使自身逐渐走向惑乱，以至于最终远离了人性最初淳朴、恬静的状态。庄子认为，不论是伏羲、神农、黄帝还是唐虞，他们都实施了积极有为之方，而这恰恰是对人性淳朴状态的破坏和远离。在庄子看来，儒家这些圣人的做法恰恰是蔽蒙的表现，因而给出了强烈批判："缮性于俗学，以求复其初；滑欲于俗思，以求致其明：谓之蔽蒙之民。"（《庄子·缮性第十六》）儒家行的仁义礼智之学是俗学，只会使人离性更远、失性更多。要想回到人性最初的状态，最好的方法不是有为，而恰恰相反，是无为而任自然。① 显然这与老子通过积极有为压制欲望的方法回到人性最初淳朴、恬静状态的主张，有很大的偏离。

尽管庄子在承继老子观复思想时，对于观复之方做出了进一步的修改。但不论是老子积极有为地消灭欲望的方法，还是庄子主张在不用心知的无为状态中回复到人性淳朴状态的方法，都体现了一种消极的人生态度：面对人生，人需要往回看，并且要灭欲和灭知。但是，如果要做到完全没有欲望，便不可以谈生；生而必然有欲，所以人在生时自然为动而不能静。实际老庄所说的复静，对人之生来说是不可能的。

与庄子不同，儒家典籍《礼记》发展出了完全不同的人生态度，对人生表现出了更为积极的一面。如前所述，人生而有欲，节制人欲便可以回到性天生静的状态。

《礼记》人生而静的思想，应当是受到了《老子》思想的影响。性的本来状态是静的，但因外物之引诱而有了状态的变化，

---

① 向世陵：《宋代经学哲学研究》（基本理论卷），上海科学技术文献出版社2015年版，第41—46页。

即变为动、甚至乱。但这里需要注意的是，虽然性动而容易有乱，但动乱不是人性的本有状态；性原本是静的状态，在静而动的状态转变中才进一步产生了社会动乱的问题。正是从动静角度，复静（《老子》）或反躬天理（《乐记》）的人性工夫问题才得以提出。

在解决性动而乱的问题上，《礼记》也认同老庄的观点，指出应当在人欲上下功夫。但不同的是，《礼记》强调的是"节欲"，从而暗示的工夫路向是人在现实生活中通过调节、节制人自身的情欲便能返回到性本静状态，这与完全消除人生而有的欲望以至于无的庄子思想是完全不一样的。《礼记》体现了对人生的积极态度，而其中所表达的动中求静、乱中求治的观点，可以综合体现先秦儒家在反本复性这一问题上的基本思考。具体而言，孟荀都有思考，但却发展了这一问题的不同面向。

四　性朴与性资

孟子也认同应回到人性的根源状态去观察，但孟子不是从前后意义上讲对这种根源状态的回复，而是从内外层面。性为人先天内在本有，复性即是"反求诸己"。向内探求人生而有的仁心、善性，并进而扩充仁端，也就是孟子提出的"反身而诚"。泛泛来说，孟子从内外意义上讲复性，和老庄从前后宇宙生成论上讲复性的做法是不冲突的，因为后者可以是前者的宇宙论依据。但孟子与老庄最大的不同体现在，孟子对这一根源的特征不再是从动静的角度谈，而是从善恶的角度谈。以善论性之开端，从而便能为其治道学说提供一个人性论依据：人性善，所以可以也应当为仁政。

但是，孟子以善论性的本然状态毕竟缺乏一定的思想周全性。比如人是否一定生而为善？人是否有生而为恶的可能？恰恰是对后一问题的肯定回答，使得荀子对孟子的性善说提出了颇多批评。

荀子认为性的本然状态不是善，而是朴："性者，本始材朴也。"（《荀子·礼论》）这是说，人生而有的性的本始状态就如材木一般质朴、素朴。质朴指性的存有状态是素净的，而非有人为绘事、纹饰的，从而这一存有状态也就是无善无恶或者无所谓善恶的。据此本然状态，有些学者主张荀子在根本上并非主张性恶，而是主张性朴。荀子以自然之木为喻，指出人性如木，其质、其材是素朴的，无所谓善恶。①

性朴与性恶两种思想看似矛盾，但如果从性的两种状态分别论述，两者未必就是矛盾的。如路德斌指出，性朴的性是从存有论层面而言，性恶的性是从现实经验层面而言。荀子的善恶观念正是从存有论层面而言的；存有论层面的性不能说是善还是恶，而是朴、是静。之所以说性朴一定会发展为性恶，路德斌的解释是：

> 材朴之"性"之存在本身虽然是合理而无善恶的，但它却有一固有之性向——"欲多而不欲寡"（《正论》），……其所言"性恶"并不是就性之情欲存在本身说，而是就性之"欲多而不欲寡"的"性向"说。②

路德斌区分了情欲和情欲的"固有性向"，认为荀子对情欲是持肯定的态度，但对情欲的"固有性向却是持否定的态度"。恶更

---

① 路德斌对此进行了总结，也认为荀子的性朴论主张性是无善无恶的。具体见路德斌《性朴与性恶：荀子言"性"之维度与思路——由"性朴"与"性恶"争论的反思说起》，《孔子研究》2014年第1期。

② 路德斌：《性朴与性恶：荀子言"性"之维度与思路——由"性朴"与"性恶"争论的反思说起》，《孔子研究》2014年第1期。

多地是就情欲的"欲多""不欲少"而言。换言之,善恶与情欲的多少直接相关。

不从情欲自身来解释恶,确实符合荀子对情欲的态度。正如路德斌指出,荀子主张"礼以养欲"说。然而从情欲的固有倾向来解释恶的趋向的产生是否一定周全,却也值得进一步探讨。比如,如果从欲多的角度来说性是恶,那本身便与"礼以养欲"说有所不一致。对欲的长养本身指向的便是使欲存有且多,而不是少甚至于无。

从"欲多"的倾向上,也无法解释情欲为什么一定趋向恶。性的存有状态是无善无恶的,为何"感物而动"后就一定走向恶而不是善呢?若人生而有好利、好声色等情欲,那么情欲动而有恶;但如果人生而有好义、好美的情欲,动而可不可以为善呢?即欲多的倾向本身是有多种可能的,并不能完全解释欲一定动而为恶。比如,孟子更多地是看到了人生而有不忍人之心,动(扩充)而可以为仁,因而是善的。

实际上,荀子认为情欲的多少本身是与善恶无关的。情欲最终走向恶是因为对情欲自身"顺"而不"节",与情欲的多少无关。荀子在《正名》篇明确说道:

> 凡语治而待去欲者,无以道欲而困于有欲者也。凡语治而待寡欲者,无以节欲而困于多欲者也。有欲无欲,异类也,生死也,非治乱也。欲之多寡,异类也,情之数也,非治乱也。[①]

不论是欲之有无,还是欲之多寡,都不是治乱、善恶的根本。根本在于对欲是否有节,即对欲的多少是否有所调节。情欲的多和

---

① (清)王先谦:《荀子集解》,中华书局1988年版,第426—427页。

少不能决定最终发展方向是乱还是治。情欲不论多少，只要经过人为调节，最终都可以走向治。

性恶不是与情欲的多少有关的，而是首先与情欲的产生即情欲之动相关。荀子指出，情欲产生时，自身就已经处于一种失丧的状态，即失丧了性本然状态：朴、资。这种本然状态与情欲之动密切相关。因为情欲之动而失丧其朴，所以朴所指向的状态应该是与情欲状态相反的，即静的状态。从这个角度看，荀子也应该是受到了他当时所处的时代思想的影响，以性朴来说明性的本来状态是静。

性的这种本来状态，如路德斌所言，应该是从存有论的角度去说的。但对这种静的存有状态该怎么理解呢？荀子对这种状态持有一种什么样的态度？对于这些问题，我们可以从荀子的另外一个概念"性资"予以解答。

对于性的质朴状态，荀子还从"资"的角度上进一步说明。杨倞和郝懿行都认为资即是"资材"，但具体如何理解"资材"，历来诸家都没有给出具体的解释。按照资字的本意，即是助，"资材"应该更多体现的是一种资助关系。性是天生的，是源自于天的资助的。这是天的生意在人身上的体现。天生万物以养育万物。

对于天之养育，人所应该有的态度是接受、取之即可，不必继续探究天本身。天有天职、天功，正是天的职分和功用使包括人在内的宇宙自然得以生生不息。但对于天为什么会生人、天又如何生人这些问题，荀子认为不必去深究。人生而与天处于自然关联一体的状态，且这种关联状态是人的最为本始的、最为根本的状态。与天功相比，人的功能就是如何维护这种关联性、一体性。

人不仅与自然是关联一体的状态，且人与人之间本来也是一种关联一体的状态。且这种关联状态在人与人之间体现为一种互助互爱关系。对于这种助和爱，孔子和孟子更多地是从积极的爱人角度去凸显的，比如亲亲、仁民、爱物，而荀子则更多地是从"不害伤"的方面凸显的："若夫忠信端悫而不害伤，则无接而不然，是仁人之质也。"(《荀子·臣道》)不害伤，不仅是自己不害伤他人，也是让他人不害伤自己，体现的是不破坏与他人关联关系的基本态度。这种不破坏的态度，对于所有人包括小人都是成立的。

对于这种本来的关联和关注状态，西方关爱伦理学给出了很好的说明。比如，诺丁斯（Noddings）认为，在关爱伦理学看来，人生来就处于一种关系中，且这种关系是一种类似于本体论上的基本关系。人生来自然与他人具有关联性，且在这种关联性中人自然有关爱他人的倾向。[1] 这种关爱，在孟子看来就是对他人的恻隐之心，而在荀子看来，则是不害伤他人的情感。这种关爱情感是基于关系性的人类生存状态而言的，因而这种情感也是对人性最为重要的。

对于这种关爱情感的维护，正是荀子主张人为之"伪"与"性"相结合的目的。人生而有的性的本始状态是恬静、淳朴、无为的。这与"伪"正好相对而言：

> 性者，本始材朴也；伪者，文理隆盛也。无性则伪之无所加，无伪则性之不能自美。性伪合，然后圣人之名一，天下之功于是就也。(《荀子·礼论》)[2]

"伪"为人为，即是动。性静的状态在先，性静有动，进而才需

---

[1] Nel Noddings, *A Feminnie Approach to Ethics and Moral Education*, Berkeley and Los Angeles, California: University of California Press, 2003, p.4.

[2] (清)王先谦：《荀子集解》，中华书局1988年版，第366页。

要人为的作用；否则，人为的作用便无从谈起。如果没有人为的作用，那么性动便会有乱的产生，即性发展为恶；但如果有人为的作用，那么乱就可以变成治，即性变成善。结合荀子性资的观点，这种人为的作用具体应该指向的是维护人与自然、人与人的关联一体状态。

综上，荀子应当吸收了老庄的观点，认为人性本始状态是静的，如《中庸》所言的喜怒哀乐未发状态，如《周易》所言的"无思无为、寂然不动"的状态。在荀子那里，性静与性动只是从隐显层面论述性的静微与动显状态的区别，而这种隐显的差别体现的是本然意义上（类似于存有论意义）的性与现实自然发展意义上的性的不同。只不过，荀子认为，虽然人性本始状态是质朴恬静、有所资材的，但同时又生而自然离静、离其资（《性恶》）。正是在这种远离和失丧意义上，荀子认为人性虽然本为质朴、恬静，但却自然走向失丧静、失丧资材，即性有动的状态，这一动的状态的自然发展便会导致恶。

五　性生而离其朴，离其资

荀子性恶思想集中在《性恶》篇，论述的主要命题是："人之性恶，其善者，伪也。"在相关的八条论述中，至少有五条都是从性的现实自然发展状态来论述恶的：人生而有的性是好利、嫉恶、好声色的，如果顺从性这一状态的发展，争夺、残贼、淫乱的事情便会发生。如此，人生而有的性的现实自然发展状态就是"偏险而不正，悖乱而不治"，因而是恶的，"所谓恶者，偏险悖乱也"。

但在对《性恶》"顺是"状态的理解中，学者就如何理解其后的"必"字存在争议。比如，廖晓炜指出"必"字表明，性与恶之间具有某种本质必然联系，不可理解为弱化意义上的某种

"可能性"。这种必然性,可类比霍布斯的自然状态得到更好的解释:"在自然状态下,亦即一切文化与政治制度尚未出现的状态下,人与人之间的相处必然导致'恶'。"①

此观点的提出,提醒我们需要重新返回对荀子所说的顺是状态下的性恶这一思想的分析。《荀子》原文如下:

> 今人之性,生而有好利焉,顺是,故争夺生而辞让亡焉;生而有疾恶焉,顺是,故残贼生而忠信亡焉;生而有耳目之欲,有好声色焉,顺是,故淫乱生而礼义文理亡焉。然则从人之性,顺人之情,必出于争夺,合于犯分乱理而归于暴。(《荀子·性恶》)②

为了更好地理解此文本,现将此段的论述逻辑罗列如下:

(1) 人生而有的性是好利、嫉恶、好声色的。
(2) 顺(1),
(3) 争夺、残贼、淫乱事情的发生,
(4) 辞让亡、忠信亡、礼义文理亡。

在荀子看来,(1) 是人生而有的一种自然状态。如果人顺此,放任此状态而无人为干预,也就是(2),必会导致(3) 和(4) 的发生。从(2) 到(3) 和(4),确实是有必然联系的,但此"必然"不是从(1) 到(3) 和(4) 的必然联系。在这里需要弄清楚的是,顺是,指的是放任人性自然发展。这不等同于"一切文化与政治状态制度尚未出现的情况"。比如,有些已有的文化与政治制度甚至地方风俗,可能就是顺从人性自然发展的。

---

① 具体参看廖晓炜《性恶、性善抑或性朴——荀子人性论重探》,《中国哲学史》2020 年第 6 期。
② (清) 王先谦:《荀子集解》,中华书局 1988 年版,第 434 页。

也有可能是，已制定了文化制度，而人不从或不知。比如，设定一个情境：家里有两个梨。我生来就是喜欢大的梨子，如果顺从我的这一欲望，那么在家里我必定会和他人比如我的弟弟抢那只最大的梨。这也就意味着争夺的发生，同时也就意味着我不知辞让的礼节。换言之，荀子未必一定是在探讨一切文化与政治制度尚未出现的情况。

即使不从一切文化与政治制度尚未出现的情况去讨论这个问题，必然也不能一定指向"性必恶"，而是"顺性必恶"。因为对于人生而有的性，从天生而有的角度来说，荀子并不认为其是恶的。善恶是后天人为之事，与社会治乱密切相关。

对于性的现实自然发展状态，荀子多次提到自然之木的比喻：枸木是不直的，需要借助蒸、矫等人为工夫才能变直，从而成为人可用的器物；人性是恶的，需要借助圣人、礼义的人为教化工夫才能变善。从自然与人为相区别的角度，荀子认为性如木一般是人天生而有的、自然而非人为的一种状态，需要经过人为的作用才能成为善。从这个角度来说，性伪之分，确实是讨论荀子性恶问题的前提。①

然而，从自然而非人为的角度论述性，仍然不能说明为何性的自然状态就一定是恶。对此，荀子的另外一条论述引起人的注意：

孟子曰："今人之性善，将皆失丧其性故也。"

曰：若是，则过矣。今人之性，生而离其朴，离其资，必失而丧之。用此观之，然则人之性恶明矣。（《荀子·性恶》）②

---

① 相关探讨可参看廖晓炜《性恶，性善抑或性朴——荀子人性论重探》，《中国哲学史》2020 年第 6 期。

② （清）王先谦：《荀子集解》，中华书局 1988 年版，第 436 页。

性生而处于的状态是失丧朴，失丧资。依照杨倞注："朴，质也。资，材也。言人若生而任其性，则离其质朴而偷薄，离其资材而愚恶，其失丧必也。"郝懿行从人性生而处于的状态来解释"朴"和"资"："'朴'，当为'樸'。樸者，素也。言人性生而已离其质朴与其资材，其失丧必矣。"① 可以看出，杨倞和郝懿行都是从质材的角度理解性原本的状态的：人性本来的状态是素朴的，有所资材的，但现实的自然发展状态则是失丧这一状态。

在这里，荀子分而论述了性的两种状态。一是性的现实自然发展状态所失丧的朴和资的状态即性的本然状态。与性的现实自然发展状态不同，性的本然状态是素朴且有所资材的，没有失与丧，所以不能说是恶的。二是性的现实自然发展状态：生而必有所失丧。从失丧的角度来说，性是恶。这与荀子从性的自然发展结果上来解释恶是一致的：性生来是必然有所失丧的状态，而结果就是乱的产生，所以，性是恶的。

性的质朴、恬静状态，是荀子对性的本始、本然状态的认识，但无疑荀子更多地还是关注性后来的现实发展状态。从现实发展状态上讲，性必然有动，且性动有不足，需要导引。如果没有导引，那么性动最终便会走向恶。

性必然有动，便是对性静的本始状态的背离。人人虽然生而有不害伤他人的爱助情感，但现实的发展状态与这种原始状态却往往是背离的。这种背离是由人的现实生存境况决定的。荀子认为人生而有不害伤万物之情，但人类的现实生存发展离不开物欲的满足，无节制的满足进而引出人与自然的矛盾；人生而有不害伤他人之情，但现实的资源有限性使得人与人的纷争也难以避免。也就是说，"性资"是指人的本有状态是有爱有助的，但现实发展状态却是性恶。

---

① （清）王先谦：《荀子集解》，中华书局1988年版，第436页。

对于性动的特征,荀子在《正名》篇给出了更多的解释和说明。性的第一个特征是,"生之所以然者谓之性"①。这就是说,性指人生来就如此的样子,即人生而有的性的本来状态。这一本来状态,如前所述,就是静、朴、资。②性虽本静,但却必然有动,这便是性的第二个特征。对此,荀子《正名》篇写道:

> 性之和所生,精合感应,不事而自然谓之性。性之好、恶、喜、怒、哀、乐谓之情。③

冢田虎将"合"解释为人之精气自然与外物合遇,在这种合遇中物能自然感应心,从而让心能使目以视、使耳以听。④ 不论是精气与外物合遇,还是外物来感应人心,两者都是自然而然产生的,不需要人为努力工夫,凸显的都是性自然有动,即对外物的自然欲求。人生而必定与外物接触,对其有所欲求。所以性虽本静,但必定由静走向动。这与《性恶》篇"今人之性,生而离其朴,离其资,必失而丧之"的观点正好是一致的。人性的本来状态是朴、静,但现实中又必然会丧失静而为动,因为人必然与外物相接。

性必然动,但性动自身却有不足。具体而言,性有动却对动的方向不能自作决定。性因外物之感而自然有动、有应,这种自然之应是一种被动的应。如此也可以解释《礼记》指出的性自然

---

① (清)王先谦:《荀子集解》,中华书局1988年版,第412页。
② 徐复观认为,这体现的是荀子思想中形上层面的性,是比生理现象更高、更为根本的性。具体见徐复观《中国人性论史·先秦篇》,九州出版社2014年版,第209—211页。以具有宋明理学特色的形上存有、"人生而静以上不容说"来探讨先秦荀子的性概念是否合适虽然有待商榷,但从静角度来探讨荀子人生而有的性的内涵却是很有见地的。
③ (清)王先谦:《荀子集解》,中华书局1988年版,第412页。
④ 王天海:《荀子校释》,上海古籍出版社2005年版,第885页。

对外物有应，但却容易流于对外物的穷逐状态：外物持续感，性便会不断地应，而这种持续性反过来使欲从应物中产生了"逐"于物的特性。正是从这种被动应物而进一步逐于物的角度，荀子指出："性不足以独立而治。"(《儒效》)性自身不能摆脱对于外物的追逐欲望，且受物的牵引、诱导而最终不能自拔，即走向乱、恶。①

人性动的状态是自然且必然发生的，对此荀子是承认并且接受的。人生而有欲，无欲则不能谈人。只是，荀子不能接受的是对性动不进一步施加人为的影响和作用。荀子所强调的是正面意义上的增加人为的作用，即性有不足而不能自美，需要伪即人为作用的施加。

这一人为的作用对性动而言便是心知的作用。荀子认为性动不足必须有心指导。如果没有心的指导的话，性动必然走向恶。荀子在《正名》篇写道：

> 以所欲为可得而求之，情之所必不免也；以为可而道之，知所必出也。故虽为守门，欲不可去，性之具也。虽为天子，欲不可尽。欲虽不可尽，可以近尽也；欲虽不可去，求可节也。②

对外物有欲求，是人情的自然表现。人不可能去欲、无情；但情欲却是可以导引的。对物欲和情动有所思量和选择便是心的作用。如果心能对情动有所思量，那么便既可以尽可能满足人的欲

---

① 荀子的人性恶观点并没有否认人性为朴，但作为朴素材质的性，仍然还是有借待的。比如，"性不能自美"(《礼论》)，性会被伤而"性伤谓之病"(《正名》)。从性不能独立而有所借待、资助、依附的角度上来说，荀子认为性是不自足而为不善，即性是恶。

② (清) 王先谦：《荀子集解》，中华书局 1988 年版，第 428—429 页。

求，也可以尽可能节制人过多的欲望。如果心对情动无所思量，那么情动而无心的指导，就会使得外物之欲求自然发展而无所调控，最终只会走向乱、恶（《性恶》）。

从性必然动但性动自身有不足的角度，可以对性本静却如何走向恶做出解释。性本静但必然有动，在性动问题中才进一步产生了性恶问题的探讨。但对于性动的状态，荀子又认为是可以进一步去导引的。如此可以看出，荀子对老子通过人为改变性动的状态表现出了比庄子更加肯定和积极的一面。荀子认为，人可以通过积极的人为作用，使性动的状态发生改变，即由"动而为恶"变为"动而为善"。荀子主张性恶，但仍然有为善的可能；这种可能的落实，最终离不开人为的作用，"性伪合，然后成圣人之名"（《礼论》）。

六　化性成积

性动，既可动而恶，如从人之性、顺人之情，犯分乱理而归于暴；也可动而善，即化性起伪。在性变恶为善的问题上，荀子突出的是心知、人为的作用，即伪。

对于心何以能知，荀子从三方面进行阐述：

> 心何以知？曰：虚壹而静。心未尝不臧也，然而有所谓虚；心未尝不满也，然而有所谓一；心未尝不动也，然而有所谓静。人生而有知，知而有志。志也者，臧也，然而有所谓虚，不以所已臧害所将受谓之虚。心生而有知，知而有异，异也者，同时兼知之。同时兼知之，两也，然而有所谓一，不以夫一害此一谓之壹。心，卧则梦，偷则自行，使之则谋。故心未尝不动也，然而有所谓静，不以梦剧乱知谓之

静。未得道而求道者，谓之虚壹而静。(《荀子·解蔽》)[1]

心知有三个特征，即有藏、有两（多）、有动。首先，心知有所藏，进而有所满，但藏中还应当有受，满中还应当有所一。其次，心知有多，且此种多不当有所止：心知有藏，但还能进一步不停地虚受更多；心知物有别、有类异，但还能不停地一统更多。不论是心知的虚而有受，还是心的兼知而有统，都强调心生而有知且能知得多。但知多，则容易乱知。于是荀子进而突出心知的第三个特征：心生而有动，动则容易乱知。对于这种乱，荀子指出关键是要有所静。静，参杨倞注，不是静止不动，不是使心停止知的行为；静是"常"，是定，是使心知而有定向。心有所定便不会乱。

心做到静定，便会不乱，进而会对情欲有所觉知。对于此心知的作用，《礼记》也有提及："物至知知，然后好恶形焉。"孔颖达发挥说："至，犹来也，言外物既来。知，谓每一物来，则心知之。为每一物皆知，是'物至知知'也。物至既众，会意者爱好之，不会意者则嫌恶之，是好恶形焉。"[2] 在探讨性动而有应的过程中，不仅涉及性自身和外物两者的关系，即人生而有物欲，而且心知的问题也被考虑进来，即心对自己的欲望有觉知。

对于心的这种觉知，荀子指出就是思虑："情然而心为之择谓之虑。"(《荀子·正名》) 人天生有性、有情，情是性的质地；而对性动、情应，心能觉知，并进一步做出选择与主使。即心能主使（性）情应对外物之动。从对情的选择上来说，其着重强调的是心能调控喜怒哀乐的情感之应；而从情之应外物的角度来

---

[1] （清）王先谦：《荀子集解》，中华书局1988年版，第395—396页。
[2] 李学勤主编：《礼记正义》（中），北京大学出版社1999年版，第1083—1084页。

说，其着重强调的是心能调节物欲。不论是对情说还是对欲说，心的行为都呈现出了一个特点："出令而无所受令也。自禁也，自使也，自夺也，自取也，自行也，自止也。"（《荀子·解蔽》）对荀子而言，心能自己思考并且做出选择和决定。

人心的这种选择和行为不是天定的，也不是依照外物动的方向而动的，所以不当属于"天""性"的范围。相反，应当属于人"伪"的范围："心虑而能为之动谓之伪。"（《荀子·正名》）即心可以自己选择动的方向、进而决定如何选择情和欲以应外物。这便是荀子"伪"思想的第一个层面。

伪对荀子而言不仅是指心的思虑，而且更为重要的是思虑之积习的工夫，这便是伪的另外一个层面："虑积焉、能习焉而后成谓之伪。"（《荀子·正名》）参杨倞注："心虽能动，亦在积久习学，然后能矫其本性也。"① 心的积习工夫是对人性状态而言的：思虑会对性动产生作用和影响，而思虑的积习最终会让人性动的状态发生质的变化。这就是积习以化性：

> 性也者，吾所不能为也，然而可化也；情也者，非吾所有也，然而可为也。注错习俗，所以化性也；并一而不二，所以成积也。习俗移志，安久移质，并一而不二则通于神明，参于天地矣。（《荀子·儒效》）②

在化性成积思想中，荀子反复强调积习工夫中所能作用的并不是性之生，因为性之生是天的职能和作用；人能作用的是性之成。人能学的应当是与人自身有关的行为，能成的应当是人自身在天地间的功能和职分。而这些人所能学、能成的事情，都指向的是

---

① （清）王先谦：《荀子集解》，中华书局1988年版，第412页。
② （清）王先谦：《荀子集解》，中华书局1988年版，第143—144页。

人生而有的性的状态的改变:"状变而实无别而为异者,谓之化。"(《荀子·正名》)人并不能使性之体、实发生变化,变化的只能是性的形状或状态。具体而言,是指从性动而为恶的状态变化成善。人通过思虑积习、习俗注错,可以使性动向善的方向发展,最终在时间的积累中,人性便可以成为善。

"化性""成积",所要达到的即是使人在动应中有静有定,这便是成性,也即成人:"生乎由是,死乎由是,夫是之谓德操。德操然后能定,能定然后能应。能定能应,夫是之谓成人。"(《荀子·劝学》)荀子认为成人即使人有所操、有所定。而这种定是在现实的积习和积贯中就可以做到的。比如,使人心思虑以及性的动在不断积习中得以定。有所定即有所一,是性一于所当好之好,一于所当怒之怒,即一于道。如此,性在心的指导下便能定,能不因杂乱外物的感而无章节、无节制地应和动。

虚壹而静可以更好地发挥心知的作用,从而使心知对于性动的方向有所指导,这是荀子性动而为善的主要思考方向。但不论是从心知的角度还是从性定的方面看,荀子最终所要突出的都是道的至高性。心通过虚壹而静可以知,但心知也有其自身的局限性,仍然需要须道、事道、思道(《荀子·解蔽》)。心知道,性才能有定有应、情欲才能有所节求。所以心知和性定的最终依据仍然是道,"道者,进则近尽,退则节求,天下莫之若也"(《荀子·正名》)。

对于此道,荀子所强调的仍然是人为之道,也就是礼。"礼者,人道之极也。"(《荀子·礼论》)心知礼而可以对情欲做出恰当调控,最有代表性的便是圣人:"礼之中焉能思索,谓之能虑;礼之中焉能勿易,谓之能固。能虑能固,加好者焉,斯圣人矣。"(《荀子·礼论》)圣人不仅能使心知礼、性一于礼,而且还能好礼而行,所以,荀子认为圣人是"道之极也"(《荀子·礼论》)。

在荀子看来，是圣人制定了礼义，"古者圣王以人之性恶，以为偏险而不正，悖乱而不治，是以为之起礼义，制法度，以矫饰人之情性而正之，以扰化人之情性而导之也。始皆出于治，合于道者也。"（《荀子·性恶》）是圣人出于对人性动而为乱的现实考虑，制定礼义法度，使情性有所导引、矫饰，最终性动可以为治即善。如此一来，性动可以为善的最终依据便是圣人。①

人之所以可以为善，是因为圣人的教化和帮助。但圣人之所以可以成为圣人，是从两方面来说的。首先，从性的状态来说，圣人和凡人一样，都有本始状态和现实发展状态。不同的是，凡人之性会生而离其资，而圣人则在现实发展状态中使性不离其资，之所以可能是因为人本身生而就有资。其次，圣人使性不离其资，并不是圣人一个人独自能完成的，是在关系性的本然状态中实现的。也就是说，是在与其相关的亲人、朋友、社会、万物中，人将不害伤他人的情感一步步具体落实，如此，这个人才成其为圣人的。换言之，不是先有圣人，再有教化他人，圣人的出现与教化的施行本身是处于同一个过程中的，两者相互成全，圣人才能教化他人，而即在教化他人过程中圣人才成其为圣人。

综上，荀子认为虽然性动而自然有乱，但性也可动而有善。在动而有善的过程中，荀子突出的是人为的作用。心能做到虚壹而静，便能更好地对性动做出思量和考虑；心知作用的发挥则能使性动的状态最后发生质的变化，即性动为善。荀子对于性动为善的考虑放在心知的人为考虑上，但最终依据仍然是礼义的制定者，即圣人。而圣人之所以可能，正是因为人性生而有朴与资的原始状态。

---

① 关于此问题，在本书第六章已经从荀子复礼的意涵即礼的制定角度进行了讨论，此处不再赘述。具体可参看本书第六章"复礼为仁"。

七　结语

在荀子看来，性朴、性资就是说人生而有的性本来状态是静的。性本静但同时自然对外物有应，即有动。一方面，性生而有动、动而有乱，进而可以说性有恶；另一方面，性动自身不足以独立，即为恶。不论是性动的方向还是性动自身的不足，荀子凸显的都是这样一个思路：在善恶问题中首先探讨的是人性动静问题，性动而有恶的产生。

荀子性恶问题讨论由来已久，尤其是该如何处理性恶与性朴两者之间的关系问题。从动静角度看，性恶与性朴思想并不矛盾。性朴是说性的本来状态是静；而性恶则是从性有动的角度而言的。性本静但必然对外物有应，即有动；性动自身有不足，进而产生了性恶问题的探讨。性动有恶，但也可以动而为善，具体方法则是化性起伪。圣人制定礼义，而礼义的积习则使性善得以可能。从动静角度论性恶，可以看出荀子既有对先秦性与动静思想的积极吸收和深入发展，也对后来儒学性论的进一步发展提供了有益思考。

性动为恶，但可以通过化性起伪使善最终得以实现，这体现了荀子在当时对性的善恶问题的深入思考。但因荀子强调只有圣人可以化性起伪，从而对善恶问题的深化研究又面临一个新的问题，即圣人如何而来的问题。对于这个问题，西方关爱伦理学可以给出一个新的思考方向。从人本有的状态角度来看，人生而处于性静与性资的状态，现实发展中动可以离静、离资而为恶，也可以不离静、不离资，也就是为善。

总之，从动静角度去分析性恶的成因和善的可能，表明荀子对先秦性与动静思想的积极吸收和深入发展，对后来儒学性论的进一步发展提供了有益思考。荀子对性动有恶和化性起伪思想的强调，既是对道家性静思想的积极吸收，也是对先秦儒家反本复性思想更为丰富、全面地表达，从而为后儒性论思想的进一步发展奠定了基本的理论框架。而性朴与性资思想的提出，与当代西方关爱伦理学存在理论上的呼应之处，对于儒学的现代转化有重大价值，因而值得进一步深入探讨。

荀子主张性恶说，且是从失丧朴与资上去说明的。人性生而离其朴、离其资，所以为恶。从这个角度上来说，性朴或性资固然是从性恶问题中引申出来的，但对理解荀子的性恶说，却是十分重要的。更为重要的是，性恶却能善的问题在荀子那里得以可能，也是从朴与资上去说明的：使性不离其朴、不离其资。此种不离，便是复，是伪，是人为，更是注错积习的化的工夫。也就是学。化性成积，也就是成人。

使性不离其朴、不离其资，也是使性能得到好的滋养而得其美：人取万物以养身，但取之有道，取之以礼，从而使人能总万物而群居和一，进而也使得身心整全、生死两全。所以，使性不离其朴、不离其资而得为美，也就是在成己成物中而成人。

第九章　成人与尊严

目前对荀子关于人性和礼的思想的研究已经很多，然而对于人尤其是成人思想的研究却相对太少。成人概念在《荀子》一书虽然只出现了一次，但作为开篇《劝学》篇末的点题，其贯穿于荀子关于天人关系、礼之源起和建立、人性善恶等重要问题的探讨中，在整体思想框架中具有十分重要的地位。可以说，此概念的提出，既是对孔子成人思想的继承和发展，也集中体现了荀子对人在天地间的地位和价值问题的思考。成人，不仅是成为一个有德性的人，更有其他方面的要求，比如还要有知、有义，能群人、能总万物。这种理解更多地是强调人要对人群总体负责，也要对万物负责。这是荀子与孟子很不一样的地方。

人的地位和价值问题，和当今世界重视的人的尊严问题密切相关。近些年学界对于尊严的研究越来越多，然而对于尊严（human dignity）概念的界定却众说纷纭。研究康德的学者从人的理性与自由层面去阐发，而以马克思主义研究者对于人的尊严则更多地是从反对资本主义劳动剥削以获得人的自由全面发展的层面去阐发。

然而越来越多的学者也开始返归到中国传统儒家思想去挖掘尊严概念的内涵。由于"尊严"在儒家文献中很少出现，所以目前学界大都是从概念重构的角度去研究，比如张千帆[1]、倪培民[2]、李亚明[3]、王小伟[4]等。现有研究认为，尊严问题与儒学关注的人之所以为人尤其是人的德性问题密切相关，或者从根本意义上看，两者就是一个问题。顺此思路，学者大都从孟子人性思想出发，以人之为人的根本在于德性来进一步彰显儒家的尊严内涵。[5] 但问题是，此种重构是否合适？比如张守东认为，以儒学的美德理论对接西方现代尊严理论，可能给儒学带来的危险之一就是："在把儒学美德理论解释为现代西方尊严理论的时候有可能削弱儒学追求美德的独特价值。"[6] 这一观点还是很有见地的。而从儒家成人思想来看，人的尊严的实现，本身也未必只是与成为有德之人相关。

现有研究多基于孟子思想去理解儒家尊严思想，而对荀子相

---

[1] Qianfan Zhang, "The Idea of Human Dignity in Classical Chinese Philosophy: A Reconstruction of Confucianism", *Journal of Chinese Philosophy*, Vol. 27, No. 3, 2000, pp. 299 – 330.

[2] 倪培民：《求则得之，舍则失之——儒家尊严观之探讨》，《社会科学》2011年第1期。

[3] 李亚明、李建会：《死亡的尊严：儒家和西方观点的比较》，《世界哲学》2016年第5期；李亚明：《从儒家的视角看生殖干预与人的尊严》，《自然辩证法研究》2019年第4期。

[4] Xiaowei Wang, "Toward a Confucian Notion of Human Dignity", *Front. Philos. China*, Vol. 15, No. 1, 2020, pp. 7 – 28.

[5] 在这其中，王小伟主张对于儒家尊严思想的研究不能仅仅着眼于先秦，而应该放到整个儒学来看，所以他更多地是从宋明理学"万物一体"的角度出发去谈儒家尊严。但其对"万物一体"思想的理解，也仍然还是基于孟子"万物皆备于我"的思路而来的。这与宋明时期《孟子》越来越被理学家推崇并成为四书之一的学术现实情况直接相关。具体参看 Xiaowei Wang, "Toward a Confucian Notion of Human Dignity", *Front. Philos. China*, Vol. 15, No. 1, 2020, pp. 7 – 28.

[6] 张守东：《儒学的美德观及其对西方现代尊严理论的回应——兼与罗安宪、倪培民先生商榷》，《人权研究》2020年第1期。

关尊严思想不够重视。①"尊严"二字在《荀子》一书中出现过，那么无论如何，都不能忽视《荀子》对尊严问题的探讨。本章主要基于《荀子》等儒家文本来对"尊严"概念进行剖析，并将之与成人思想关联，彰显尊严思想之"全"的特征。

在分析荀子的尊严概念之前，笔者将首先对荀子"尊"和"严"概念的使用进行分析。将《荀子》与先秦其他儒家文献相关联，可以看出，"尊"字不仅涉及人的仁德，也与类意义层面上的义而能群密切相关。而"严"字，首先是与严敬之学相关。严敬之学有德性修习的一面，也有体之于身的践行过程和这一过程中的畏敬之情。但不论是尊还是严，都是与学密切相关的。如此一来，《荀子·致士》"尊严而惮，可以为师"的表达也就在情理之中了，其体现的是荀子对成人之学的重视。这才是人之为人的根本，也是人人可以有的。中国古代哲学中的尊严有其特定的内涵与适用范围，与人在天地间价值的最终追寻问题密切相关。

一　人之尊

一般来说，人的尊严和人性（human nature）密切相关。但与西方哲学不同，人性在中国哲学中有其自身特殊的内涵。② 以

---

①　倪培民在其文章中对于荀子思想也有过讨论，但基本上仍旧还是把荀子看作和孟子一样都是从德性主体的角度去理解尊严的。赵靖宇有专门对荀子的尊严思想探讨，试图从荀子的整个思想来探讨这一问题。具体参看赵靖宇《荀子对人之尊严的哲学建构》，《汉字文化》2020 年第 22 期。

②　东方朔（林宏星）提出，在中国古代哲学中，人的尊严问题既涉及人观问题也涉及性观问题，而在荀子方面来说，人的尊严问题，更多地是指对人之所以为人的观察，并且这种观察重在从人在特定的历史文化和社群结构中所承担的诸多不同身份构成特征的一般性说明。从人对天地、自然世界的责任这一角度来说，人的尊严即人担负董理天地、财官万物，以使人间和谐，万物各得其宜的任务和责任。参见东方朔《合理性之寻求：荀子思想研究论集》，台北：台大出版中心 2011 年版。

儒家荀子为例，荀子认为："性者，本始材朴也。"（《荀子·礼论》）即人性是人生来就有的东西。从这个意义上来说，人性是一个相对来说比较大的内涵，并不必然指向人之为人的根本性的东西。比如，从人之生而具有的角度来说，人性可以包括人生于天地间与水火、草木、禽兽所共有的气、生、知等。人之尊严即是人性中使人称之为人的所在，即人之为人的根本。在这个意义上荀子指出，人之尊严的首要意涵便是人之贵。

对于人之贵，《礼记·礼运》写道："故人者，其天地之德，阴阳之交，鬼神之会，五行之秀气也。"《尚书·泰誓上》指出，"惟人，万物之灵。"《孝经》则有"天地之性，人为贵"的说法。

类似地，荀子认为人为贵，但人之所以能与天地参，是因为人有全。而此全是从天人相分的意义上去谈的。此全不是天赋予人的全，而是与人事、人为密切相关的。

从人自身来谈人之全时，荀子注重是从人有义能群的角度来谈人之为人的根本。荀子说道："水火有气而无生，草木有生而无知，禽兽有知而无义，人有气、有生、有知，亦且有义，故最为天下贵也。"（《荀子·王制》）对荀子而言，人不仅有气、有生、有知，而且还有动植物没有的义，故人最为天下贵，在天地万物间是独一无二的。

义在这里是与仁密切相关的，但比孔孟的仁的内涵更为广阔。在《论语》中，樊迟问仁，孔子以"爱人"回应，奠定了对仁的基本理解。将仁与爱的基本情感相关联，成为先秦儒家的共识。比如，孟子直接以"仁者爱人"来定义仁。类似地，荀子也是从这个角度来解释仁的，他明确指出"仁，爱也，故亲。"[1]

从爱人的基本情感出发，荀子也认同孔孟对仁与义关系的看

---

[1] （清）王先谦：《荀子集解》，中华书局1988年版，第491页。

法。比如,孔子提出:"里仁为美。择不处仁,焉得知?"① 而孟子在《告子上》则提出:"仁,人心也。义,人路也。"② 两者都意在强调仁是爱人的情感,而义指向的则是这种情感的落实,即如何爱人的问题,而礼就是具体的节文落实。荀子也在这层意涵上来理解仁与义的关系,比如荀子指出:"仁有里,义有门。"③ 进一步地,荀子也认同仁作为一种爱人的基本情感,与礼之间的关系是,仁在礼先,且仁为礼本:"人主仁心设焉,知其役也,礼其尽也。故王者先仁而后礼,天施然也。"④

但是,在荀子看来,仁不只是一种基本的爱人情感,其还有更为丰富的内涵。在《大略》篇以爱释仁后,荀子又进一步指出:"君子处仁以义,然后仁也。"⑤ 第一个"仁"字,指向的是爱人的基本情感,但这一情感还需要以义来理、以义来行之后,才是仁的完满内涵。

仁不仅是爱人,还强调应该将这种情感落实、实行;而且这种实行是有理可依、有礼可据的,因而是十分勇敢、决断的。这是荀子对孔孟思想的进一步说明和补充。但荀子并非止于此来讲仁的内涵。荀子不仅主张行义以理,还主张义有分。如前所述,荀子认为礼义的制定目的,是治理欲,从而使得"欲不尽物"和"物不屈欲"。这种持养的达成,只能以人为主导,使人胜物,而义恰恰能使人做到这一点。他说道:

> 人何以能群?曰:分。分何以能行?曰:义。故义以分则和,和则一,一则多力,多力则强,强则胜物,故宫室可

---

① 程树德:《论语集释》,中华书局1990年版,第226页。
② (清)焦循:《孟子正义》,中华书局1987年版,第786页。
③ (清)王先谦:《荀子集解》,中华书局1988年版,第491页。
④ (清)王先谦:《荀子集解》,中华书局1988年版,第488页。
⑤ (清)王先谦:《荀子集解》,中华书局1988年版,第492页。

得而居也。故序四时，裁万物，兼利天下，无它故焉，得之分义也。①

人有义便可以分，即对事物做出区分、辨别。人能分，便能群且此种群是和同、和一的。人能群，并使群得其治而不乱，而这就是治理天下的根本。"先王恶其乱也，故制礼义以分之，使有贫富贵贱之等，足以相兼临者，是养天下之本也。"② 从义有分出发，荀子将人情、人欲的治理进一步放到群治的角度而谈。如此一来，仁不仅是爱人情感和这一情感的落实的问题，还是人类群体意义上如何"以相群居"的问题。而且，进一步地，仁还包含与物如何"以相持养"的意涵。

正是在这一意义上，我们才可以准确理解荀子所谓的"天德"："诚心守仁则形，形则神，神则能化矣；诚心行义则理，理则明，明则能变矣。变化代兴，谓之天德。"（《荀子·不苟》）人不仅要有爱人的情感，还应该把这种情感践行。在这种践行中，必须有类和群乃至总万物的考虑，如此才能实现人之为人的根本价值，从而具有与天地相参的地位。

当荀子以仁义来规定人之贵、人之尊严的具体内涵时，尊严首先是指德性尊严。但同时，荀子指出人之所以为人，不仅仅在于德性，还在于人对人类群体负责，对天地万物负责。能总万物、化育万物，即人能参天地而与至广至大的天地并列，从而人得以成为一个大写的人。

从人与天地参的角度上去推进对儒家尊严的理解可以看出，尊严在儒家那里不是一个本体性的概念，而是一个群体性概念，与人在天地万物间的位置和活动密切相关。正是在后者意义上

---

① （清）王先谦：《荀子集解》，中华书局1988年版，第164页。
② （清）王先谦：《荀子集解》，中华书局1988年版，第152页。

说，人的尊严不仅仅体现在之尊贵上，还体现在人对人之尊贵的践行即人对仁义德性的践行上。而在仁义德性的践形中，尊严是着眼于人类社会群体而言的。这所体现的是一个作为关系性的个体在群体中的尊严问题。

二 人之严

尊严不仅仅强调人之尊贵，也体现在人之至严上。严，即敬。[1] 例如，"天命降监，下民有严。"（《诗·商颂·殷武》）毛传注解到，"严，敬也"。以严解敬是其主要的思路，但所敬的对象后来便由天命转向了道与师。比如，《礼记·学记》写道："凡学之道，严师为难。"郑玄注："严，尊敬也。"[2] 尊敬的对象，即是师。而师之所以为师，是因为道。

荀子也从学之道的角度来探讨严。只不过按荀子的理解，严师的目的是道，凸显的是对道的学。比如在《儒效》篇，荀子指出：

> 我欲贱而贵，愚而智，贫而富，可乎？曰：其唯学乎。彼学者，行之，曰士也；敦慕焉，君子也；知之，圣人也。上为圣人，下为士君子，孰禁我哉！……。故君子无爵而贵，无禄而富，不言而信，不怒而威，处穷而荣，独居而乐，岂不至尊、至富、至重、至严之情举积此哉！（《荀子·

---

[1] Torbjorn Loden 通过对儒家、道家思想的分析，提出尊严在中国古代哲学中更多地是与"尊敬"一词相关的，而具体阐发开来则更多涉及人性的问题，比如庄子所说的人性逍遥、自由的一种状态。具体参看 Torbjorn Loden, "Human nature, freedom and dignity in China and Europe", in *Int. Commun. Chin. Cult* 1 (1-2), 2014, pp. 35-45.

[2] 李学勤主编：《礼记正义》（中），北京大学出版社 1999 年版，第 1066 页。

儒效》）①

如果我的当下境况不是很好，比如或者卑贱，或者愚钝，或者贫穷，那怎么样才可以使我贱却是有所贵的，愚却是有所智的，贫却是有所富的呢？荀子的回答是，学。不管处于什么境况，人都可以或学而行为士、或进一步勉为君子，甚至最终成为通学之圣人。只要学，谁又能阻止一个人成为士、君子或圣人呢？所以即使一个人没有爵位却是最尊贵的、没有财富却是最富有的，没有言语之说却是最为人所信任的，没有发怒却是最有威严的。这便是人尊敬之的原因所在，即学。严，在此主要指向的是威严。而人之威严所在，根本还是在于学。人人都可以获此威严，不受外在境况的影响。

此种威严，与学密切相关。一方面，从学上来说，荀子认为学首先是要使己有德性，即己有定，成己。从这个层面来说，学道之严中，首先是与人的德性密切相关的。另一方面，威严也是与敬密切相关的。之所以有威严而得别人之尊敬，是因为己有学。但人有学，又是有所敬的。后者是与畏的情感密切相关的。

荀子在讨论"仁者必敬人"时，也对人的敬而有畏的观点进行了讨论。比如，荀子写道：

> 仁者必敬人。凡人非贤则案不肖也。人贤而不敬，则是禽兽也；人不肖而不敬，则是狎虎也。禽兽则乱，狎虎则危，灾及其身矣。《诗》曰："不敢暴虎，不敢冯河。人知其一，莫知其它。战战兢兢，如临深渊，如履薄冰。"此之谓也。故仁者必敬人。（《荀子·臣道》）

---

① （清）王先谦：《荀子集解》，中华书局1988年版，第125—127页。

也就是说，荀子认为，敬首先是与自身相关的德性，不论对象如何，敬的持有是对自身德性的长养，是人获取和实现自身尊严的重要表现。但是对于敬之具体落实，荀子有两个方面的考量：一，对于贤人，荀子主张人应当亲近而爱敬。之所以如此，是因为与贤人相处，能有利于自身对于仁义之道的学习，从而可以提升自己作为人的高贵之处、独特于禽兽之处。二，对于不肖之人，荀子主张人也应当敬。只是此种敬是从"畏敬"即警戒的意涵上来说的。

当从警戒的意义上去说敬时，荀子突出的意涵仍旧是人学时对自己行为、内心的警戒，强调修习无所懈怠，即"敬戒无怠"（《荀子·大略》）。而从警戒无怠的角度上来说，此种畏戒，更多地是对人自身。荀子在《天论》中也有提到："故君子敬其在己者，而不慕其在天者。"梁启雄引《释名·释言语》，指出："敬，警也；恒自肃敬也。"① 都是在强调敬对于自己而非他人的敬。②

对荀子而言，敬不仅是指内在的尊敬之情，还指外在的恭敬之貌。在这个意义上，"严"即是从"敬而不懈"的意义上推进。尊敬，更多地是指向人的内在德性的进一步发展，而恭敬更多地是指向人因内在德性的充实而体现出来的体貌、气象。比如，荀子写道："体恭敬而心忠信，术礼义而情爱人；横行天下，虽困四夷，人莫不贵。"（《荀子·修身》）

在内外层次上去推进敬，在《郭店竹简·五行篇》里得到了更好地体现。比如，《五行篇》写道："以其外心与人交，远也。远而庄之，敬也。敬而不懈，严也。"③ 此处明确指出，严，就是持续不懈地去尊敬别人。"外心"，即多与别人接。此处不仅是指交得范围广，而且是指交得频繁。即与人相交时敬意多而具体表

---

① 梁启雄：《荀子简释》，中华书局1983年版，第226页。
② 荀子对敬从自身的角度上去突出，而非从他人的角度上去说的思想为董仲舒所继承，并进一步强调"义之法在正我，而非正人"（《春秋繁露·仁义法》）。
③ 刘钊：《郭店楚简校释》，福建人民出版社2005年版，第83页。

现为礼数周到。《礼记·礼器》说道:"礼之以多为贵者,以其外心者也。"依郑玄注:"外心,用心于外,其德在表也。"① 与荀子"爱敬不倦"(《荀子·仲尼》)、"敬诎而不苟"(《荀子·君道》)思想有相似之处。

在敬人、严己的基础上,才能达到尊,即一方面在持续敬人基础上别人才能尊敬自己,另一方面是指,敬人而不懈怠才能让人对自己所坚持的道义有所畏,进而别人才能尊道、尊己。不论是尊道还是尊己,都强调的是人之尊,即与人交往中,人在持"敬""严"的感情基础上而获得的人自身拥有的一种危重体貌。而在这种体貌中,《五行》提出,最重要的是,人应该是不要骄傲,与荀子"高上尊贵,不以骄人"(《荀子·非十二子》),"故君子恭而不难,敬而不鞏,贫穷而不约,富贵而不骄,并遇变态而不穷,审之礼也"的观点一致(《荀子·君道》)。

从而在这个意义上可以看出,荀子与《五行》一样,在强调人的尊敬时,注重三个方面:首先是,严敬,即不懈怠地敬人、敬己。其次是尊敬,即使人畏道基础上而有的自身的危重体貌。最后是恭敬,即与人交而不骄傲、傲慢。从此三种意义可以看出,从严敬之学出发,荀子强调人的尊严的获得既是指,人要不懈怠地充实内在爱敬德性,又强调人所应该持续而不懈怠地去持有的外在恭敬体貌。

在儒家看来,一个人的尊严状态的达成需要一个过程和阶段,而此过程的起始处就是,长养人天生而有的德性。比如,人首先长养自身的仁性,注重从小对父母的爱亲之天性的长养。在此方面孔子强调学、习的过程,孟子强调仁性的长养,而荀子则提出"君子知夫不全不粹之不足以为美也,故诵数以贯之,思索以通之,为其人以处之,除其害以持养之"(《荀子·劝学》),

---

① 李学勤主编:《礼记正义》(中),北京大学出版社1999年版,第733页。

其中涉及的是长养德性、贯通礼义之学的具体步骤和方式。①

一个人要想达到尊严的状态，需要在仁爱的基础上继续修习。此阶段的修习与仁爱的长养不同，而是转向礼的修习，需要人与人远，需要敬。为的是，不让人怠慢父母、狎昵于师、害伤于万物。在此，尊严不仅是一种最终的状态，还是一种情感、一种态度。这种情感，主要是指人应该有畏、有敬。比如《郭店楚简·五行》里提到的礼的最终的达成与人的敬、严、畏、尊、恭等情感的推进密切相关。

综上，在人之尊的概念的探讨中，荀子认为人之尊既包括人的仁爱德性，也涉及德性的落实和人能群的考虑。而从人之严的概念的讨论中，可以看出，荀子认为不论是尊还是严，根本都在于学。学，是人人都可为、可做，且学可使任何人在不受外在境况的影响下都可以获得尊敬、获得威严。不论是尊，还是严，当荀子去考虑的时候，都不是从天生赋予的角度去考虑的，而是从人为上考虑的。在这种尊严观中，人为自己负责，不为天负责。尊严，是人自为、自得且人人都可以获得的。

从严敬之学的角度考虑，尊严是否为人拥有，首先与德性养成相关。但尊严不仅与内在德性养成密切相关，还与外在践行密切相关。学不能是口耳之学，必须是心有参与而能体之于身，使身有所美、有恭敬、危重体貌之学。

荀子的学不只是指向身心整全之学，更是指向内自定与外应物的兼得。当从应万物的角度来考虑时，严敬之学，不当是仅仅限于敬己之学，而是与人类群体乃至万物之总的学，也就是敬物之学。只有这两种学的贯彻、践行和最终落实，才是人的尊严的

---

① 倪培民主张儒家的尊严是一种获得性尊严。具体参看 Peimin Ni, "Seek and You Will Find It; Let Go and You Will Lose It: Exploring a Confucian Approach to Human Dignity", *Dao*, 13 (2), 2014, pp. 173-198.

比较全面的内涵。即，尊严在儒家是一种过程性概念，而不是一种天赋或本体性概念。人的尊严最终指向的是人的一种持续不断地自我提升的状态。

三 "尊严而惮，可以为师"

在儒家看来，尊严是与人不断提升修养状态密切相关的。在这种提升中，要注意另外一个达成方式，就是强调公的首要性。

对于敬己的达成，儒家强调敬他人的首要性。比如，《郭店楚简·成之闻之》提到："故君子所报之不多，所求之不远，察反诸己而可以知人。是故欲人之爱己也，则必先爱人；欲人之敬己也，则必先敬人。"[①] 根据刘钊注释，此句意在表明，君子由观察自身可以知道他人。所以要想他人爱己，就必须要先爱他人；要想他人敬己，就必须先敬他人。因而在对尊严的解释上，《五行》非常重视"外心"和"博交"的内涵。外心，即是与人博交。而正是在与人博交中，人能达到公天下的程度，从而在德行之广上与天地可比。

与此种思路一致，荀子指出义之敬是对自我的修身要求，而其达成也离不开群。人有义，是为了群。"人何以能群？曰：分。分何以能行？曰：义。故义以分则和，和则一，一则多力，多力则强，强则胜物；故宫室可得而居也。故序四时，裁万物，兼利天下，无它故焉，得之分义也。"（《荀子·王制》）在此分义，更多地是指人的职分之义。而荀子之所以强调职分、角色的区分，与其公义思想的强调密切相关。比如，荀子写道"然后明分职，序事业，材技官能，莫不治理，则公道达而私门塞矣，公义明而私事息矣。"（《荀子·君道》）

---

① 刘钊：《郭店楚简校释》，福建人民出版社2005年版，第142页。

荀子非常强调义的首要性，比如：

> 凡奸人之所以起者，以上之不贵义，不敬义也。夫义者，所以限禁人之为恶与奸者也。今上不贵义，不敬义，如是，则天下之人百姓皆有弃义之志，而有趋奸之心矣，此奸人之所以起也。且上者，下之师也，夫下之和上，譬之犹响之应声，影之像形也。故为人上者，不可不顺也。夫义者，内节于人而外节于万物者也，上安于主而下调于民者也。内外上下节者，义之情也。然则凡为天下之要，义为本而信次之。古者禹、汤本义务信而天下治，桀、纣弃义倍信而天下乱，故为人上者必将慎礼义，务忠信然后可。此君人者之大本也。堂上不粪，则郊草不瞻旷芸；白刃扞乎胸，则目不见流矢；拔戟加乎首，则十指不辞断；非不以此为务也，疾养缓急之有相先者也。（《荀子·强国》）

在此处，义所限禁的是人的私欲。"节"，按照王先谦注解，即调适的意思。① 人能贵义的具体表现就是，能致力于义的实行。比如，君主既能调适民的情欲，也能稽察、调适万物之情，从而做到天下万物无不顺适。人若能做到此义，便能为人君、为人师，而成就人之尊贵、获得人之尊严。从这个先敬人、节人以达公道、明公义的角度上说，此种敬体现了公的意义上的尊严。

对于儒家来说，公的意义上的尊严思想体现的是，人在修身齐家治国平天下的修养追求中要有由内而外的践行。② 但是，达

---

① （清）王先谦：《荀子集解》，中华书局1988年版，第305页。
② 张千帆在对儒家尊严思想的强调中，有突出由内而外、由正心、修身而推致齐家治国的一面。具体可参看 Qianfan Zhang, "The Idea of Human Dignity in Classical Chinese Philosophy: A Reconstruction of Confucianism", *Journal of Chinese Philosophy*, Vol. 27, No. 3, 2000, pp. 299–330.

至修齐治平，首先需要先敬爱他人。这一点是儒家尊严思想中非常独特的一面，与其对于仁爱、博爱思想中对于爱人先于爱己的修身要求一致。在此意义上说，人的尊严体现在与人博交的关系中，正是在与人博交上，人才能达到公天下。

对公意义上的尊严的首要强调，以成就人的全面意义上的尊严，进一步体现在荀子对于"教"在人的尊严获取上的重视。能公天下、教天下的人便可以为人师而成就自身的尊严。

荀子强调公的尊严与对礼和君师的重要性的强调密切相关。因为在荀子看来，君师者，治之本也，是礼义视域中的人的三大本根之一。从教的角度来说，君师对引导学生修养的提高十分重要。从学的角度来说，君师承担着董理天地的任务，其尊严的最高体现就是"与天地相参"。而不论是教与学，荀子都始终强调一个人的尊严是师的尊严与学的尊严的综合统一，在教与学的相互长养中，人人可达到一种"乐"的状态。

从"尊严而惮，可以为师"的角度说，荀子是从师的角度去讲述人的尊严的。在荀子看来，一个人之所以可以成为老师，在于他/她能做到尊、严、惮。关于此三点，荀子本人及其注本并没有作一步解释，但是在《郭店楚墓竹简·五行》中，有进一步解释：

> 以其外心与人交，远也。远而庄之，敬也。敬而不懈，严也。严而畏之，尊也。尊而不骄，恭也。恭而博交，礼也。①

在此，对尊、严、惮作了进一步解释。在《五行》看来，一个人对于别人的敬能够持续而没有懈怠，那就是严。而在严的同时，

---

① 刘钊：《郭店楚简校释》，福建人民出版社2005年版，第83页。

如果人能做到对于自己坚持的道有所畏，那就是尊。因此，从此文本的解释可以看出，"尊严而惮"是指一个人如果能够不懈怠地敬人和畏道，那么这个人就可被尊称为师了。在这种解释里，师的尊严来自于师自身对于别人、他人的爱敬和对道义的畏敬。换句话说，一个人的尊严首先来自于他/她自身表现于外的行为，而判断的标准是这种行为是否持续展现了对他人的爱敬之情和对道义的畏敬。对这种外在行为的强调，由文本对"外心"的强调可以看出。

对于此"外心"，如前所述，《礼记·礼器》有提到："礼之以多为贵者，以其外心者也。"郑玄注，"用心于外，其德在表也。"[1] 即，首先敬别人，后来才是得到别人对自己的敬爱。《郭店楚墓竹简·成之闻之》里面写道："是故欲人之爱己也，则必先爱人；欲人之敬己也，则必先敬人。"[2] 一句话就是，判断一个人是否有师的尊严的标准是，能否做到持续不断地敬人和尊道。在这个角度上，师的尊严分为两部分：公的尊严和私的尊严，后者的获得是以前者为前提的。师之尊严，即人之为君子的尊严。

成为君师，是人的尊严在社会范围内的最高外在表现。对荀子而言，这种尊严是与人的有义、能群思想密切相关的。让人能够保有义、能相与群居的人，恰恰是圣人、君师。

当从师的尊严的角度去探讨人的尊严的问题时，荀子向我们指出的是，人的尊严的获得即人人以成圣为最终目的，即以获得师的尊严为目标。人的尊严的实现即师的尊严的获得，而在这其中有两个方面是荀子特别强调的。一是，人与动植物的不同，君

---

[1] 李学勤主编：《礼记正义》（中），北京大学出版社1999年版，第733页。
[2] 刘钊：《郭店楚简校释》，福建人民出版社2005年版，第142页。

师已经为人指出，人不同于其他动物植物，人有义、能群。二，虽然人有质、具，但人最重要的还是要学习圣人之道，只有通过学习，人才能有公、有群人、总物的意识去指导自己的行为，使人爱人的情感持续不断地落实于行为，从而最终成为"成人""全人"。

对荀子而言，人的尊严问题不仅仅局限于德性问题的探讨，而是也涉及对于人的修养工夫和人的终极价值追求的追问等方面。人的尊贵的展开和落实需要师的尊严的指导，而师的尊严的呈现是以人的尊贵的展开为最终标准的。只有这些方面的全部展开，才是儒家尊严思想比较完满的呈现。

四　结论

对荀子而言，人的尊严与成人问题密切相关。首先，人的尊严是指人的一种持续不断地自我提升的状态，因而尊严在儒家思想中是一种过程性概念，而不是一种天赋或本体性概念。所以荀子主张，学以成人。其次，尊严的获得与否，与公天下的思想密切相关。如果一个人在仁心的长养基础上，能进一步与人博交，那么这个人就能够进一步长养自身的尊严。尊严的达成最终呈现的是人的乐的状态，这种乐不为一部分人所有，而可以为每个人所获得。可以说，人的尊严不仅仅局限于德性比如尊敬问题的探讨，而且还涉及对于人的修养工夫和人的终极价值追求的追问等方面。只有这些方面的全部展开，才是儒家尊严思想比较完满的呈现。

关于人的尊严问题，目前国内学界的研究还主要关注于西方哲学或者马克思主义哲学研究，但从中国哲学自身的理论脉络展开的研究相对来说还是比较欠缺的。而儒家尊严观的提出可以为人的尊严与人的权利等的研究提供理论资源。① 当从学以成人、过程性和乐的最终状态方面去看儒家尊严概念时，可以得出，在儒家思想中人的尊严的依据不是理性而是德性，但又不限于德性；人的尊严的达成与学密切相关。以成人之学为依据，人的尊严也进一步涵括教育发展和国家治理等问题。先秦儒家尊严思想研究的展开，能够对国家强调的"人应该体面的工作""有尊严的生活"等理念给予一个儒家思想上的回应，从而能为国人尊严的提升、社会和谐的达成提供有力的理论参考。

---

① 比如，韩德强立足于中西不同的文化背景和概念意涵方面，对人的尊严问题集中从秩序性尊严、人性尊严、人格尊严和身体尊严等层面进行了细致剖析（韩德强：《论人的尊严：法学视角下人的尊严理论的诠释》，法律出版社 2009 年版）；郝书翠从类与个体的角度，对马克思主义与儒学的尊严观做了比较，提出主体性构成人的尊严的内在基础。儒学与马克思主义都把人视为目的，认为这是人的尊严的必要条件，但在实现人的尊严的具体路径上，马克思主义追求人的历史解放，儒学则追求个体的自我修养，由此形成了两种旨趣迥异的尊严观（郝书翠：《类与个体：马克思主义与儒学尊严观比较》，《山东社会科学》2015 年第 11 期）。

第十章　荀子成人思想的影响
——以董仲舒的成人思想分析为例

前面九章已经全面阐述了成人概念，充分挖掘了以《荀子》为主的先秦儒家文献中的成人思想，进而在文献研究基础上深入、全面地总结荀子成人思想，系统呈现荀子成人之学的理论框架，进一步彰显了荀子成人模式的现当代意义。继承孔子成人思想，荀子主张学礼义以成人，并从成己成物、群己合一、习礼义以化性等角度将成人思想整体深化，从而使得先秦儒家成人之学发展到一定高度。荀子认为，成人是成为一个纯粹和全面发展的人，其中强调对人与天地、先祖和君师关系的全面认识，主张学可以成人，最终达到人格的全面发展和人的尊严的完全实现。此一整套理论架构奠定了后来儒学成人之道思想的基本理论框架。

本章将以荀子之后汉代董仲舒的成人思想为例，来看荀子成人思想框架在汉代的进一步彰显。人本之追寻发端于秦汉儒学，并形成了一套理论架构。比如，在认识论上强调认识全粹之体，工夫论上强调通五经、贯六艺，人在志于学、立于礼的过程中为仁，从而最终达到人与天地参的终极境界。这一理论框架的形成基本奠定了后期儒学的进一步发展。比如，董仲舒也有论述成人思想，且继承孔子、荀子成人之全的特征，将成人的思想从"成人者天"的角度进一步发展。

荀子在汉初有"大儒"之称，其思想在汉代儒者中的影响巨大。比如，荀子关于天人关系的探讨皆是在礼义的视野中展开，而后者引起了汉人的高度重视。汉初礼制的首倡者儒生叔孙通之学本于荀子；陆贾、贾谊承继荀子"天人相分"的观点，同时吸收阴阳家的一些天人感应思想，而将荀子的人道思想从政治层面作进一步解释，而董仲舒则将这些发展成天人感应论。此种天人感应论，一方面是对荀子礼本思想的发展，另一方面其中"人，下长万物，上参天地"思想，也是对荀子人为万物之总思想的发展。

董仲舒对荀子成人思想的继承与发展，与对天人关系的理解密切相关。战国末期到汉初儒家天人关系的论述从"人为天地万物之参"发展为人为"万物之总"《荀子·王制》"人，下长万物，上参天地"《春秋繁露·天地阴阳》，这些都是揭示秦汉之际儒家理想人格思想的重要参考。人"参"或"总"万物的思想，是秦汉之际的儒者对人与万物、人在天地间的价值的关系的认识，对中国儒家人学思想产生了深远影响。

之前对秦汉的研究多从天人关系的角度凸显董仲舒的思想意义，关注较多的也是战国末期到汉代儒家天人关系思想的渊源与发展。比如，黄朴民指出，董仲舒对早期儒家的天人观进行了转化与创新，在天人关系上创新地提出了"天人合一"的宇宙图示，并以天人合一新思维提出了完整的"三纲"说，将先秦儒学从政治儒学的层面进行了发展和创新，具有明显的经世意识[1]；周桂钿则从汉代的现实出发对董仲舒的思想进行详细分析，认为其天人感应是理论形式，实质内容却是针对现实的[2]；康中乾认为董仲舒的天人感应论代表了两汉哲学思想的发展水平和思维水

---

[1] 黄朴民：《董仲舒学说的三个基本意识》，《衡水学院学报》2016年第18卷第2期。

[2] 周桂钿：《董仲舒天人感应论的真理性》，《河北学刊》2001年第21卷第3期。

第十章 荀子成人思想的影响 / 239

平，不仅有神学目的性的宗教维度，还有人文性的伦理维度、系统整体性的宇宙结构维度和生成性的宇宙发生维度①；张强则认为在天人关系方面，对汉初儒学有着重大影响的是荀子的"天人之分"和"制天命而用之"思想，但同时他们也更多地将孔子畏天命思想进行了极致发展②。

这些研究表明，董仲舒在继承战国末期天人关系思想的同时，也对这种天人关系进行了改造。这种改造也体现在其人学思想中。董仲舒思想中的人文伦理维度的渊源与发展，与战国末期儒家的人学思想密切相关。

承继先秦儒学成人思想，董仲舒提出成人的最终根据是天。天人同构、天人相副，使得人之全与贵最终得以可能。首先，成人就是成人之德。既治己以义，也治人以仁。两者的共同达成，才是成人的最终实现。其次，成人不仅是成为有仁义等德性的人，还是成为有功业的人。因而成人既涉及德性问题的探讨，但却又超越德性问题探讨。这一方面展现了董仲舒对先秦儒学思想的承继与发展，有其思想史地位与意义，另一方面也可为现当代讨论成人思想提供有益思考。

对于成人概念，孔子在《论语·宪问》篇中早有提及："子路问成人。子曰：'若臧武仲之知，公绰之不欲，卞庄子之勇，冉求之艺，文之以礼乐，亦可以为成人矣。'"在这里，孔子强调成人就是成为一个德智勇艺等全面发展的人。继承这一思想，荀子也认为"成人"是"贵其全"（《荀子·劝学》）。只不过对于"全"的理解，荀子既从内自定的角度注重德性的养成，也从外应物的角度强调群万物的达成。董仲舒也注重从全的角度对成人

---

① 康中乾：《董仲舒"天人感应"论的哲学意义》，《吉林大学社会科学学报》2014年第54卷第5期。
② 张强：《论西汉前期的天人思想》，《河北师范大学学报》（哲学社会科学版）2001年第24卷第2期。

进行阐释，体现了对先秦儒学的继承；但董仲舒对成人之全的理解却也与孔荀不同，体现了他对先秦儒学成人思想的发展和改造。

一 成人者天

先秦儒学在讲成人概念时，大多都是从修养的角度讲人之成。如果说孔子以德统贯智礼艺等，注重人的全面发展，而荀子则延续《大学》《中庸》的路向，认为成人既是成己也是成物。不管强调的重点如何不同，孔荀都注重成人的全面性。但是，成人之全在终极意义上为什么得以可能？对这个问题董仲舒给出了进一步的理论思考。

成人，首先是成为一个人，而终极原因或根据就是天。在《春秋繁露·为人者天》中，董仲舒对此给出了解释：

> 为生不能为人，为人者天也。人之人本于天，天亦人之曾祖父也。此人之所以乃上类天也。人之形体，化天数而成；人之血气，化天志而仁；人之德行，化天理而义。人之好恶，化天之暖清；人之喜怒，化天之寒暑；人之受命，化天之四时。人生有喜怒哀乐之答，春秋冬夏之类也。喜，春之答也；怒，秋之答也；乐，夏之答也；哀，冬之答也。天之副在乎人。人之情性有由天者矣。①

人之所以为人，是因为天。天是人之本，是包括人在内的万物之祖。首先，从父子同源的角度说，人与天在根源上是一致的。人的形体、血气、德行、好恶喜怒哀乐等情性也是从天而来的。其

---

① （清）苏舆撰，钟哲点校：《春秋繁露义证》，中华书局1992年版，第318—319页。

次，人源出自天，天也是人之为人的依据。人与天地一体，人的存在是与天的存在同类。人身不仅与天数一致，而且人身之有的不可数的性情与天也是同类的。这就是董仲舒的天人同构说、天人相副说。

从天人同构、天人相副的角度说，董仲舒强调人的存在是有终极依据的。对于此种终极依据，董仲舒并不是从血缘亲情的角度而论的。血缘亲情，在董仲舒看来有其局限。父母作为人可以生人，但并不构成人之为人的终极依据。因为作为现实中的人，父母是不完美的，有缺陷的，所以不能成为人之为人的终极依据。作为人的存在的终极依据，必须是完美的、完全的，而这只能是天。

天是人的根源与存在的终极依据，因为天本身是最完全的，此种完全可以从天功与天数上得以体现。比如在《春秋繁露·阳尊阴卑》中，董仲舒写道：

> 天之大数，毕于十旬。旬天地之间，十而毕举；旬生长之功，十而毕成。十者，天数之所止也。古之圣人，因天数之所止，以为数纪。十如更始，民世世传之，而不知省其所起。知省其所起，则见天数之所始；见天数之所始，则知贵贱逆顺所在；知贵贱逆顺所在，则天地之情著，圣人之宝出矣。是故阳气以正月始出于地，生育长养于上。至其功必成也，而积十月。人亦十月而生，合于天数也。是故天道十月而成，人亦十月而成，合于天道也。①

天地最大的功用便是生养万物。而生长之功的完成时间，正好与

---

① （清）苏舆撰，钟哲点校：《春秋繁露义证》，中华书局1992年版，第323—324页。

十之数吻合。天数始于一而成于十。对于此十之成，苏舆解释道："岁十二月，而云十月功成者，十一月十二月皆阳气萌芽之时，助阳非成物也。"① 所以，从天地成物的角度上说，十，便是成物之完全、完整的数的代表。天数止于十；与天数相同，人数也是如此。人也是母亲怀胎十月以后出生的，如此人身才得以完全的生长和完整的发育。此十与天数成物之十正好是相合的。人之成，成于十。十合于天数、天道，所以十月而成之人是完全的、完整的。

不仅人之成与天数符合，且人身之成与天数也是相符合的。"人之形体，化天数而成。"天数是全的，也就保证了人身之全。这种全，体现在人的骨节、形体之数等方面。在《春秋繁露·人副天数》中，董仲舒写道：

> 天地之符，阴阳之副，常设于身，身犹天也，数与之相参，故命与之相连也。天以终岁之数，成人之身，故小节三百六十六，副日数也；大节十二分，副月数也；内有五藏，副五行数也；外有四肢，副四时数也；乍视乍瞑，副昼夜也；乍刚乍柔，副冬夏也；乍哀乍乐，副阴阳也；心有计虑，副度数也；行有伦理，副天地也。此皆暗肤著身，与人俱生，比而偶之弇合。于其可数也，副数；不可数者，副类。皆当同而副天，一也。是故陈其有形以著其无形者，拘其可数以著其不可数者。以此言道之亦宜以类相应，犹其形也，以数相中也。②

---

① （清）苏舆撰，钟哲点校：《春秋繁露义证》，中华书局1992年版，第324页。
② （清）苏舆撰，钟哲点校：《春秋繁露义证》，中华书局1992年版，第356—357页。

第十章　荀子成人思想的影响 / 243

人身之数与天数相符合。比如，人体有小节三百六十六，这与一年的日子之数相符合；人有五脏，这与五行之数相符合；人有四肢，这与春夏秋冬四时之数相符合。既有具体的可数之数的符合，也有不可数的类的符合，比如人眼之睁闭、人之刚柔、喜怒哀乐之情、心的计虑等与天的昼夜、四时、阴阳的变化等。综上，天人同构而同数，所以天人相合；进一步地，天人同数而有天人同类，这便是广泛意义上的天人相副。因为天人相副、天人同类，而同类可以相应，所以天人可以有感应。天数、天之成的完全可以保证人数、人之成的完全。成人是完全的、完整的人，因为人是天所为、天所成。

董仲舒以天为终极依据，借助天数之完全来进一步讲成人的完全与完整。在天的终极依据下建构、形成的人，便是完全的人。此种完全，首先是指人成之数的完全。人之生的时间与人的形体构成之数都是与天相符合的。其次，这种完全是指人成之类的完全。不仅人之生与人的形体构成与天相符合，而且人的形体活动本身也与天地的活动相呼应。此种呼应可以从阴阳之气上得到解释。天地万物之间充塞着气，气的周遍流动可以为天人相应提供理论与现实上的可能。最后，此种完全还解释了人为什么是万物之贵。董仲舒写道：

> 天气上，地气下，人气在其间。春生夏长，百物以兴；秋杀冬收，百物以藏。故莫精于气，莫富于地，莫神于天。天地之精所以生物者，莫贵于人。人受命乎天也，故超然有以倚。物疢疾莫能为仁义，唯人独能为仁义；物疢疾莫能偶天地，唯人独能偶天地。人有三百六十节，偶天之数也；形体骨肉，偶地之厚也。上有耳目聪明，日月之象也；体有空窍理脉，川谷之象也；心有哀乐喜怒，神气之类也。观人之体一，何高物之甚，而类于天也。物旁折取天之阴阳以生活

耳，而人乃烂然有其文理。是故凡物之形，莫不伏从旁折天地而行，人独题直立端尚，正正当之。是故所取天地少者，旁折之；所取天地多者，正当之。此见人之绝于物而参天地。(《春秋繁露·人副天数》)①

人与万物一样，都是由天所生。但人之所以不同于万物而独为贵，在终极意义上是因为只有人能偶天地。人的形体的构成之数与天数相合，人身之象，也与天地自然相符合。人体、人身，之所以高、之所以贵，正是因为人与天相副、同类。这种相副、同类的观点，强调的正是阴阳意义上的天人同构。不仅人取天之阴阳而有了生命和形体之立，更为重要的是，人的一切活动都与天地阴阳之动相呼应，从而人的活动可以得到有秩序的开展。所以人能偶天地，不仅仅是指人身的构成与天地相副，还指人的活动与天地相应。人世间的一切行为活动，都可以在天地的运行规律那里找到终极依据。

综上可以看出，在董仲舒那里，成人首先指向的就是人身之成，而成人之全强调人身的完整性：人有与天数相符合的关节数、五脏、四肢甚至情性等。因而从这种意义上来说，董仲舒的"成人"关注的是人的身体，尤其是身体的完整性。但同时，成人之成不仅是指人身的构成与形成，还讲的是人体之运行。人的行为以天为依据，天行、天运的完全性、合理性可以保证人的行为的正当性。这便是"人独能偶天地"的两层意涵。所以，董仲舒借助天数将"人之生与身"之成的合理性、完满性、完整性给予了理论解释，同时也借助天数将成人之贵凸显出来。

---

① (清)苏舆撰，钟哲点校：《春秋繁露义证》，中华书局1992年版，第354—355页。

二 成己以义与成物以仁

对于成人，董仲舒重视从构成的意义上去讲人身之成。人身与天同构，所以天人相副、同类。但更为重要的是，通过天，董仲舒也为人的行为活动找到了终极依据。人依照天的原则来行动：天地生养万物，其德在于施，在于化；而类似地，人德则在于义。（《春秋繁露·人副天数》）

首先，对于天生而有的人身整体，人也注重养，只不过养的重点在于心，而不在于外在的躯干、四肢。人身，不仅有关节数、四肢、五脏等的区分，还有体与心的分别。在这两者的长养中，董仲舒重视的是人心之养。在《春秋繁露·身之养重于义》中，董仲舒写道：

> 天之生人也，使人生义与利。利以养其体，义以养其心。心不得义不能乐，体不得利不能安。义者心之养也，利者体之养也。体莫贵于心，故养莫重于义，义之养生人大于利。奚以知之？今人大有义而甚无利，虽贫与贱，尚荣其行，以自好而乐生，原宪、曾、闵之属是也。人甚有利而大无义，虽甚富，则羞辱大恶。恶深，祸患重，非立死其罪者，即旋伤殃忧尔，莫能以乐生而终其身，刑戮夭折之民是也。夫人有义者，虽贫能自乐也。而大无义者，虽富莫能自存。吾以此实义之养生人，大于利而厚于财也。①

内心的长养，需要的是义，最终目的是身正而得其乐；而外在肢

---

① （清）苏舆撰，钟哲点校：《春秋繁露义证》，中华书局1992年版，第263—264页。

体的长养，需要的是利，为的是使体安。心比体更为重要，所以对人的长养，重在养义而非利。重利而不重义的人，最终的结果是，不仅没有人生之乐，甚至自己的生命和存在都难以保证。但如果重义而不重利，虽然没有大富大贵，但却能洁身自好、身得其正而有乐。这种乐甚至比生命更重要。

内心比外在的肢体更为重要，所以养心便是成人的关键。义以养心，心得其正，身便也得其正，所以义也训为"正"。"是故内治反理以正身，据理以劝福。"（《春秋繁露·仁义法》）进一步地，人心正，人身便自得其"威仪"，这便是义的第二层意涵。以义养心使其正，不论是为了使身正还是使身得其威仪，义指向的都是身心整体的我而言："义之为言我也"，"义之与我"（《春秋繁露·仁义法》）。这便是义的第三层意涵：义之在我。对于自己，以礼义来整治，对于己的欲望与心之所好进行自察、自责、自攻、自抑，这样己之欲才能得其治。在这种整治中，一方面，董仲舒强调的是，好利是人的自然本能，对这一本能的矫正，体现的是对己的改变、抑制；另一方面，董仲舒认为，人天生会有这种好利倾向，所以对这种倾向的矫正就需要多下功夫，需要更多的人为努力。不仅要治我、正我，而且在程度上还要深入下去，即躬自"厚"。以礼节欲，体现了对自身的修养过程中的苛责。而这种苛责，只能用于己自身，而不能用于他人。所以董仲舒强调，"义治我，躬自厚而薄责于外"，"义之法在正我，不在正人"（《春秋繁露·仁义法》）。

与对自己的苛责不同，董仲舒认为对己之外的其他人，治的方法是仁与爱。"仁主人，义主我也。故曰仁者人也，义者我也，此之谓也。"（《春秋繁露·仁义法》）人我对象不同，所以使用的治理方法也就不同。"仁之法在爱人，不在爱我。""仁者，爱人之名也。"（《春秋繁露·仁义法》）爱是人生而有的一种自然情感，这一情感是有指向性的。爱人之"人"可以从多个角度理解，对此，董仲舒指出：

> 人不被其爱，虽厚自爱，不予为仁。昔者晋灵公杀膳宰以淑饮食，弹大夫以娱其意，非不厚自爱也，然而不得为淑人者，不爱人也。质于爱民，以下至于鸟兽昆虫莫不爱。不爱，奚足谓仁？（《春秋繁露·仁义法》）[1]

首先，这种情感的对象可以是己，但如果只是爱己而不考虑他人，那么这种爱是自私的爱，不能称为仁爱。其次，爱人，不仅是爱他人，而且也包括万物。如果只是爱人，而不爱自然界中的万物，那么这种爱也是狭隘的爱，而不是儒家一贯强调的博爱。总之，在董仲舒看来，仁就是爱人，对象是与己相对的他人，乃至万物。爱人，既是爱他人，也是爱万物。

从己与物的角度谈人之成，早在《中庸》中已有所体现。只不过，《中庸》认为成己是仁，成物是知，且成己进一步会走向成物："诚者自成也，而道自道也。诚者物之终始，不诚无物。是故君子诚之为贵。诚者非自成己而已也，所以成物也。成己，仁也；成物，知也。性之德也，合外内之道也，故时措之宜也。"从人之为人的角度来说，君子始于成己而终于成物。成己是从自己的角度来说的，成物是从与自己相对的外物（包括他人）来说的。虽然两者对象不同，但成物是成己的进一步要求："知所以修身，则知所以治人。"而具体方法上，修身成己以仁，治人成物以知。这与《大学》修齐治平的思想路向一致。一切从成己谈起，从成己可进一步推出成物，因而成己的首要性和重要性便得以突显。也就是说，从根本上来说，"诚者自成也"。

董仲舒也从己与物两个角度来谈人之成，只不过在董仲舒那

---

[1] （清）苏舆撰，钟哲点校：《春秋繁露义证》，中华书局1992年版，第251页。

里，注重的是己与物的区别而非一致。己与物（包括他人）是两个不同的对象，所以成己与成物是两个不同的过程。人的修养过程，首先是指向己自身的长养。成人先是成己，而成己的方法便是义。但同时，董仲舒并没有否认成人也需要成物。只不过对于成物，董仲舒强调的方法是成物以仁。更为重要的是，不同于《中庸》从成己进一步推出成物的思想路线，董仲舒强调两者的不同，从成己并不能自然推出成物。于是相对而言成己的重要性在董仲舒那里便没有那么突出：成物不是成己的自然推扩，成己也不是成物的最终目的。两者是不同的过程，有不同的对象，也有不同的治理方法。因而，成己与成物在董仲舒那里是同等重要的。

董仲舒的成人概念，并不是成就他人的意思。成人，仍旧还是从人与万物之不同的意义上而言的，强调的是人之为人的根本，且是对天而言的。天成人，天为人，而人能偶天地，所以人最为贵。但同时，人之所以为贵，还因为只有人能为仁义。"物疢疾莫能为仁义，唯人独能为仁义。"（《春秋繁露·人副天数》）义对己而言，仁对人而言，强调的是己人之别。只有人能将己与人分别开来，并分别对待，如此人才能真正恰当地做到与万物接，使万物得其治，从而功比天地。所以，成人并不是在成己与成物之间，仅仅强调的成就他人。相反，成人既成己，也成物，或者说，成人既要成己也要成物。从本体根据的角度上来说，成人与成己成物是一体的。而从具体实践方法的角度上来看，成己、成物凸显了成的对象与相应方法的不同。

三　必仁且智

不论是成己以义还是成物以仁，凸显的都是成人思想中对于己之德性的重视。但董仲舒不仅仅从体上讲仁义之法，还注意从用上讲仁与智的必要性，这体现了成人思想对于己之超越德性一面的思考。

人之为人，必定是仁的。这一点已从前面对治己与治人的分析中进行阐述。虽然董仲舒区分了治己之方与治人之方，但实际上不论是治己以义还是治人以爱，根本的落脚点还是在仁的德性上。首先，在董仲舒看来，仁从根本意义上而言就是从天而来的。"仁之美者在于天。天，仁也。天覆育万物，既化而生之，有养而成之，事功无已，终而复始，凡举归之以奉人。察于天之意，无穷极之仁也。人之受命于天也，取仁于天而仁也。"（《春秋繁露·王道通三》）天生养万物，本身就是仁德的最大体现。天成人以仁，人从天取之；相应地，人之大德最终也就是仁。

其次，从天的终极意义上谈，仁是生；而具体落实到人身上来说，仁就是爱。人取仁于天，进一步表现为"平易和理而无争"。董仲舒写道：

> 何谓仁？仁者憯怛爱人，谨翕不争，好恶敦伦，无伤恶之心，无隐忌之志，无嫉妒之气，无感愁之欲，无险诐之事，无辟违之行。故其心舒，其志平，其气和，其欲节，其事易，其行道，故能平易和理而无争也。如此者谓之仁。（《春秋繁露·必仁且智》）①

仁者心中欣然而爱人。首先，爱人的情感是人天生而有的，且这种情感是真诚的、诚恳的、实在的。其次，诚恳爱人之心自然生发，人心便会舒展、舒畅，进而平心和气、有节度地展开各种行为活动。再者，因为有诚挚的爱人之心，所以仁者的任何行为活

---

① （清）苏舆撰，钟哲点校：《春秋繁露义证》，中华书局1992年版，第258页。

动都不会做伤害人、陷害人、与人争等的事情。仁者之事极为简单，只是爱人。

董仲舒指出："莫近于仁"（《春秋繁露·必仁且智》）。这里的"近"字，是从切近己身之治与修的角度上来说的：治己以义，治人以爱，才是最终仁的达成，也就是恤远爱物使万物生。治己以义，才是对己身真正的爱。自爱、自好之人，必定好义。只有自爱之人，才能与他人甚至万物相接而无争，才能真正地爱万物。从自爱，到爱他人，甚至到爱万物，体现了从切近己身之自爱，至远则万物无不接、无不爱。只要有一物不爱，就不能算是真正的仁。这也才是真正的仁的德性的达成。

依据天地之仁德，人应该做的是去爱人。但人不仅要爱人，也应该恶人。这便是与仁相对应的智。"仁而不智，则爱而不别也；智而不仁，则知而不为也。故仁者所以爱人类也，智者所以除其害也。"（《春秋繁露·必仁且智》）如果仁强调的是爱人，那么智则是对这种爱人情感的认知。在这种认知中，可以对爱的对象做出区别，比如己人之别；也可依据对象对爱的程度给出亲疏远近的差别。而更为重要的是，还可以对爱做出是非判断：凡是不符合爱人情感的事，都应该杜绝发生。如果爱的对象是错的，如果深爱而没有如此，这种事情是不符合仁爱之德性原则的，应该避免或者及时制止。

在"除其害"这方面，董仲舒坚持的原则是"行急而不待时"。一旦有害，就应当立即除或杀：

> 天之生有大经也，而所周行者，又有害功也，除而杀殛者，行急皆不待时也，天之志也，而圣人承之以治。是故春修仁而求善，秋修义而求恶，冬修刑而致清，夏修德而致宽。此所以顺天地，体阴阳。然而方求善之时，见恶而不释；方求恶之时，见善亦立行；方致清之时，见大善亦立举

之；方致宽之时，见大恶亦立去之。以效天地之方生之时有杀也，方杀之时有生也。是故志意随天地，缓急傚阴阳。然而人事之宜行者，无所郁滞，且恕于人，顺于天，天人之道兼举，此谓执其中。(《春秋繁露·如天之为》)[①]

从天地的角度来说，四季的运行体现了天对万物有生也有杀，这与阴阳的消长流行一致。与天地阴阳的周遍流行对应，人不仅应当求善以见善立行、立举，而且也应当求恶以见恶立除、立去，以使志意畅所流行而无所滞。一旦有恶不除，便会使志意有所壅、堵而不能周遍流行，所以必须立即执行。"宜行而无留"(《春秋繁露·如天之为》)，行善不必留待春，除恶不必留待秋。方生有杀，方杀有生，才是天气阴阳周遍流行之道，人道亦如此。

董仲舒强调"莫急于智"(《春秋繁露·必仁且智》)，不仅是从阴阳周遍流行之道的角度讲，而且还是从现实具体的行为后果上而论。对此，董仲舒有具体论述：

何谓之智？先言而后当。凡人欲舍行为，皆以其智先规而后为之。其规是者，其所为得，其所事当，其行遂，其名荣，其身故利而无患，福及子孙，德加万民，汤武是也。其规非者，其所为不得，其所事不当，其行不遂，其名辱，害及其身，绝世无复，残类灭宗亡国是也。故曰莫急于智。智者见祸福远，其知利害蚤，物动而知其化，事兴而知其归，见始而知其终，言之而无敢哗，立之而不可废，取之而不可舍，前后不相悖，终始有类，思之而有复，及之而不可厌。其言寡而足，约而喻，简而达，省而具，少而不可益，多而不可

[①] （清）苏舆撰，钟哲点校：《春秋繁露义证》，中华书局1992年版，第464页。

损。其动中伦，其言当务。如是者谓之智。(《春秋繁露·必仁且智》)①

智，强调人的认知与思虑。人在有所行为之前，都要认真思虑或思考。人的认知既有是也有非，必须加以辨别。以是为是，那么人的行为就会有多得，事情处理的就会恰当，如此也会给人带来荣誉与富贵，身体之养得以成，而没有什么祸患，也会恩泽后世子孙。但如果人的认知出现失误，以非为是，那么人的行为必定无所得，事情处理得不恰当合适，最终招致的只能是耻辱祸患，会殃及其身，甚至灭族亡国。这显然违背爱人的原则与精神。正是从后果的严重性上，董仲舒认为智对于人之为人而言，是十分迫切的，"莫急于智"。如果没有智，人之身最终将无法得其立。即使有爱人之质，也无法分别自爱与爱人、爱物，从而最终达至爱物之博与远。"仁而不智，则爱而不别也。"(《春秋繁露·必仁且智》)

通过对智的应用的分析，可以看出，董仲舒强调的是，人在行之前要重视知。而对知的重视，是从人类的长远发展意义上而言的。这种长远发展，在家族层面，主要指世代子孙的繁衍发展；而在国家层面，主要指国家长久的繁荣昌盛。无论是宗族绵延还是国家的兴旺发展，这里都不再仅仅限于德性的发展问题，而走向了人之为人的事业的考量。人之为人，不仅要成为一个有德性的人，而且要成为一个治事之人。

此种治事，也可以看作对义的另外一种解释。义不仅仅是治我之义，强调我之仁德的达成。义还是制事之义，强调对行事是否合宜的考虑，是人的认知与智慧层面的考虑。人不仅仅要有德

---

① （清）苏舆撰，钟哲点校：《春秋繁露义证》，中华书局1992年版，第258—259页。

性，还需要考虑如何实施德性。也就是说，仁爱万物并不是自然而然就可以达成的。还需要人的认知、分别，具体将之在不同的人与物之间一步步落实下去。仁是对外而言的，义是对内而言的，义是正我，体现了自克的一面。而将人我做出区分，并在己与物之间也做出区分，这样爱的落实便有了对象、亲疏的不同。爱人、爱万物的爱，并不是如墨家那般的兼爱，而是有分别基础上的泛爱、博爱。

四 余论

在董仲舒之前，孔子荀子等都讨论过成人思想，且将之概括为成人就是全人。但对于成人为什么是全人这一问题，不论是孔子还是荀子都没有从理论的终极根据上给出过思考。而董仲舒以天为终极根据，借助天数、天人相副理论，试图为人之全、人之贵给出理论上的回应。这可以看作董子对先秦儒学成人思想的进一步思考。虽然天数、天人相副思想有其肤浅的一面，但对于成人之终极根据思想的提出本身就是对这一问题思考深入的表现，其在思想史上的意义与地位不可忽视。

与荀子思路一致，董仲舒在讲成人思想时，指出"成"主要是从天而言。只不过董仲舒进一步地去讲人的"构成"。"人"，是从人与万物之别的意义上讲人之为人的根本的。成人，首先就是成人之德，这种德既有仁也有义。但董仲舒的成人思想并不仅仅限于人的德性问题的探讨，其还关涉人的认知与智慧问题的探讨，强调的是人的功业与事业的达成。因此，成人包括成人的德性问题的探讨，但却又超越德性问题的探讨，这与先秦以来荀子的思想是一脉相承的。

儒家认为天地之间人为贵，而如何解释贵就成为一个重点、难点。秦汉儒者都认为，"人贵其全"，全既是德智双修，还是德艺双全；其次，全还是"粹"（即认识人之体和人之本）和"成"（即人本之完成）。成人概念体现了人既是身心合一的完整性存在，也是在社会国家乃至宇宙中的多样性、整体性的存在。

　　这一成人思想为后世重视君子事业发展的事功学派提供了理论资源。这表明，即使在当代去思考儒家的成人问题，也不能仅仅限于德性的可能性问题去思考，应该有更为广阔的视角。在这方面，荀子和董仲舒的成人思想，都可以提供有益思考，值得进一步探讨。

附录　20世纪80年代后克己复礼为仁的研究思潮

"克己复礼为仁"意涵在儒学史上历来争议很大，而20世纪90年代杜维明和何炳棣关于其内涵的争论曾在海内外引起了广泛的关注，使得"克己复礼为仁"研究又成为海内外的一大研究热点。这一研究的争论，直接促使学者开始着手系统整理学界对"克己复礼为仁"思想的再认识，比如《"克己复礼为仁"研究与争鸣》一书便是向世陵受杜维明先生的提议主编而成。[①]

《"克己复礼为仁"研究与争鸣》一书将涉及内地"文化大革命"结束后四十年间围绕"克己复礼为仁"以及仁礼关系等相关问题的讨论全部收编，并将其分为六个主题，做了一个非常系统全面的呈现，对于学者了解"克己复礼为仁"的研究情况可谓非常有益。但因为在其汇编过程中编者注意的是按主题分块，而无法同时兼顾从研究思潮的角度来整体呈现学界研究，从而无法使人对"文化大革命"结束后四十年间的"克己复礼为仁"研究思潮有一个整体的时间轴把握，也不能不说是一个遗憾。基于此，本章将在《"克己复礼为仁"研究与争鸣》一书基础上，从时代思潮的研究重点方向给予一个整体的呈现，供读者参考。此为本章的写作缘起之一。

---

① 向世陵主编：《"克己复礼为仁"研究与争鸣》，新星出版社2018年版。

从这种整体的历史发展脉络去重新审视克己复礼为仁思想，也有其重要的思想研究意义。通过思潮发展史的研究，我们可以发现孔子的"克己复礼为仁"思想还可以有一种新的诠释路向，即以孟子为代表的克己为仁和以荀子为代表的复礼为仁。本书第六章已经从文献资料和思想的分析和把握的角度，对这一解释路向给予了说明，从而与本章从思想发展史的角度进行说明相呼应，以期对克己复礼为仁思想的研究做一种理论上的补足。

"克己复礼为仁"出自《论语·颜渊》："颜渊问仁。子曰：'克己复礼为仁。'"这是孔子对他最得意的学生颜渊"仁是什么"的直接回答，可以被看作儒家仁学核心思想的集中表达。然而历代经学家对这句话的注释存在很大争论。十年动乱结束后，对传统思想的再认识使得海内外学者开始去重新审视"克己复礼为仁"这六个字的意涵，并在不同时期形成了侧重点不同的研究思潮。这一研究，不仅能体现学界对孔子克己复礼为仁思想在不同时期的理论兴趣和关注点，也能为我们从历史脉络的梳理中去重新理解"克己复礼为仁"思想提供新的启发。

一　引论

对于克己复礼的解释，在古代经学中主要分为两派，即约身反礼派和胜欲反礼派，其中以程朱为代表的宋明理学家的胜欲反礼派的意见占主导地位。

对克己复礼首先从约身反礼角度进行解释的，是东汉的马融，他明确提出："克己，约身也。"克己就是对身而言，具体要求是约身。而南朝梁皇侃主马训，对约身有了进一步解释："'言若能自约俭己身，还反于礼中，则为仁也。'一云，身能使礼返反身中，则为仁也。范宁曰：'克，责也。复礼，谓责克己失礼也。非仁者则不能责己复礼，故能自责己复礼则为仁矣'。"（《论语义疏》)在皇侃看来，克己就是约身，即自己能约束、节制、俭省自身。克己复礼就是自己约束自身进而使礼返还身中。

然而到了宋代，学者对于约身反礼的解释有了进一步发挥。北宋时期，邢昺《论语注疏》引隋代刘炫《论语述议》，释为"克训胜也，己谓身也，谓能胜去嗜欲，反复于礼也"。也就是说，邢昺开始将"克己"之"克"解释为"胜"，"己"解释为"己之私"，因而"克己"就成为"胜欲"。之后宋明理学家如程子、张栻、朱熹都从"克尽己私""胜私欲"的角度去理解"克己"。

朱熹在《四书章句集注》中，对克己复礼为仁的注释如下：

> 仁者，本心之全德。克，胜也。己，谓身之私欲也。复，反也。礼者，天理之节文也。为仁者，所以全其心之德也。盖心之全德，莫非天理，而亦不能不坏于人欲。故为仁者必有以胜私欲而复于礼，则事皆天理，而本心之德复全于我矣。①

对于"克己"，朱熹从欲望角度进行解读，明确指出，"克"为"胜"，"己"不仅是"身"，而且进一步指出是"身之私欲"，"克己"就是胜却人身体中的私欲。而对"复礼"朱熹则转而从天理的角度进行诠释，"复"就是"反"，而"礼"，即"理"，而更为确切地说，也就是"天理的节文"，即以天理为依据而有的规矩准则。"复礼"，就是要求以天理为依据而使自己的行为事事、时时符合规矩准则。② 朱熹以心涵摄欲和理，认为心以理为

---

① （宋）朱熹：《四书章句集注》，中华书局1983年版，第131—132页。
② 朱熹晚年曾指出不可将"礼"直接训做"理"："'克己复礼'，不可将'理'字来训'礼'字。克去己私，固即能复天理。不成克后，便都没事。惟是克去己私了，到这里恰好著精细底工夫，故又必复礼，方是仁。圣人却不只说克己为仁，须说'克己复礼为仁'。见得礼，便事事有个自然底规矩准则。"具体参看（宋）黎靖德编，王星贤点校：《朱子语类》（一），中华书局1986年版，第1045页。

本，然而却容易生出欲望，而使理本有所损害。对此种情况，朱熹继承程子所言，"须是克尽己私，皆归于礼，方始是仁"，而主张人只有将欲望克服掉，事事行动以天理为依据，如此才能真正做到仁。

朱熹将"克己"与"复礼"对举，从理欲之别上来解释为仁的工夫，对之后的学者影响很大。但在克己与复礼的关系上，朱熹在不同时期的看法有所不同。早年，朱熹认为"克去己私"便能复天理，所以克己也就是复礼，因而以克己收摄复礼之意。但到了晚年，朱熹则对这种观点进行了纠偏，认为复礼的工夫仍然很重要，且比克己的工夫更为精细、更为实在，在为仁工夫上也是十分必要的。"惟是克去己私了，到这里恰好著精细底工夫，故必又复礼，方是仁"的说法，似乎更倾向于克己在先、复礼在后，但这种观点并没有得到后来学者的认同。比如，明代学者蔡清认为"克己复礼为仁"重点在强调"克己"：

> 尽克（胜）了己私（身之私欲）而一归于礼（天理节文）焉，则事事皆天理而仁在是矣。
> 克己之外更无复礼。礼是吾本有底物，被己推出去，今既克了，礼便自复。（《四书蒙引》）

蔡清在这里突出强调的是克己与复礼两者之间并不是有个先后次序的。在他看来，做到克己，即胜了己身之私欲，那便自然就能复礼了；并不是说克己事情做完了，再接着去做复礼，"克己之外更无复礼"。所以蔡清突出的是克己的重要性，克己自然能复礼，复礼在克己的内涵中。根据这一思路，"克己复礼为仁"，便可表述为"克己为仁"。

与蔡清不同，明代刘宗周认为"克己复礼为仁"强调的是复礼在先。刘宗周说道：

> 仁，性之德也，礼，仁之辨也，辨其远于己者也。就其井然不淆处识是礼，就其杂然拘蔽处识是己。盖天理、人欲之别名也。人生有己则有仁，有仁则有礼。仁者善之长也，礼者嘉之会也。礼即仁之始而亨者也。仁不可见，而礼有体。礼有体，则别于己矣，不可奸也。"克己复礼"者，撤尽气拘物蔽之障，而复还先天继善之良。如是，则能尽其性矣，仁矣。
>
> 问：己如何克将去？曰：只是不从己起见便是克，故即克即复。
>
> 问：克，胜也。是以仁胜不仁否？曰：非先有个仁去胜不仁，只胜不仁处便是仁也。曰：毕竟有主人翁可胜盗贼。曰：此头上安头之见也。仁体湛然，不容一物。才有物，不论善恶是非，都是不仁。为仁者正就此处销镕，还他个湛然本体。此克己正当时也。若先据个主人在，便是物欲，所谓认贼作子也。若主人常在，则亦无盗贼可逐。能逐盗贼，便是主人，不必另寻主人。（《刘宗周全集·论语学案》）

对刘宗周而言，仁不可见，而礼有形体，所以为仁的工夫应该从礼入手。"克己"就是"就其井然不淆处识是礼，就其杂然拘蔽处识是己"，也就是先识礼，在礼中辨别远离己之仁的物，识得己之仁所在。如能辨别仁、识得仁，以仁为主那么不仁之物也就能被驱逐了。礼体始见而亨，即是仁。他在这里凸显的是"就形体中直指夫礼而先天之体睹"，所以从这个意义上讲，复礼在先，在复礼中自然能识己、克己。

清代刘宝楠在《论语正义》中指出克己直接指向的是复礼，但不同于之前的理学家，他认为"克己"应当做"约身"而非"胜己之私"解。如果以胜己之私欲（刘炫《左传》"克己复礼"，邢《疏》解论语，朱《集注》训为"私"）来解释，就会出现一个问题：是己先出现了私或私欲的问题，或者己先有了无礼，所以才需要复礼。但实际上，其要求个人所视听言动等都先反归到礼，并非是有了错才想到反归到礼。①刘宝楠以约身解克己，强调的是复礼是修身的普遍行为准则，并不是因为己有了礼之失才又开始复归礼，从而强调主体之"己"从一开始就奉行礼的准则，也就是《论语·颜渊》后面提到的"非礼勿视，非礼勿听，非礼勿言，非礼勿动"。约身即对自身有所约束，而所约束的对象不仅是已经明显表现出来的欲和失礼的地方，还包括还未彰显的欲和失礼的倾向。从这个角度讲，以约身来讲克己确实能同时包容这两个方面的意涵。

总之，虽然对于克己的内涵以及克己和复礼的关系，不同的经学家有不同的看法，但是他们大都认为克己就是约身，而具体的约身准则就是礼。然而，"文化大革命"后，学者们不仅开始讨论克己的内涵，也开始对复礼的内涵，以及克己和复礼的关系给出新的解读方向，体现了对孔子仁思想的再认识。

二 20世纪80年代"复礼"争辨高潮

进入20世纪80年代，学者们开始围绕克己复礼为仁思想进行激烈讨论。在对"克己"的解释，仍然主要从"约身"的角度进行阐发，大体没有超出古代经学的解释范围；而在"复礼"方面，则开始对"复"与"礼"的内涵从多方面进行解释，涌现出了各种不同的流派。

首先，学者们开始对"礼"字在孔子那里是否就是指周礼进

---

① 清代学者大都反对宋学的克己为胜己之欲的解法。比如毛奇龄也认为克己就是约身："人无二己""约己自尅（抑自，卑自，自下），不必战胜，况可添私字也。"（《论语稽求篇》）在毛看来，约身就是对自己、自身而言的，即自己对自己要有所约束，使自己处于一种谦卑的下位。

行了讨论。针对批林批孔运动中将礼解释为周礼、奴隶制的观点，学者们进行了集中的反思。1982年李耀仙认为孔子的礼是吸取了周礼的一些主要观点，但不是周礼的翻版，而是对周礼的修订；孔子认识的礼，已经开始作为一种道德性的约束力量成为人立身处世的道德准则。① 丁原明在1985年撰文也提出，理解克己复礼为仁的关键在于如何理解礼。孔子的礼不是周礼，而是"损益"之礼；礼的本质是国家和社会的最高的、总的规范。②

基于这种对周礼的态度，有些学者开始进一步从一般的制度规范和礼义准则，即常礼的角度去理解"复礼"的"礼"。如范寿康（1983）认为礼对孔子而言，主要是指圣人制定的礼仪，以之为行为的规范对自己的行为进行约束；"复礼"是从"博文"与"约礼"两个方面来讲的，前者突出知识的修得，而后者突出行为的练习。③ 赵光贤（1985）也提出复礼的礼就是指礼仪，即行为的规范。刘祚昌（1987）则认为孔子的礼指正当的行为规范，而不是社会经济制度或西周奴隶制度。④

综上可以看出，从"周礼损益"说到"一般的行为规范"说，20世纪80年代我国学者已经开始渐渐不再从专指周礼的角

---

① 李耀仙：《孔子论礼的思想》，《社会科学研究》1982年第1期。收入《"克己复礼为仁"研究与争鸣》（向世陵主编）一书中，新星出版社2018年版，第137—146页。

② 丁原明：《"克己复礼为仁"的再评价》，《东岳论丛》1985年第4期。收入《"克己复礼为仁"研究与争鸣》（向世陵主编）一书中，新星出版社2018年版，第164—178页。

③ 范寿康："第一编先秦时代的哲学（子学）"，载《中国哲学史通论》，生活·读书·新知三联书店1983年版，第56—60页。收入《"克己复礼为仁"研究与争鸣》（向世陵主编）一书中，新星出版社2018年版，第161—164页。

④ 刘祚昌：《论孔子的政治思想——兼论孔子的教育活动与他的政治思想的关系》，中华孔子研究所编《孔子研究论文集》，教育科学出版社1987年版，第249—268页。收入《"克己复礼为仁"研究与争鸣》（向世陵主编）一书中，新星出版社2018年版，第172—178页。

度理解复礼的"礼"字了,体现了对"文化大革命"时期以礼专指周礼说的纠偏。即不再从社会经济制度或者西周奴隶制度的角度理解复礼思想,而更加注重其中呈现礼思想中的个人道德与社会秩序的关系这些问题。换言之,80年代的学者对"礼"的理解更加侧重彰显孔子对周礼的改造和对以仁为主的道德内容的强化。

基于对"礼"从"周礼损益说"到"一般行为规范"的理解,复礼之"复"从开始的"返回""回复"开始向"践履""实践"说转变。比如,1979年郑昌淦认为复礼就是一切言行要返于礼,以礼作为言行的准则。① 但进入80年代,很多学者开始渐渐转向从道德实践的角度理解"复"。比如,宋敏在1986年撰文指出复就是"践履"、"实践"的意思,复礼就是讲实践礼②;王长华在1988年谈孔子仁学的文章里,也指出复就是践履的意思;复礼不是指恢复周礼,而是"强调个体对整体法则的身体力行、不断实践的意思。"这种从践行角度理解"复"的思想转变,与从道德思想规范的角度理解"礼"的思想是一致的:如果礼更多的是指一般的行为规范,那么复礼就是按照这种行为规范做事或行事,即在践履中使自己的言行举止符合道德行为规范。在这种践履中,自我的道德实践得以凸显。

综上可以看出,不论是"礼"还是"复",80年代的研究都开始转向从道德的角度进行探讨:或突出礼中的道德内容-一般的行为规范,或凸显"复"中的道德践履意涵-道德实践。进一

---

① 郑昌淦:《"克己复礼"辨》,《历史教学》(高校版)1979年第2期。收入《"克己复礼为仁"研究与争鸣》(向世陵主编)一书中,新星出版社2018年版,第82—86页。

② 宋敏:《克己复礼另解——兼及春秋政体》,《东北师范大学学报》(哲学社会科学版)1986年第2期。收入《"克己复礼为仁"研究与争鸣》(向世陵主编)一书中,新星出版社2018年版,第86—90页。

步的，这种"复礼"思想更多强调的是如何用礼这种行为规范对自身做出约束、克制。这便是克己的内涵。① 80年代的学者大部分都从"约己"的角度理解"克己"。比如，孙叔平（1980）认为克己，即是用礼来约束自身的行为②；杨柳桥（1983）则从分析"忠"、"恕"概念出发，认为"克己复礼"不过是说"忠恕"的两个方面，即在"己"存心的"忠"——克制自己，和对"人"的行为的"恕"——对人的行动有礼。③ 这种从约身的角度讲克己，大体仍然是和古代从道德角度讲如何修身的思路是一致的。

从约束自身的角度来讲克己，克己与复礼在某种程度上就是一回事。复礼即是以礼为言行的准则，而这非得需要克己即自我约束的工夫才行，如此才能做到仁。在这种解释路线下，克己复礼为仁背后彰显的仁礼关系便是一种内外关系。对于这种仁礼关系，肖萐父、李锦全（1982）提出"礼"与"仁"是差别统一关系，礼属于外部强制，仁则属于内心自觉。而后者则是孔子在复礼基础上提出的新的道德认识。④ 这种对仁礼关系的认识成为当时的主流。

---

① 这里需要强调一点，从复礼的理解切入对克己的理解，不代表这时期所有学者都是从践履行为规范的角度讲如何约束、克制自身的。比如，蔡尚思在1982年撰文指出，复礼就是指恢复、返回到周礼，而克己就是如何约束自己；克己复礼为仁在孔子的意思就是，人能约束自己并在各方面都能符合周礼的规定就是仁。这体现了这个时期学者们对"克己复礼为仁"理解的多样性和差异性，而本文更多的是把握这个时代的总体思潮方向。

② 孙叔平：《中国哲学史稿》，上海人民出版社1980年版，第69—72页。收入《"克己复礼为仁"研究与争鸣》（向世陵主编）一书中，新星出版社2018年版，第55—57页。

③ 杨柳桥：《孔子仁学发微》，《社会科学辑刊》1983年第3期。收入《"克己复礼为仁"研究与争鸣》（向世陵主编）一书中，新星出版社2018年版，第57—62页。

④ 肖萐父、李锦全主编：《中国哲学史》上卷，人民出版社1982年版，第77—78页。收入《"克己复礼为仁"研究与争鸣》（向世陵主编）一书中，新星出版社2018年版，第253—254页。

在仁礼内外关系讨论中，学者也开始进一步对仁和礼两个概念谁才是孔学的核心概念进行了讨论。蔡尚思（1982）提出那种把孔子的仁和礼截然分开，以礼为旧的继承、仁为新的发明的说法是没有根据的。他提出孔子实际是纳仁为礼，礼是仁的准绳和目标。克己复礼为仁的意思是说，循礼就是仁。① 与之不同，匡亚明认为仁礼固然是统一关系，但仁却是内在的主导因素，礼是外在的表现形式，仁在礼之上。②

赵俪生（1986）在对蔡尚思与匡亚明的观点综合考察后，指出仁与礼是对照关系而非尖锐对立关系。在他看来"克己复礼为仁"只是一段普通的语录，并不深微，不是从大概念上讲礼，因而不应该被使用来作为压低"仁"抬高"礼"的手段；在赵俪生看来，孔子体系中的仁与礼概念，仁是原发概念、广大深微的大概念，而礼则是派生又派生的概念，所以不能说礼高于仁。③ 这一观点的提出，实际是与对孔子"克己复礼为仁"一句中"礼"的认识密切相关的：如果礼只是小概念的礼，即指的是非常具体的文王周公的礼制内容，而非广大深微的哲学概念，那么"克己复礼为仁"这句话便就成了非常普通的一句话。它既不是对大概念的礼的讨论，也不是从哲学上去讨论深微的仁概念，因而在孔子思想中的地位就没有很重要了。这些讨论体现了80年代的学者基于"克己复礼为仁"一句的意涵对孔子思想展开的综合研究

---

① 蔡尚思：《孔子思想体系》，上海人民出版社1982年版，第106—107、240、282—285页。收入《"克己复礼为仁"研究与争鸣》（向世陵主编）一书中，新星出版社2018年版，第146—151页。

② 匡亚明：《孔子评传》，南京大学出版社1990年版，第253—254页。收入《"克己复礼为仁"研究与争鸣》（向世陵主编）一书中，新星出版社2018年版第90—91页。

③ 赵俪生：《有关孔子思想中"仁""礼"关系的一点辨析》，《孔子研究》1986年第1期。收入《"克己复礼为仁"研究与争鸣》（向世陵主编）一书中，新星出版社2018年版，第254—259页。

和述评,无论如何都显示了"克己复礼为仁"这句话中彰显的仁礼关系还需要进一步讨论。

三 20世纪90年代基于"克己"的仁礼关系争辨高潮

进入20世纪90年代,关于克己复礼为仁的争辩主要集中在两个点:一个是仁礼关系到底是一种什么关系?对此问题的回答,进一步引申出了古代经学以"克己"为"约己"这一主流观点的进一步反思,而提出"克己"应该做"能己"解,而非约束自身的意思。

1990年刘家和撰文对仁和礼的关系不再从非彼即此的尖锐对立关系讨论,而提出仁和礼是相互依存的统一关系:仁非礼不立,礼由仁而立。[①] 他指出,仁和礼都是讲儒家的差等之爱,只不过仁是从爱的延伸角度讲,而礼则是从爱的节制角度讲,仁礼的不同只是体现了对于爱的不同发展方向的学术讨论。而具体到克己复礼为仁上,克己复礼体现的是己和人或者我和人的关系。也就是说克己是对自己而言,复礼是对他人而言,而"克己复礼"强调的就是己与人的综合统一,如此才是"成仁"。这种统一既是"己与人"的和谐统一,也是"仁与礼"的和谐统一。

刘家和对仁和礼的和谐统一关系的理解是与对"克己"的理解密切相关的。在刘家和看来,古代对于"克己"的理解,其实并不是如80年代学者的主流意见那样是讲约己。其实克己还有"能己"的意涵。克己即"克尽己私"是宋明理学家的主要观点,强调为仁过程的约束己身之私欲的必要性;而"能己"说的提出

[①] 刘家和:《先秦儒家仁礼学说新探》,《孔子研究》1990年第1期。收入《"克己复礼为仁"研究与争鸣》(向世陵主编)一书中,新星出版社2018年版,第259—271页。

是清代学者如毛奇龄和惠栋对理学的反思结果，认为克己不是约己、抑己，而是能己，能胜其任的意思，强调为仁过程中主体性的重要性。刘家和综合这两种观点，进而指出克己、复礼分别体现了能己（肯定己）、约己（约束己）的两个过程，而"克己复礼"的综合统一就是从能己到约己过程后的再度能己，也就是仁。

刘家和的解释中，提出了一个重要问题，就是在理解"克己复礼为仁"时，对"克己"中蕴含的两个正好相反的意涵（约与能）任何一个都不能忽视。在此基础上，刘家和在解释仁礼关系时，更多的是看到了仁与礼的和谐统一关系，而非尖锐对立。

问题的突出点就是仁和礼之间的关系到底是对立关系还是和谐关系？并不是所有学者都认为仁和礼之间就是一种和谐关系。例如早在1968年4月，杜维明就提出孔子的仁和礼的关系并不是单纯的和谐关系，而是其中有着复杂的、曲折的紧张性。[①] 在他看来，克就是胜，己就是己之私，而克己就是战胜自己的私欲，进而疏导欲到好的发展方向来。从后者而言，克己也就是修身，即使自己成为一个更好的人。复就是复归，礼就是日常之礼仪规范，复礼就是复归于日常之礼，其中也包括礼仪的建构。复归于真正的日常之礼，这是仁实现自身的必然选择，因为是仁为礼提供了终极理由，而仁需要体现自身，礼是不二选择。从仁之实现的角度来说，复礼也是积极的修身。克己和复礼都指向修身，而最终所要达成的一种成果，就是成仁或者归仁。

但对于从修身的角度去讲克己和复礼的关系，在90年代引起了学者的十分关注。比如何炳棣（1991）提出了不同看法，他

[①] 杜维明：《人性与自我修养》，台北联经出版事业公司1992年版，第3—20页。收入《"克己复礼为仁"研究与争鸣》（向世陵主编），新星出版社2018年版，第314—324页。

认为克己和复礼的本义都是强调约束、抑制的意思。克己复礼并不是像杜维明指出的那样，强调积极的修身。克己，是说克制自己的欲望，不能进一步转化到修身的角度上去讲；复礼，就是回归到周礼，即恢复周朝的礼仪制度，而不是仁这一高级概念在现实社会中的实现。①

杜维明和何炳棣的争论不仅是围绕克己、复礼是否做修身讲，也和仁礼之间的关系这一问题密切相关。在杜维明之后对何炳棣的回应来看，仁是整体，礼是部分，仁高于礼，但又需要借助礼来在社会实践中显示自身。作为仁的实现工具，仁和礼之间首要的便是一种紧张关系：因为礼限制着仁的实现。但因为现实中礼的建构也同时在使仁得以展现，所以礼的积极创造性也不容忽视。

但何炳棣不同意这种看法，他认为仁和礼并不是紧张关系，而是只有和谐。他指出，礼先于仁存在，孔子的任务是用仁说把礼全部合理化、意识形态化。因而他的思路是从"礼"到"礼的仁化"，而不是杜维明的从"仁"到"仁的礼化"。何指出，礼是负责说明仁的实践对象，而仁则负责给礼的维护与实践以精神道义上的动力，两者之间是一种和谐统一关系。

从上分析可以看出，杜维明和何炳棣在仁礼关系上主要争论的点便是紧张还是统一关系。杜维明认为礼虽然是一种制约力量，但在制约中礼的建构也可以使仁之体得到彰显。因而仁与礼是一种体用关系，仁体虽然受礼用的制约，但仁体可以召唤礼用与之合一，使仁体得以彰显。即，仁在礼的制约中和礼最终走向和谐统一。与这种认知不同，何炳棣以礼仅仅为外在制约，仁为内在的道德和精神力量；仁礼之间没有紧张，而更多体现的是内

---

① 何炳棣：《"克己复礼"真诠——当代新儒家杜维明治学方法的初步探讨》，《"克己复礼为仁"研究与争鸣》（向世陵主编），新星出版社2018年版，第324—337页。

外的和谐统一。在这之中，礼仅仅具有顽强约制性，并不是一种发自内的道德及精神力量。因而两者争论的核心便是如何看待复礼：杜维明更多的是从伦理学的道德修养角度来看复礼，而何炳棣则是基于社会历史学的政治角度认为复礼就是恢复礼制。

何炳棣与杜维明关于克己复礼争论引起了学者的广泛讨论。杜维明、劳幹（1991）、孙国栋（1992、1993）和刘述先（1992）都认同何炳棣将克己解释为克制自己的欲望，但不同的是他们也都从不同的角度和方面指出克己既是消极地压抑、约制，也可以进一步讲是积极的修身。比如，刘述先从《论语》中找内证，而劳幹则从儒家的整个思想系统出发，指出将克己引申为积极的修身意涵也是可以成立的。[1] 杨志刚（1996）认为何杜之争体现了两者对孔子的礼思想所存在的分歧：杜维明强调礼对于现代社会具有的意义与价值，因而注重从开放性的角度阐释礼的道德修养价值；而何炳棣则从考证的角度注重阐释其"维护西周礼制"的内涵。[2]

杜何关于"克己复礼"的争论在后来演变为学者们关于儒学的方法论争论。何炳棣引《左传》中提及的古志"克己复礼，仁也"来佐证孔子讲的克己就是克制、约束欲望的意思。但这一思路有的学者并不认同。比如金景芳和吕绍纲（1997）认为《左传》中记载的这句话是汉人刘歆在整理时自己加入的，并不是孔子所说的。[3] 承接汉代孔安国和清代俞樾的解释，他们强调"克"

---

[1] 向世陵主编：《"克己复礼为仁"研究与争鸣》，新星出版社 2018 年版，第337—396 页。

[2] 杨志刚：《礼学研究刍议》，《原道》第 3 辑，中国广播电视出版社 1996 年版，第186—189 页。收入《"克己复礼为仁"研究与争鸣》（向世陵主编），新星出版社 2018 年版，第 398—401 页。

[3] 金景芳、吕绍纲：《释"克己复礼为仁"》，《中国哲学史》1997 年第 1 期。收入《"克己复礼为仁"研究与争鸣》（向世陵主编），新星出版社 2018 年版，第45—51 页。

并不是"胜"的意思,而是"能",这与《论语》"为仁由己"的上下文意是一贯的。"克己复礼"不是"克己"与"复礼"句读,而是"己复礼"三字连文;因而"克己复礼"是"能身复礼"或"身能复礼"的意思。金景芳与吕绍纲以"克"为"能",重在突出为仁的主体性在自己,这与杜维明强调克己的修身思想有一致的地方;但同时"克"不从约束的意涵上讲,会使得仁礼之间突出的是和谐统一性,而非对立、紧张性,这是他们与杜维明不一样的地方。

与金景芳和吕绍纲一样,邓思平(1997)在讲克己复礼思想时,也突出仁礼之间的和谐统一性,而非对立性。[①] 他认为克己复礼要达到的是仁的和谐状态,只不过在如何达到这种状态时,即从仁的应然讲仁的实然时,不应该将仁礼对立分割开来。他从人的内在心理感应能力出发,指出这一能力可以促成道德观念向道德行为的转化,而在这一转化中,礼的手段可以帮助维护道德行为的双方互动性,从而达至社会人际关系的和谐状态。如此仁和礼就不是对立、紧张关系,而是一种互助、统一、和谐关系。邓思平的解释指出了杜维明讲仁的落实时面临的道德动力问题:与杜从人生而有的仁思路不同,邓指出这种思路会导致从天的角度讲人的道德行为的动力,有其不切实际的地方;于是他转而从人的心理感应能力讲道德行为的落实和道德回应的必要性。

总之,在20世纪90年代,学者们对仁与礼之间的关系进行了不同的解读,而这与对"克己"做约束意义的讲法的反思密切相关。何炳棣批评杜维明以修身讲克己,并引《左传》佐证约束欲望的解释路径,而杜维明与港台内陆学者则从《论语》的整体思想证明,克己虽然是约束欲望的意思,但也可以进一步做修身

[①] 邓思平:《"克己复礼"是为和谐》,《南京大学学报》1997年第2期。收入《"克己复礼为仁"研究与争鸣》(向世陵主编),新星出版社2018年版,第290—295页。

讲。而金景芳与吕绍纲则从训诂与《论语》上下文意的内证上指出，"克己"在孔子那里并不是约束欲望的意思，而应该是"能己"的意涵。与克己的理解密切相应，何炳棣以克己为约束欲望的意思，主张仁礼之间仅仅是和谐统一关系；而杜维明以克己为约束欲望基础上的修身意涵，主张仁礼之间是创造性紧张关系。在这之后，学者们或从训诂入手，或从孔子的整体思想出发，或引入新的解释思想，渐渐在仁和礼之间的有机联系、和谐统一关系这一点上达成一致意见。

四　21世纪克己复礼为仁思想的全面反思

进入21世纪，学者们开始对克己复礼思想有一个全面的再思考，这不仅体现在"克己"和"复礼"的各自认识上，更体现在对仁礼关系的认识上。

在克己上，学者们开始对"克己"思想与欲望的联系进行反思，越来越多的学者认同传统儒家包括孔子，并没有将欲望作为一个重要议题，因而开始从影响很深的约己说走向己能说；但有的学者则从传统儒家的思想主体出发，认为孔孟荀三者都在讨论欲望的问题，因而约己说有其根据。

对于"克己"到底是主约己说还是己能说，历史上各有注家支持，因而使得不同时期的学者对其的争论不能得到很好的解决。如何处理两者之间的关系便成为一个亟须解决的问题。2000年查昌国和吴海波在众家注解和研究基础上，对克己提出重新解释。[①] 他们认为"约己说"没有足够的文献支持，克己只能是

---

① 查昌国、吴海波：《"克己"重释》，《安庆师范学院学报》（社会科学版）2000年第6期。收入《"克己复礼为仁"研究与争鸣》（向世陵主编），新星出版社2018年版，第63—70页。

"己能"之意，这与之前金景芳和吕绍纲的观点一致。孔子在其时提出己能复礼，目的是讲人从血缘宗法束缚中解放出来，强调个人的主体性和独立性。同时，查昌国和吴海波也对"克己"为什么会有"约身"的解释路径给出了历史的解答。在他们看来，"约身"的解释方法是汉代学者受道家方法的影响而提出的，是在个体独立实践中，逐渐意识到自我抑制也是自我发展的一部分，并结合当时的社会一统发展背景，而走向了对自我抑制的突出与强调。换言之，基于文献的考据和历史的考察，查昌国和吴海波指出孔子"克己"思想不主"约己"说，而"约己"说是汉代儒者对孔子克己思想的创造性转化。

在查与吴的解释下，不论是约己说还是己能说，都能在儒家思想历史中找到其提出的根由所在。因而，站在儒家思想总体上而论，两者都可以成立。于是有学者不再专注于两者的不同，转而强调两种解释的共同性。比如，刘文英（2002）认为两种解释虽然不同，但有一个共同点，即重视自觉的道德意识修养。[①]

从道德修养的角度上说，大部分学者仍还是从欲望的角度主张克己就是约己。比如，劳思光（2005）仍遵循朱熹的观点，认为克己复礼即是说去私、循理，只不过他从礼义仁三者之间的关系来进一步解释克己复礼为仁：人因守礼而有义心，进而可以达成仁；[②] 晏玉荣（2015）认为克己和复礼都是针对欲望而言的，克和复都是以礼为标准的自我磨炼工夫，即通过礼对人的欲望进行规约、指导，进而获得人的整体德性仁，这就是克己复礼为仁

[①] 刘文英：《中国哲学史》（上卷），南开大学出版社2002年版，第80—83页。收入《"克己复礼为仁"研究与争鸣》（向世陵主编），新星出版社2018年版，第70—74页。

[②] 劳思光：《新编中国哲学史》（第1卷），广西师范大学出版社2005年版，第89—90页。收入《"克己复礼为仁"研究与争鸣》（向世陵主编），新星出版社2018年版，第74—76页。

的意涵。①

只有在对欲望的抑制基础上，才能进一步去谈复礼，也就是自觉的道德修养实践。这便涉及复礼的问题。基于80、90年代的学者们的"周礼"与"常礼"辩论，这个时期的学者们进一步对周礼的态度该当如何进行了讨论。

这个时期的学者开始从广义上定位礼或周礼。或者从历史发展的角度，或者从政治发展的角度，主张礼即整个周代的制度文化总称，既有政治制度秩序的意涵，也有道德修养的意涵。比如，朱正伦（2001）提出周礼在孔子既是具体礼仪，也是以"亲亲"等为代表的精神原则，"既是政治建构又是等级制度，既是统治思想又是礼仪规范"；② 陈玉屏（2001）主张从孔子所处的历史环境来理解克己复礼为仁，而礼即周礼，范畴是极为广泛的，"是小到家庭关系，大到军国政务都必须遵行的规范和准则"。③ 詹石窗认为礼包含的范围很广，是由最初的祭神器物和仪式到周代时发展成包含有道德规范和政治典章制度的内容。而孔子所主张的礼就是对这种包含范围很广的周礼的损益之礼；④ 向世陵（2013）也认为孔子的礼主要针对周礼而言，但周礼在孔子又是一个十分宽泛的概念，"是包含国家政治和个人修养在内的周代

---

① 晏玉荣：《试论孔子以礼克己的思想》，《郑州大学学报》（哲学社会科学版）2015年第2期。收入《"克己复礼为仁"研究与争鸣》（向世陵主编），新星出版社，2018版，第76—80页。

② 朱正伦：《对孔子"克己复礼"的再认识》，《首都师范大学学报》（社会科学版）2001年第2期。收入《"克己复礼为仁"研究与争鸣》（向世陵主编），新星出版社2018年版，第238—245页。

③ 陈玉屏：《孔子何以谓"克己复礼为仁"》，《西南民族学院学报》（哲学社会科学版）2001年第10期。收入《"克己复礼为仁"研究与争鸣》（向世陵主编），新星出版社2018年版，第215—224页。

④ 詹石窗主编：《新编中国哲学史》，中国书店2002年版，第68—70页。收入《"克己复礼为仁"研究与争鸣》（向世陵主编），新星出版社2018年版，第245—247页。

制度文化的总称。"①

在这种宽泛意义上理解周礼，那么复礼就是回复或符合周礼，强调周礼这种社会制度对仁的达成的作用。比如北大中哲教研室（2003）认为只有恢复礼制、巩固礼制所制定的政治秩序的行为才能叫作仁，突出强调从政治角度理解仁；②而朱正伦认为孔子提出克己复礼为仁的命题，是希望统治者能用周礼约束自己，使整个社会能够恢复西周初年礼制统治下的那种和谐与安宁的局面。③

与从大礼的角度理解"复礼"的学者不同，更多的学者主张从小礼的角度看待复礼。很多学者对克己复礼为仁的含义进行了限定，认为礼主要是着眼于个人的道德修养和塑造德性的价值而言。比如，徐复观（2004）认为礼在孔子"是已转化而为人所固有的德性及德性的表征，'复礼'是恢复人所固有的德性以显露人之所以为人的价值"。④ 张立文（2012）认为礼就是法，是仁的原则，指向的是血缘情感为基础的宗法等级制，复礼就是用礼法对人的情感世界起到制约作用。⑤

从个人道德修养的角度看，复礼更多的是强调践履礼。比如李波（2001）依照孔子对礼的因、损、益的精神原则，认为"复

---

① 向世陵主编：《中国哲学智慧》，中国人民大学出版社2013年第3版，第27—29页。收入《"克己复礼为仁"研究与争鸣》（向世陵主编），新星出版社2018年版，第248—251页。

② 北京大学中国哲学教研室主编：《中国哲学史》，北京大学出版社2003年版，第18—21页。收入《"克己复礼为仁"研究与争鸣》（向世陵主编），新星出版社2018年版，第102—105页。

③ 向世陵主编：《"克己复礼为仁"研究与争鸣》，新星出版社2018版，第244页。

④ 徐复观：《中国学术精神》，华东师范大学出版社2004年版，第13—16页。收入《"克己复礼为仁"研究与争鸣》（向世陵主编）一书中，新星出版社2018年版，第224—228页。

⑤ 张立文主编：《中国哲学史新编》，中国人民大学出版社2012年第2版，第49—51页。收入《"克己复礼为仁"研究与争鸣》（向世陵主编）一书中，新星出版社2018年版，第228—231页。

礼"中的"复"应当是践履的意思,复礼就是按照礼的制度办事,而不是要具体地恢复哪个朝代的制度;① 赵书妍、李振宏(2005)反对从政治学角度去理解"复礼",而认为应当从修身学意义上去解释。"复"不是"返回"、"回复",而是"践履","复礼"即践履礼的规范、准则,体现了孔子对道德践履的重视。②

不论礼是大礼还是小礼,复礼中蕴含的约束以修养自身的道德价值其实是学者们所共同强调的。据此,张自慧(2011)从孔子所处的社会历史环境出发,主张礼在孔子总体而言就是指周礼,其中既是行为规范(即礼仪),也是道德规范(即礼义),因而复礼就是践履礼仪规范而使自己的言行举止符合或回复道德规范和周礼的精神。③

不论是克己还是复礼,都强调约束、抑制自身,从而通达仁的路径。在这种解释路径下,仁礼关系便更多地指向内在与外在的统一关系。白奚(2008)主张孔子的克己复礼,强调的是从内心深处自主自觉地用"礼"来约束自己,也就是说复礼是有内在的真实道德依据的。只有这样,才是真正做到了"克己复礼",也才能发挥礼的社会功能,使礼与仁有机整合为一个整体;④ 复旦大学哲学系中国哲学教研室(2011)指出孔子在礼基础上,进

---

① 李波:《"克己复礼"再认识》,《开封大学学报》2001年第1期。收入《"克己复礼为仁"研究与争鸣》(向世陵主编)一书中,新星出版社2018年版,第95—102页。

② 赵书妍、李振宏:《"克己复礼"的百年误读与思想真谛》,《河北学刊》2005年第2期。收入《"克己复礼为仁"研究与争鸣》(向世陵主编),新星出版社2018年版,第106—117页。

③ 张自慧:《"克己复礼"的千年聚讼与当代价值》,《河北学刊》2011年第2期。收入《"克己复礼为仁"研究与争鸣》(向世陵主编),新星出版社2018年版,第117—123页。

④ 白奚:《援仁入礼仁礼互动——对"克己复礼为仁"的再考察》,《中国哲学史》2008年第1期。收入《"克己复礼为仁"研究与争鸣》(向世陵主编)一书中,新星出版社2018年版,第295—301页。

一步指出行礼当以仁为内在基础，而行仁的外在目的就是礼，因而仁与礼是内在与外在上的统一关系；陈咏贤（2012）认为克己复礼为仁准确描述了孔子的仁礼关系中，即以仁统礼：仁是守礼的必要条件，礼内在统一于仁的要求中。①

除了从内外关系上讲仁礼的统一，进入 21 世纪后，很多学者也开始引入新的视角来重新审视孔子的仁礼关系。比如樊浩（2013）主张从精神哲学模式的角度理解仁礼关系。克己复礼为仁，就是由仁提供道德向往和道德动力，推动由"克己"向"复礼"的精神运动，是"扬弃人的自然存在的主观个别性，获得'礼'的伦理教养，最终归于'礼'的伦理实体性。"② 在这种精神回归运动中，樊浩以礼为伦理和伦理世界的概念，仁是道德和道德世界的概念，而"克己"就是在生活世界中使礼与仁、伦理与道德辩证互动、建构同一性的概念。

李泽厚（2015）则从文化心理结构分析入手，认为克己是指人约束自己，复礼是指使一切视听言动都符合礼制，如此，便产生人性情感（仁）。在这其中，礼是一种文化心理结构，既统治、主宰人的行为，又具体落实到个体身心，从而使人成为一个真正的个体。克己复礼章体现了"个体的心理建构和人性塑造（仁）与社会秩序、政治体制（礼）是相联结而混同的。"李进而指出，在当今社会对仁礼关系的进一步阐释中，应该将这两者分殊开，即区分开社会性道德（礼）和宗教性道德（仁），多讲礼、仁分殊而不是礼、仁合一或礼、仁对抗，由此使内在人性的陶冶塑造

---

① 陈咏贤：《仁：爱人与守礼的统一》，《长江大学学报》2012 年第 12 期。收入《"克己复礼为仁"研究与争鸣》（向世陵主编）一书中，新星出版社 2018 年版，第 304—310 页。

② 樊浩：《〈论语〉伦理道德思想的精神哲学诠释》，《中国社会科学》2013 年第 3 期。收入《"克己复礼为仁"研究与争鸣》（向世陵主编）一书中，新星出版社 2018 年版，第 124—130 页。

（仁）与外在行为的规范秩序（礼）在一定的自我约束（克己）下各得发展，才可能是出路。①

当引入新的视角来看克己复礼章的仁礼关系时，体现出了这一时期的学者们开始从方法论的层面上反思对克己复礼的解释。也正是从方法论层面，这个时期的学者开始对20世纪何杜关于仁礼关系的争议做进一步省察。比如郑宗义（2003）的"经典诠释"工作会议纪要，从文献、理解到分歧，结合不同的诠释学观点，对"克己复礼"的争议在方法论层面作了省察；② 林远泽（2012）认为克己复礼争议背后凸显的是四种诠释图式和四种实践理性类型学，而采取传统的训诂手段不能去平议这场争议。他指出，在这场争论中，或强调克己，或强调复礼，都没有充分反映儒家强调的内圣外王的整体性观点。他主张个人道德自主性与共同体生活的社群伦理之间是有不可分割的内在联系的，应该提出一种将这四种实践理性类型都能整合在其中的整体诠释架构。③

通过整理和分析21世纪学者的研究可以看出，学者们开始从整体视角来阐发克己复礼为仁。在"克己"的诠释上，不仅对"约身"和"胜欲"的旧解开始从整体地历史脉络角度进行整理和评判，还从孔子自身的历史、文化环境出发，引出新的解释，即"能己"说；对"复礼"的争论开始从整体进行考虑，既关照其中的社会历史发展的制度考虑，也突出孔子思想中道德伦理修养的一面，进而试图对这两者进行综合统一。基于以上的整体考

---

① 李泽厚：《论语今读》，中华书局2015年版，第216—220页。收入《"克己复礼为仁"研究与争鸣》（向世陵主编）一书中，新星出版社2018年版，第271—274页。

② 郑宗义：《"克己复礼"争议的方法论省察》，"经典诠释"工作会议纪要，2003年5月5日。收入《"克己复礼为仁"研究与争鸣》（向世陵主编），新星出版社2018年版，第411—418页。

③ 林远泽：《克己复礼为仁——论儒家实践理性类型学的后习俗责任伦理学重构》，《清华学报》2012年第42卷第3期。收入《"克己复礼为仁"研究与争鸣》（向世陵主编），新星出版社2018年版，第421—431页。

虑，仁礼关系的争论中也开始从方法论层面反思，如何将克己与复礼、仁与礼两者背后透露出的道德与伦理、内在与外在的张力从整体层面进行有机地联系与统一。这充分反映了学者们对克己复礼甚至孔子整体思想的全新理解高度。

五　结论

总体而言，古代经学诠释的争论多集中于对"克己"的解释，即约身反礼和胜欲反礼。而20世纪80年代的学者们基于对"文化大革命"的反思，则开始转而对"复礼"是恢复周礼还是践行常礼进行了进一步讨论，并开始转向从道德伦理修养的角度突出克己复礼的内涵。进入90年代，学者们开始从伦理道德和社会政治制度的不同角度对克己和复礼进行重新解释，进而引发了仁与礼关系的激烈争辩。而进入21世纪后，学者们开始全面整理"克己"、"复礼"的概念意涵以及仁礼关系，力图从整体上揭示克己复礼思想的全面内涵，体现了学者们对克己复礼甚至孔子整体思想的全新理解高度。

克己复礼为仁争论，大体历经了从"克己"之"约己说"还是"己能说"的争论，到"复礼"之"复周礼"还是"复常礼"（大礼与小礼）争论，再到仁礼是对立关系还是紧张关系的争论。不论争论点如何，学者们大都认同"克己"与"复礼"两者都是为仁的必要路径。之前的研究对这两种路径的考察，大都是基于汉以后的经学诠释基础上。或立足于词源解释，或依赖自西汉以后学者的注、疏，进而在"克己复礼"一句的前后文，甚至《论语》整体的思想架构来解释。但实际上，先秦时期紧跟孔子之后的孟荀就为仁问题已然给予了讨论。这些讨论可以为我们理解孔子克己复礼为仁思想提供一种新的解释路向，还需要做进一步的文献资料整理和思想分析与研究。

参考文献

中文文献

典籍：

（魏）何晏注，（宋）邢昺疏：《论语注疏》（十三经注疏），北京大学出版社2000年版。

（魏）王弼注，楼宇烈校释：《老子道德经注校释》，中华书局2008年版。

（梁）皇侃：《论语义疏》，中华书局2013年版。

（汉）孔安国传，（唐）孔颖达正义：《尚书正义》，上海古籍出版社2007年版。

（汉）郑玄注、（唐）孔颖达疏：《礼记正义》，台北：广文书局1972年版。

（宋）陈亮：《陈亮集》（增订本），中华书局1987年版。

（宋）黎靖德编，王星贤点校：《朱子语类》，中华书局1986年版。

（宋）朱熹：《四书章句集注》，中华书局1983年版。

（清）郭庆藩：《庄子集释》，中华书局2004年版。

（清）黄式三：《论语后案》，凤凰出版社2008年版。

（清）焦循：《孟子正义》，中华书局1987年版。

（清）刘宝楠：《论语正义》，中华书局1990年版。

（清）苏舆撰，钟哲点校：《春秋繁露义证》，中华书局 1992 年版。
（清）王夫之：《尚书引义》，中华书局 1962 年版。
（清）王先谦：《荀子集解》，中华书局 1988 年版。
程树德：《论语集释》，中华书局 1990 年版。
李学勤主编：《礼记正义》，北京大学出版社 1999 年版。
梁启雄：《荀子简释》，中华书局 1983 年版。
王天海：《荀子校释》，上海古籍出版社 2005 年版。
杨伯峻：《论语译注》，中华书局 1980 年版。
钟肇鹏主编：《春秋繁露校释》（校补本），2005 年河北人民出版社。

中文著作：

陈来：《仁学本体论》，生活·读书·新知三联书店 2014 年版。
成中英、杨庆中：《从中西会通到本体诠释：成中英教授访谈录》，中国人民大学出版社 2013 年版。
邓小虎：《荀子的为己之学：从性恶到养心以诚》，北京大学出版社 2015 年版。
东方朔：《合理性之寻求：荀子思想研究论集》，台北：台大出版中心 2011 年版。
傅斯年：《性命古训辩证》，上海古籍出版社 2012 年版。
韩德强：《论人的尊严：法学视角下人的尊严理论的诠释》，法律出版社 2009 年版。
何淑静：《荀子再探》，台北：台湾学生书局 2014 年版。
黄勇：《当代美德伦理——古代儒家的贡献》，东方出版中心 2019 年版。
孔安国、孔颖达：《尚书正义》，上海古籍出版社 2007 年版。
梁涛：《郭店竹简与思孟学派》，中国人民大学出版社 2008 年版。
刘睿：《康德尊严学说及其现实启迪》，中国社会科学出版社 2013

年版。

刘钊：《郭店楚简校释》，福建人民出版社2005年版。

王春林：《〈书集传〉研究与校注》，人民出版社2012年版。

王楷：《天生人成——荀子工夫论的旨趣》，中国社会科学出版社2018年版。

向世陵：《宋代经学哲学研究》（基本理论卷），上海科学技术文献出版社2015年版。

徐复观：《中国人性论史（先秦篇）》，九州出版社2014年版。

徐元诰：《国语集解》，中华书局2002年版。

杨国荣：《成己与成物——意义世界的生成》，北京大学出版社2011年版。

查昌国：《先秦"孝"、"友"观念研究》，安徽大学出版社2006年版。

邹瑞琼：《郭店楚简〈五行〉篇心性论研究》，硕士学位论文，华中科技大学，2008年。

中文论文

［美］安乐哲：《"学以成人"：论儒学对世界文化秩序变革的贡献》，黄田园译，《孔学堂》2020年第2期。

白奚：《"仁民而爱物"的现代启示》，《河北学刊》2001年第21卷第2期。

暴庆刚：《儒家之"学"的德性意蕴》，《南京社会科学》2016年第12期。

蔡树才：《荀子对思孟"五行"说批判的再认识》，《周易研究》2010年第5期。

陈来：《论古典儒学中"义"的观念——以朱子论"义"为中心》，《文史哲》2020年第6期。

曹孟勤：《在成就自己的美德中成就自然万物——中国传统儒家成己成物观对生态伦理研究的启示》，《自然辩证法研究》2009 年第 25 卷第 7 期。

丁四新：《略论郭店楚简〈五行〉思想》，《孔子研究》2000 年第 3 期。

董平：《"亲亲"而"仁民"，"仁民"而"爱物"——儒家道德哲学之"伦理生态"系统的形成》，《哲学研究》2006 年第 6 期。

洪晓丽、蒋颖荣：《"仁"之生生以成物——论儒家之"仁"对现代生态文明价值的意义》，《道德与文明》2017 年第 4 期。

郝书翠：《类与个体：马克思主义与儒学尊严观比较》，《山东社会科学》2015 年第 11 期。

黄朴民：《董仲舒学说的三个基本意识》，《衡水学院学报》2016 年第 18 卷第 2 期。

黄勇：《成人：在成己与成物之间》，《哲学分析》2011 年 10 月第 2 卷第 5 期。

黄勇：《如何在西方哲学语境中做中国哲学：以儒学研究为例》，陈乔见译，《杭州师范大学学报》（社会科学版）2014 年第 4 期。

黄玉顺：《未能成己 焉能成人———论儒家文明的自新与全球文明的共建》，《甘肃社会科学》2018 年第 3 期。

康中乾：《董仲舒"天人感应"论的哲学意义》，《吉林大学社会科学学报》2014 年第 54 卷第 5 期。

李记芬：《论〈尚书〉之"习与性成"思想》，《东岳论丛》2017 年第 38 卷第 2 期。

李亚明、李建会：《死亡的尊严：儒家和西方观点的比较》，《世界哲学》2016 年第 5 期。

李亚明：《从儒家的视角看生殖干预与人的尊严》，《自然辩证法研究》2019 年第 35 卷第 4 期。

廖晓炜：《性恶、性善抑或性朴——荀子人性论重探》，《中国哲学史》2020 年第 6 期。

梁涛：《荀子人性论辨正——论荀子的性恶、心善说》，《哲学研究》2015 年第 5 期。

刘俊：《傅斯年、徐复观论"生"与"性"之关系及其思想史意义》，《中国哲学史》2015 年第 4 期。

路德斌：《性朴与性恶：荀子言"性"之维度与思路——由"性朴"与"性恶"争论的反思说起》，《孔子研究》2014 年第 1 期。

倪培民：《求则得之，舍则失之——儒家尊严观之探讨》，《社会科学》2011 年第 1 期。

涂可国：《儒家成己成人说新解》，《甘肃社会科学》2018 年第 3 期。

涂可国：《儒学：为己之学与为人之学的辩证统一》，《东岳论丛》2018 年第 39 卷第 8 期。

汪博：《从"不诚无物"看儒家的物观》，《孔子研究》2019 年第 2 期。

王南湜：《从哲学何为看何为哲学——一项基于"学以成人"的思考》，《哲学动态》2019 年第 4 期。

王楷：《荀子养心说新探——一种精神修持理论视域下的考察》，《伦理学研究》2010 年第 6 期。

向世陵：《知生与知死——孔子思想一议》，收入《"孔子与当代"国际学术会议论文集》，河北大学出版社 2005 年。

向世陵：《整体、本体、境界与世界——中国哲学如何走向未来》，《福建论坛》（人文社会科学版）2008 年第 1 期。

向世陵：《从爱人到爱物——仁爱的施行与推广》，载《儒学评论》第五辑，河北大学出版社 2009 年版。

向世陵:《兼爱、博爱、一气与一理》,《中国哲学史》2012年第2期。

向世陵、辛晓霞:《儒家博爱观念的起源及其蕴含》,《北京大学学报》(哲学社会科学版)2014年第51卷第5期。

向世陵:《"和合"义解》,载《和合大同与人类命运共同体学术研讨会会议论文集》,河北邢台,2017年11月。

向世陵:《"和合"义解》,《哲学动态》2019年第3期。

谢地坤:《学以成人与哲学何为》,《光明日报》2018年8月13日第15版。

徐朝旭:《儒家核心价值观的生态伦理审思》,《道德与文明》2009年第6期。

闫思羽:《浅议先秦儒学中的学以成人思想》,《汉字文化》2018年第23期。

杨国荣:《形上学·成人·规范、知识·价值——对"史与思"学术会议中若干问题的回应》,《哲学分析》2011年第2卷第5期。

杨国荣:《学以成人——〈荀子·劝学〉札记》,《商丘师范学院学报》2013年第29卷第7期。

杨国荣:《广义视域中的"学"——为学与成人》,《江汉论坛》2015年第1期。

杨庆中:《天人之间的内在同一是如何可能的?——论〈易传〉天人之学的哲学视野》,《首都师范大学学报》(社会科学版)2004年第2期。

叶平:《生态哲学的内在逻辑:自然(界)权利的本质》,《哲学研究》2006年第1期。

乐爱国:《朱熹对〈孟子〉"仁民而爱物"的诠释——一种以人与自然和谐为中心的生态观》,《中国地质大学学报》(社会科学版)2012年第12卷第2期。

张春林:《由人性到成人——荀子人性论思想再解析》,《道德与文明》2015年第5期。

张强:《论西汉前期的天人思想》,《河北师范大学学报》(哲学社会科学版)2001年第24卷第2期。

张守东:《儒学的美德观及其对西方现代尊严理论的回应——兼与罗安宪、倪培民先生商榷》,《人权研究》2020年第1期。

张新:《荀子:后果论者,抑或德性论者?》,《孔子研究》2020年第5期。

张学智:《中国哲学视域下的学以成人》,《光明日报》2018年8月13日第15版。

赵法生:《殷周之际的宗教革命与人文精神》,《文史哲》2020年第3期。

赵靖宇:《荀子对人之尊严的哲学建构》,《汉字文化》2020年第22期。

周炽成:《荀子乃性朴论者,非性恶论者》,《邯郸学院学报》2012年第22卷第4期。

周炽成:《再论儒家的性朴论——兼与日本学者和国内同行商榷》,《社会科学》2015年第8期。

周炽成:《唐宋道统新探》,《中国哲学》(人大复印报刊资料)2016年第6期。

周桂钿:《董仲舒天人感应论的真理性》,《河北学刊》2001年第21卷第3期。

朱义禄:《论儒家的"成人之道"》,《孔子研究》1990年第4期。

外文著作

Eric L. Hutton, *Xunzi: The Complete Text*, Princeton and Oxford: Princeton University Press, 2014.

Kurtis Hagen, *The Philosophy of Xunzi: A Reconstruction*, Chicago and La Salle, Illionis: Open Court, 2007.

John Knoblock, *Xunzi: A Translation and Study of the Complete Works*, 3 *vol. s*, Stanford: Stanford University Press 1988, 1990, 1994.

T. C. Kline III. and P. J. Ivanhoe, eds., *Virtue, Nature, and Moral Agency in the Xunzi*, Indianapolis: Hackett Publishing, 2000.

Chenyang Li and Peimin Ni, eds. *Moral Cultivation and Confucian Character: Engaging Joel J. Kupperman*, Albany: Statue University of New York, 2014.

Chenyang Li, *The Confucian Philosophy of Harmony*, London and New York: Routledge, 2014.

Mary, Evelyn Tucker and John, Berthrong, eds, *Confucianism and Ecology*, Harvard University Press, 1998.

Nel Noddings, *Caring: A Feminine Approach to Ethics & Moral Education (Second edition)*, Berkeley and Los Angeles, California: University of California. 1984, 2003.

Burton Watson, *Xunzi: Basic Writings*, New York: Columbia University Press, 2003.

Yong Huang, *Confucius: A Guide for the Perplexed*, Bloomsbury, 2013.

外文论文:

Amy Olberding, "Mourning, Memory, and Identity: A comparative Study of the Constitution of the Self in Grief", *International Philosophical Quarterly*, 37 (1), 1997.

Roger Ames and Henry Rosement, "From Kupperman's Character Ethics to Confucian Role Ethics: Putting Humpty Together Again", in Chenyang Li and Peimin Ni eds., *Moral Cultivation and Confucian Character: Engaging Joel J. Kupperman*, Albany: Statue University of New York, 2014.

Zhongying Cheng, "Trinity of Cosmology, Ecology, and Ethics in the Confucian Personhood", in Mary Evelyn Tucker and John Berthrong, eds, *Confucianism and Ecology*, Harvard University Press, 1998.

James Harold, "Is Xunzi's Virtue Ethics Susceptible to the Problem of Alienation?" *Dao: A Journal of Comparative Philosophy*, 10 (1), 2011.

Philip J. Ivanhoe, "Early Confucianism and Environmental Ethics", in Mary Evelyn Tucker and John Berthrong, eds., *Confucianism and Ecology*, Harvard University Press, 1998.

PhilipJ. Ivanhoe, "A Happy Symmetry: Xunzi's Ethical Thought", *Journal of the American Academy of Religion*, Vol. 59, No. 2, 1991.

Jifen Li, "Xunzi's Philosophy of Mourning as Developing Filial Appreciation", *Dao*, 16 (1), 2017.

Jifen Li, "The Ontological Dimension of Xunzi's Ritual Propriety: A Comparative Study of Xunzi and Heidegger", *Philosophy East and West*, 69 (1), 2019.

Chenyang Li, "Li as Cultural Grammar: On the Relation between Li and Ren in Confucius' Analects", *Philosophy East & West*, Vol. 57, No. 3, 2007.

Chenyang Li, "The Confucian Concept of Jen and the Feminist Ethics of Care: A Comparative Study", *Hypatia*, 9 (1), 1994.

Torbjorn Loden, "Human nature, freedom and dignity in China and Europe", *Int. Commun. Chin. Cult*1, (1-2), 2014.

Peimin Ni, "How Is the Kantian or Confucian Metaphysics Applicable to Human Dignity_Response to Wang Xiaowei", *Front. Philos. China*, 15 (1), 2020.

Peimin Ni, "Seek and You Will Find It; Let Go and You Will Lose It: Exploring a Confucian Approach to Human Dignity", *Dao*, 13 (2), 2014.

Qianfan Zhang, "The Idea of Human Dignity in Classical Chinese Philosophy: A Reconstruction of Confucianism", *Journal of Chinese Philosophy*, Vol. 27, No. 3, 2000.

Kwong-loi Shun, "Jen and Li in the 'Analects'", *Philosophy East and West*, Vol. 43, No. 3, 1993.

Winne Sung, "Yu in the Xunzi: Can Desire by Itself Motivate Action?" *Dao*, Vol. 11, No. 3, 2012.

David B. Wong, "Xunzi on Moral Motivation," in Kline III, T. C., and P. J. Ivanhoe, eds., *Virtue, Nature, and Moral Agency in the Xunzi*, Indianapolis: Hackett Publishing, 2000.

Xiaowei Wang, "Toward a Confucian Notion of Human Dignity", *Front. Philos. China*, Vol. 15, No. 1, 2020.

后　记

本书围绕荀子的"成人"思想展开，前两章着重阐发荀子的成人的特征"全"，第三至五章则从家庭关系、群体关系和人与万物的关系阐发全的特征如何在具体的关系中落实。第六至八章从工夫论的角度看成人之方。第九章探讨荀子成人思想彰显的人的尊严价值，第十章则以董仲舒的成人思想为例，看荀子成人思想框架对汉儒的影响。

本书写作过程中，很多章节部分已经整理为独立文章，提前在期刊发表。还有部分初稿，被整理成会议稿的形式参会并向学界请益，后被收入了相关会议论文集等，在此一并表示感谢。

第一章"成人与成己成物"其中的五节调整后，以"荀子'成人'思想研究——基于成人与成己成物关系的辨析"为题目，发表在《中国哲学史》2021年第2期。第三章的部分章节以"荀子'思慕'论——兼与关爱伦理思想比较"为题，发表在《伦理学研究》2014年第6期。第四章的部分章节，整理成文"试论荀子'和合'思想"，发表在《现代哲学》2019年第4期。第五章的部分内容，以"荀子总万物思想的生态伦理价值"为题，发表在《道德与文明》2016年第4期。第七章，将有关《尚书》部分的讨论，以"论《尚书》之'习与性成'思想"为题在《东岳论丛》2017年第2期发表；关于荀子"化性成积"思想部分的讨论，以"荀子对《尚书》'习与性成'说的发展——兼论荀子与儒家道统"为题收入《道统思想与中国哲学》一书（人民出版社，2017）。第九章关于"成人与尊严"部分章节，曾在 2019 年曲阜举办的国际儒学论坛会议上以"荀子尊严思想研究"为题提交论文并做报告，后来该文被收入《儒学评论》（第十四辑）中。第十章关于董仲舒成人思想的讨论部分，曾以"略论董仲舒成人思想"为题在 2020 年河北衡水举办的"董仲舒与儒家思想国际学术研讨会"议上作报告。该书第六章的部分章节，以"克己复礼为仁新诠——基于荀子的辨析"为题，刊于《道德与文明》2021 年第 3 期。

  以上是本书中部分章节的发表过程和整理形式，在此做一说明，也算是对自己多年来对荀子"成人"思想的思考过程做一展现。

李记芬

2021 年 5 月写于北京昌平